Joachim Haupt (1900-1989)
Vom Aufstieg eines NS-Studentenfunktionärs und Sturz des Inspekteurs der Nationalpolitischen Erziehungsanstalten

Rechtshistorische Reihe

Band 478

Zur Qualitätssicherung und Peer Review der vorliegenden Publikation

Die Qualität der in dieser Reihe erscheinenden Arbeiten wird vor der Publikation durch einen der Herausgeber der Reihe geprüft.

Notes on the quality assurance and peer review of this publication

Prior to publication, the quality of the work published in this series is reviewed by one of the editors of the series.

Christoph Sperling

Joachim Haupt (1900-1989) Vom Aufstieg eines NS-Studentenfunktionärs und Sturz des Inspekteurs der Nationalpolitischen Erziehungsanstalten

Eine biographische Studie

PETER LANG

Bibliografische Information der Deutschen Nationalbibliothek
Die Deutsche Nationalbibliothek verzeichnet diese Publikation in der Deutschen Nationalbibliografie; detaillierte bibliografische Daten sind im Internet über http://dnb.d-nb.de abrufbar.

Zugl.: Kiel, Univ., Diss., 2018

Umschlagabbildung:
Justitia. Allegorie der Gerechtigkeit. Druck aus dem 17. Jahrhundert.

D 8
ISSN 0344-290X
ISBN 978-3-631-77113-6 (Print)
E-ISBN 978-3-631-77126-6 (E-PDF)
E-ISBN 978-3-631-77127-3 (EPUB)
E-ISBN 978-3-631-77128-0 (MOBI)
DOI 10.3726/b14802

Peter Lang – Berlin · Bern · Bruxelles · New York · Oxford · Warszawa · Wien

Diese Publikation wurde begutachtet.

www.peterlang.com

Vorwort

Die vorliegende Arbeit wurde im Wintersemester 2014/2015 von der Rechtswissenschaftlichen Fakultät der Christian-Albrechts-Universität zu Kiel als Dissertation angenommen.

Mein besonderer Dank gilt zunächst meinem Doktorvater Professor Dr. Rudolf Meyer-Pritzl, für die stetige Unterstützung und sein persönliches Engagement bei der Betreuung dieser Arbeit. Er gab den ersten Anstoß für das Thema meiner Promotion und durch seine konstruktiven Anmerkungen und Hinweise hat er entscheidend zum Gelingen dieser Arbeit beigetragen. Ebenfalls bedanken möchte ich mich bei Professor Dr. Werner Schubert für die freundliche Übernahme und die zügige Erstellung des Zweitgutachtens.

Ein herzlicher Dank gebührt weiterhin meinem Kollegen Dr. Martin Göllnitz für seine fortwährende Diskussionsbereitschaft und nicht zuletzt auch für die Durchsicht und Korrektur dieser Arbeit sowie Professor Dr. Detlev Kraack für seine tatkräftige Unterstützung meiner Recherchebemühungen.

Meiner Freundin Dr. Raika Voldrich danke ich von ganzem Herzen. Ohne ihre Liebe, ihren steten Rückhalt und Zuspruch hätte ich diese Arbeit nicht abschließen können. Mein größter Dank gilt meinen Eltern Manfred Sperling und Heike Lindenau-Sperling. Sie haben mich auf meinem bisherigen Lebensweg vorbehaltlos begleitet und mir mein Studium erst ermöglicht. Ihnen widme ich diese Arbeit.

Kiel, im April 2018
Dr. Christoph Sperling

Inhaltsübersicht

Inhaltsverzeichnis

Abkürzungsverzeichnis

AGSP	Archiv Gymnasium Schloss Plön
BArch	Bundesarchiv
BBG	Gesetz zur Wiederherstellung des Berufsbeamtentums
CAU	Christian-Albrechts-Universität zu Kiel
DNVP	Deutschnationale Volkspartei
DSt	Deutsche Studentenschaft
DVFP	Deutschvölkische Freiheitspartei
FKSt	Freie Kieler Studentenschaft
Gestapo	Geheime Staatspolizei
GStA PK	Geheimes Staatsarchiv Preußischer Kulturbesitz
KSt	Kieler Studentenschaft
LASH	Landesarchiv Schleswig-Holstein
NPEA	Nationalpolitische Erziehungsanstalt
NSDStB	Nationalsozialistischer Deutscher Studentenbund
NSDAP	Nationalsozialistische Arbeiterpartei
OPG	Oberstes Parteigericht der NSDAP
PK	Parteikorrespondenz
PMWKV	Preußisches Ministerium für Wissenschaft, Kunst und Volksbildung
PreußStGB	Preußisches Strafgesetzbuch
PSK	Provinzialschulkollegium Schleswig-Holstein
REM	Reichsministerium für Wissenschaft, Erziehung und Volksbildung
RStGB	Reichsstrafgesetzbuch
SA	Sturmabteilung
SHHBl	Schleswig-Holsteinische Hochschulblätter
SS	Schutzstaffel
SD	Sicherheitsdienst des Reichsführers SD
Stabila	Staatliche Bildungsanstalt
StGBNdB	Strafgesetzbuch für den Norddeutschen Bund
SHUG	Schleswig-Holsteinische Universitätsgesellschaft
UAL	Universitätsarchiv Leipzig
USchlA	Untersuchungs- und Schlichtungsausschuss

A) Einführung

Der Begriff der „Kieler Schule" steht heute für die Kronjuristen des Nationalsozialismus und die tragende Rolle, die die Rechts- und Staatswissenschaftliche Fakultät in Kiel für die Entwicklung nationalsozialistischen Rechts innehatte. Die Christian-Albrechts-Universität zu Kiel, eine der mittelgroßen Preußischen Hochschulen, wurde als eine von drei „Grenzlanduniversitäten" auserkoren eine juristische „Stoßtruppfakultät" zu errichten, von der aus die nationalsozialistische Rechtserneuerung noch über das Dritte Reich hinaus ausstrahlen sollte. Mit der Machtübernahme im Jahre 1933 wurde das gesamte Deutsche Reich innerhalb kürzester Zeit gleichgeschaltet. Ganze Systeme und Hierarchien der öffentlichen Verwaltung wurden mitsamt der mit ihnen verbundenen Personalien umgewandelt oder in Gänze ausgetauscht, um den Staat nach dem Führerprinzip auszurichten.

Die Kieler Rechts- und Staatswissenschaftliche Fakultät wurde durch den Prozess der Gleichschaltung mit, für den universitären Bereich, beispielloser Härte getroffen. Beinahe sämtliche Ordinarien wurden vorzeitig emeritiert, zwangsversetzt oder auf anderem Wege gezwungen ihre Professuren aufzugeben und durch eine Gruppe junger Dozenten, allesamt Vertreter nationalsozialistischen Rechtsdenkens, ersetzt. Der Einfluss des NS-Regimes und der eigentliche Charakter als auch die Ausprägung der Umstrukturierung Kieler Fakultät sind heute bereits weitgehend rechtshistorisch aufgearbeitet.[1] Weniger erforscht ist bisher indes der Einfluss, den die verschiedenen Studentenströmungen der 1920er Jahre auf das Fakultätsprofil ausübten und wie auch sie die „Kieler Schule" prägten, galten doch gerade auch die Kieler Studierenden als treibende Kraft der Nazifizierung der Universität.[2] Insbesondere den Mitgliedern des Nationalsozialistischen

---

1 *Eckert*, Die Juristische Fakultät im Nationalsozialismus; *ders.*, „Hinter den Kulissen". Die Kieler Rechtswissenschaftliche Fakultät im Nationalsozialismus; *ders.*, Was war die Kieler Schule?; *Meyer-Pritzl*, Die Kieler Rechts- und Staatswissenschaften. Eine Stoßtruppfakultät; *Müller*, Furchtbare Juristen: Die unbewältigte Vergangenheit unserer Justiz, *Rüthers*, Entartetes Recht. Rechtslehren und Kronjuristen im Dritten Reich; *Wiener*, Kieler Fakultät und „Kieler Schule" Die Rechtslehrer an der Rechts- und Staatswissenschaftlichen Fakultät zu Kiel.

2 *Wieben*, Studenten der Christian-Albrechts-Universität im Dritten Reich. Zum Verhaltensmuster der Studenten in den ersten Herrschaftsjahren des Nationalsozialismus. Siehe dazu demnächst die Dissertation von Martin Göllnitz zu den Studierendenfunktionären der Universität Kiel zwischen 1927 und 1945: *Göllnitz*, Der Student als Führer?

Deutschen Studentenbundes (NSDStB), einer intellektuellen Randgruppe im Gefüge der Nationalsozialistischen Deutschen Arbeiterpartei (NSDAP), deren Kieler Hochschulgruppe Joachim Haupt über Jahre vorstand, wird eine tragende Rolle zugesprochen.[3]

Joachim Haupt gilt als einer der einflussreichsten NS-Studentenfunktionäre und vermutlich der führende junge Nationalsozialist im Norddeutschland der 1920er Jahre. Vor diesem Hintergrund gilt es im Zuge der wissenschaftlichen Auseinandersetzung mit der Biographie Joachim Haupts insbesondere zu untersuchen, inwiefern er als Repräsentant des NSDStB Einfluss auf den Prozess der Bildung der „Kieler Schule" ausübte und ob er und der NSDStB in ein System zur organisierten Vertreibung Kieler Rechtsgelehrter eingebunden waren.

Der Prozess der Säuberung der Hochschulen im nationalsozialistischen Sinne wurde nach der Machtübernahme zunächst durch das Preußische Ministerium für Wissenschaft, Kunst und Volksbildung (PMWKV) und dann ab 1934 vor allem durch das Reichsministerium für Wissenschaft, Erziehung und Volksbildung, kurz Reichserziehungsministerium (REM), orchestriert. Beide Ministerien standen unter der Leitung des Ministers Bernhard Rust. Die hier greifenden Mechanismen sind in der Literatur ebenfalls überwiegend bekannt.[4] Haupt stieß im Jahre 1933 als Teil einer Gruppe junger Ministerialbeamter zum PMWKV und war für kurze Zeit Leiter der Universitätsabteilung, in der die Verfahren der Hochschulbeamten nach dem Gesetz zur Wiederherstellung des Berufsbeamtentums durchgeführt wurden. Es gilt ferner also zu überprüfen, inwiefern Haupt als Ministerialbeamter des PMWKV und des REM Einfluss auf die Geschicke der Dozenten der Kieler Rechts- und Staatswissenschaftlichen Fakultät nahm.

Leben und Wirken Haupts werden in dieser Arbeit chronologisch dargestellt. Eine Trennung der einzelnen Lebensabschnitte und der von ihm veröffentlichten Werke kommt dabei nicht in Frage, waren Haupts Werk und Wirken doch allzu oft durch die Zeit- und seine Lebensumstände bedingt und beeinflusst.

Handlungsmöglichkeiten eines jungakademischen Funktionärskorps am Beispiel der Universität Kiel (1927–1945).

3 *Faust*, Der Nationalsozialistische Deutsche Studentenbund. Studenten und Nationalsozialismus in der Weimarer Republik; *Kater*, Der NS-Studentenbund von 1926–1928; *ders.*, Studentenschaft und Rechtsradikalismus in Deutschland 1918–1933.

4 *Jasch*, Das preußische Kultusministerium und die „Ausschaltung" von „nichtarischen" und politisch mißliebigen Professoren an der Berliner Universität in den Jahren 1933 bis 1934 aufgrund des Gesetzes zur Wiederherstellung des Berufsbeamtentums vom 7. April 1933.

Erste Hinweise zur Biographie Haupts lassen sich dem von Michael Grüttner verfassten Biographischen Lexikon zur nationalsozialistischen Wissenschaftspolitik sowie einem biographischen Aufsatz aus der Feder Alfred Heggens entnehmen.[5] Weitere, vom Verfasser dieser Arbeit durchgeführte Recherchen brachten zudem umfangreiches unveröffentlichtes Quellen- und Archivmaterial zu Tage. Insbesondere Besuche des Bundesarchivs in Berlin-Lichterfelde (BArch) und des Geheimen Staatsarchivs Preußischer Kulturbesitz in Berlin Dahlem (GStA PK) sowie des Schleswig-Holsteinischen Landesarchivs in Schleswig (LASH) erwiesen sich als fruchtbar. Ebenfalls äußerst wertvoll waren die Bestände des Schularchivs des Schlossgymnasiums Plön (AGSP). Ferner vermochte das Archiv der Universität Leipzig (UAL) mit den Verfahrensakten zu Haupts Promotion Licht auf dessen weiteren akademischen Werdegang zu werfen. Zu Haupts späterer Verwendung als Lehrer in Kiel konnten des Weiteren Aussagen zweier Zeitzeugen, jeweils an einer historischen Aufarbeitung interessierte Schüler Haupts aus den 1960er Jahren, zu Grunde gelegt werden.

---

5 *Grüttner*, Biographisches Lexikon zur nationalsozialistischen Wissenschaftspolitik; *Heggen*, Joachim Haupt (1900–1989). Ein früher NSDAP-Aktivist in Schleswig-Holstein.

B) Herkunft, Elternhaus und Jugend

I.) Jugend und Schulbildung

Joachim Friedrich Hermann Haupt wurde am 7. April 1900 in Frankfurt an der Oder geboren.[6] Er wuchs in einem bürgerlichen Haushalt auf. Sein Vater Herrmann Haupt war Regierungsassessor und verstarb bereits früh.[7] Hedwig Haupt, eine geborene von Pallmenstein, entstammte einem niederen Adelsgeschlecht, welches sich mit ihr schließlich verliert.[8]

Bis zur Tertia besuchte Haupt eine humanistische Oberschule, das nach Friedrich I., König von Preußen benannte Friedrichsgymnasium in Frankfurt an der Oder.[9]

Im Anschluss erhielt Haupt die Möglichkeit, seine Schulausbildung an der renommierten Königlich Preußischen Hauptkadettenanstalt in Berlin-Lichterfelde fortzusetzen, an der er eine strenge militärische Erziehung erfuhr, die er kurz nach Ende des Ersten Weltkrieges am 20. März 1919 mit Erhalt des Reifezeugnisses abschloss.

Die Königlich Preußische Hauptkadettenanstalt weist eine bemerkenswerte und bis in das 18. Jahrhundert zurückgehende Geschichte auf und entwickelte sich nach der Umsiedlung von Berlin-Mitte nach Lichterfelde im Osten von Berlin im Jahre 1878 zu einer der gewichtigsten militärischen Bildungseinrichtungen in Deutschland. Ein Großteil des deutschen Offizierskorps erhielt seine Ausbildung in Lichterfelde. Von der enormen Bedeutung des Preußischen Kadettenkorps, aber insbesondere auch der Anstalt in Lichterfelde zeugt auch die umfangreiche Liste bekannter Absolventen. Zu diesen gehören unter anderem Hermann Göring[10], Erich

---

6 UAL, Phil.Fak.Prom. 3134, Promotionsakte J. Haupt, Lebenslauf.

7 *Grüttner*, Biographisches Lexikon zur nationalsozialistischen Wissenschaftspolitik, S. 71.

8 Ein Telefonat mit Hartwig Molzow vermochte diese Daten zu bestätigen.
Ebenfalls dazu: *Bräuninger*, Strahlungsfelder, S. 59. – Zu beachten ist, dass das Werk des Autors weder inhaltlich noch methodisch dem Anspruch heutiger zeitgeschichtlicher Forschung gerecht wird und dass sich bereits in der Sprache, insbesondere jedoch in der Argumentation und der Wertung, der geschichtsrevisionistische Standpunkt des Autors entlarvt.

9 UAL, Phil.Fak.Prom. 3134, Promotionsakte J. Haupt, Lebenslauf.

10 Hermann Wilhelm Göring (* 12. Januar 1883 in Rosenheim; † 15. Oktober 1946 in Nürnberg) war ein deutscher Offizier und NS-Politiker. Größere Bekanntheit errang er als Jagdflieger und als Nachfolger Manfred von Richthofens als Kommandeur der

Ludendorff[11], Erich von Manstein[12] und Kurt Schleicher.[13] Auch wegen dieser herausragenden Relevanz der Kadettenanstalt für die deutschen Streitkräfte wurde sie gemäß den Bestimmungen des Versailler Vertrages am 20. März 1920 im Rahmen eines Schlussappells aufgelöst. Haupt zählt somit zu den letzten Kadetten, die ihre Ausbildung in Lichterfelde noch im klassischen Sinne und im Dienstgrad eines Fähnrichs abschließen konnten.

---

als „Fliegender Zirkus" bekannt gewordenen Jagdstaffel 11. 1923 nahm er am Hitlerputsch teil und wurde im August 1932 zum Reichstagspräsidenten gewählt. Mit der Machtergreifung ernannte Hitler ihn zum Reichsminister ohne Geschäftsbereich, zum Reichskommissar für Luftfahrt und zum Reichskommissar für das Preußische Innenministerium. 1935 war er Oberbefehlshaber der deutschen Luftwaffe. Göring wurde in den Nürnberger Prozessen als einer der 24 Hauptkriegsverbrecher angeklagt und zum Tod durch den Strang verurteilt, entzog sich der Vollstreckung des Urteils jedoch durch Suizid. Zu Göring siehe: *Maser,* Hermann Göring. Hitlers januskopfiger Paladin.

11 Erich Friedrich Wilhelm Ludendorff (* 9. April 1865 in Kruszewnia, Posen; † 20. Dezember 1973 in München) war ein deutscher General des Ersten Weltkrieges und als Stellvertreter Paul von Hindenburgs Mitglied der Obersten Heeresleitung und als Generalquartiermeister einer der Architekten der Kriegsführung während des gesamten Krieges. Er war einer der Initiatoren der Dolchstoßlegende und engagierte sich zur Zeit der Weimarer Republik massiv in der völkischen Bewegung, er beteiligte sich sowohl am Kapp-Putsch im Jahre 1920 als auch am Hitlerputsch im Jahre 1923 und war Reichstagsabgeordneter der Deutschvölkischen Freiheitspartei sowie ein führendes Mitglied des Tannenbergbunds. Zu Ludendorff siehe: *Thoß,* Ludendorff, Erich.

12 Erich von Manstein (* 24. November 1887 in Berlin; † 10. Juni 1973 in Irschenhausen) war deutscher Offizier und zuletzt Generalfeldmarschall. Bei Kriegsende wurde von Manstein inhaftiert und 1949 als Kriegsverbrecher verurteilt. Nach seiner Entlassung 1953 war er, als einziger ehemaliger Generalfeldmarschall der Wehrmacht, bis 1960 inoffizieller Berater der neu aufgestellten Bundeswehr. *Stein,* Generalfeldmarschall Erich von Manstein, Kritische Betrachtung des Soldaten und Menschen.

13 Kurt Ferdinand Friedrich Hermann von Schleicher (* 7. April 1882 in Brandenburg an der Havel; † 30. Juni 1934 in Neubabelsberg) war ein deutscher Offizier, unter anderem General der Infanterie und Politiker. 1932/33 war er deutscher Reichskanzler. Am 30. Januar 1933 wurde Hitler an seiner statt zum Reichskanzler ernannt. Im Juni 1934 wurde er im Zuge des sogenannten Röhm-Putsches erschossen. Zu Schleicher siehe: *Strenge,* Kurt von Schleicher, Politik im Reichswehrministerium am Ende der Weimarer Republik.

II.) Freikorpszeit

Nach Beendigung seiner Schul- und Kadettenausbildung war Haupt noch nicht bereit sich einem Studium zuzuwenden. Es zog ihn in der unsteten Zeit nach dem ersten Weltkrieg vielmehr zu den deutschen Freikorps hin.

Haupt schloss sich dem Landesjägerkorps Maercker an. Befehlshaber und Namensgeber des Korps war Generalmajor Georg Ludwig Rudolf Maercker. Dieser hatte seinerseits unter anderem die Königlich Preußische Hauptkadettenanstalt in Berlin-Lichterfelde besucht. Aufgestellt wurde das „Freiwillige Landesjägerkorps" bereits Anfang Dezember 1918 als eines der ersten und schlagkräftigsten Freikorps, da sich die Truppen hauptsächlich aus den ehemaligen Frontkämpfern von Maerckers 214. Infanterie Division rekrutierten. Anfänglich noch in Berlin eingesetzt, übernahm Maerckers Korps im Februar 1919 die Sicherung der Deutschen Nationalversammlung in Weimar. Im Verlauf des Jahres 1919 etablierte sich die Einheit als ein der Weimarer Reichsregierung loyales und überaus nützliches Instrument, insbesondere bei der Niederschlagung der Spartakistenaufstände in Mitteldeutschland. Die Einheit wurde daraufhin am 3. Mai 1919 in die vorläufige Reichswehr übernommen. Getrübt wurde das Bild jedoch durch die vorerst zurückhaltende Position Maerckers während des Kapp-Putsches im März 1920. Maercker versagte den Putschisten nach anfänglichem Abwarten schließlich doch die Unterstützung, wurde aber als Reaktion auf sein Zögern am 28. April 1920 aus dem aktiven Militärdienst entlassen.[14]

Haupt selbst führt in einer Auflistung seiner Parteitätigkeit auf, dass er als Maschinengewehr-Schütze eingesetzt war.[15] Eine konkrete Beteiligung an spezifischen Einsätzen des Korps lässt sich indes aufgrund der Quellenlage und der Größe des Korps nicht zweifelsfrei be- oder widerlegen. Es steht jedoch zu vermuten, dass Haupt und Sunkel gemeinsam an Straßenkämpfen in Berlin, Erfurt und Halle teilnahmen.[16]

---

14 Zu Georg Ludwig Rudolf Maercker (* 21. September 1865 in Baldenburg (Westpreußen); † 31. Dezember 1924 in Dresden) siehe: *Niemeyer*, Maerker, Georg, in: NDB 15, 1987, S. 638.

15 BArch, OPG: 3403|0036|41, Parteitätigkeit von J. Haupt.

16 GStA PK, I. HA, Rep. 77, Nr. 5469, Schreiben des Reichsministers des Inneren an den Preußischen Ministerpräsidenten vom 23.08.1938.

Ferner verweist Haupt in dieser Auflistung auf seine Tätigkeit als Fähnrich der Artillerie-Abteilung des weniger bekannten Freikorps Dohna, dessen Befehlshaber und Namenspatron der Kapitän zur See Nikolaus Graf zu Dohna-Schlodien war.[17]

17 BArch, OPG: 3403|0036|41, Parteitätigkeit von J. Haupt.

C) Beruflicher Werdegang

I.) Studium

Joachim Haupt betrieb ein Studium der Fächer Philosophie, Geschichte, Deutsch und Geographie, wobei die Philosophie im Vordergrund stand.[18] Da er auf die finanzielle Unterstützung seiner früh verwitweten Mutter nicht zählen konnte, war Haupt über lange Phasen seines Studiums darauf angewiesen sich als Werkstudent zu verdingen, um seinen Lebensunterhalt und die Studiengebühren aufbringen zu können.[19] Zeitweise arbeitete er sogar unter Tage.[20]

1.) Kiel und Frankfurt am Main

Im Sommersemester 1920 begann Haupt sein Studium an der Christian-Albrechts-Universität zu Kiel.[21] In seinem Hauptfach Philosophie hörte er bei den Professoren Scholz, Menzel und Wittmann.[22]

Haupt, der in seinen ersten Studiensemestern in Kiel politisch noch nicht in Erscheinung getreten war, schrieb sich zum Wintersemester 1921/22 an der Johann Wolfgang Goethe-Universität Frankfurt am Main ein.[23] Er hörte bei den Professoren Kornelius und Burckhardt.[24] Hier gründete er noch im Jahre 1921 eine „Nationalsozialistische Arbeitsgemeinschaft".[25] Es steht zu vermuten, dass Haupt während seines Studiums bereits auf seinen späteren Amtsnachfolger im REM, August Heißmeyer[26],

---

18 UAL, Phil.Fak.Prom. 3134, Promotionsakte J. Haupt, Lebenslauf.

19 *Asmus*, Richard Kroner, S. 92.

20 *Scholtz*, NS-Ausleseschulen, S. 50.

21 UAL, Phil.Fak.Prom. 3134, Promotionsakte J. Haupt, Lebenslauf.

22 UAL, Phil.Fak.Prom. 3134, Promotionsakte J. Haupt, Lebenslauf.

23 UAL, Phil.Fak.Prom. 3134, Promotionsakte J. Haupt, Lebenslauf.

24 UAL, Phil.Fak.Prom. 3134, Promotionsakte J. Haupt, Lebenslauf.

25 BArch, OPG: 3403|0036|41, Parteitätigkeit von J. Haupt.

26 August Heißmeyer (* 11. Januar 1897 in Gellersen bei Hameln; † 16. Januar 1979 in Schwäbisch Hall) nahm 1920 als Mitglied eines Freikorps am Kapp-Putsch teil. Im Jahre 1925 trat er der NSDAP und der SA bei und wurde SA-Führer im Gau Westfalen Süd. 1930 wechselte er zur SS und wurde 1933 Mitglied des Reichstages und SS-Oberabschnittsführer. Von 1935 bis 1939 leitete er das SS-Hauptamt. Ab 1939 war er Höherer SS- und Polizeiführer in Berlin und damit Gerichtsherr des SS- und Polizeigerichts III Berlin. 1940 übernahm er das Amt des Chefs der neu gegründeten „Dienststelle SS-Oberführer Heißmeyer" und heiratete die Reichsfrauenführerin Scholtz-Klink. Im Jahre 1941 ernannte man ihn zum Inspekteur der nationalpolitischen Erziehungsanstalten.

traf, der in Frankfurt Rechtswissenschaften studierte und sich ebenfalls der Gruppe anschloss.[27]

Zeitgleich mit der Gründung der Arbeitsgemeinschaft veröffentlichte Haupt die Broschüre „Vom deutschen Nationalsozialismus“, die ihm als Programmschrift dienen sollte. In der Einleitung des von der Frankfurter Universitätsdruckerei veröffentlichten zwölfseitigen Aufsatzes zeichnet Haupt ein grobes Bild der geistigen Haltung der Mitglieder und stellt den Hauptzweck der nationalsozialistischen Arbeitsgemeinschaft heraus. Der materielle Inhalt der Arbeitsgemeinschaft sei die Bildung einer Weltanschauung, der formale Inhalt bestünde darin, analog zu diesem ein korrespondierendes Programm aufzustellen.[28] Aus diesem ergebe sich eine Methode, die sich klar von der einer politischen Partei abgrenze. Weltanschauung und Programm seien eben nicht Ausgangspunkt, sondern vielmehr das erklärte Ziel der Arbeitsgemeinschaft.[29] Haupt setzte die Arbeitsgemeinschaft damit bewusst von den etablierten Parteien ab. „[...] was für jede Art von Partei Dogma ist, ist für uns Problem.“[30] Was jene Parteien durch Propaganda und Ortsgruppen zu verbreiten suchen, gelte für die Arbeitsgemeinschaft nicht als Tatsache, sondern lediglich als Anstoß eben diesen Dogmatismus zu hinterfragen. Er betonte, dass bestehende Dogmen nicht anerkannt und in keinem Falle angenommen würden, solche wolle und könne man schon gar nicht vermitteln. Was man jedoch besäße, sei um ein vielfaches wertvoller, nämlich die richtige Fragestellung.[31] Formallogisch hingen die Richtigkeit eines Schlusses und damit auch seine Relevanz zweifelsfrei von der Richtigkeit der Prämissen ab, aus denen dieser abgeleitet wird. Letztlich käme bei der Behandlung eines Problems der Art der Fragestellung ebenfalls der Stellenwert einer Prämisse zu, sodass diese demgemäß von ebensolcher Bedeutung sei. Für diese Fragestellung sei es jedoch notwendig sich von alten Dogmen und jeglicher geistiger Prädisposition frei zu machen. Es gelte ebenjene geistigen Grenzen aus freien Stücken aufzugeben und zu hinterfragen, was bisher als selbstverständlich erscheine.[32] Die treibenden Ideen des frühen 20. Jahrhunderts, wie etwa der

---

1950 wurde er als Hauptschuldiger entnazifiziert und zu drei Jahren Haft verurteilt. Zu Heißmeyer siehe: *Birn*, Die höheren SS- und Polizeiführer, S. 335; *Klee*, Das Personenlexikon zum Dritten Reich, S. 241.

27 *Scholtz*, NS-Ausleseschulen, S. 50.

28 *Haupt*, Vom Deutschen Nationalsozialismus, S. 3.

29 *Haupt*, Vom Deutschen Nationalsozialismus, S. 3.

30 *Haupt*, Vom Deutschen Nationalsozialismus, S. 3.

31 *Haupt*, Vom Deutschen Nationalsozialismus, S. 3.

32 *Haupt*, Vom Deutschen Nationalsozialismus, S. 3.

Sozialismus, nationaler Sinn, Internationalismus und so fort, seien bereits zu bloßen Schlagworten verkommen, die nicht imstande seien, das immanente, wahre Wesen dieser Begriffe widerzuspiegeln, sodass diese im Rahmen der Arbeitsgemeinschaft gänzlich frei und von Neuem betrachtet werden sollen.[33]

Die Arbeitsgemeinschaft dürfe sich an der Tagespolitik, vor allem aber auch der Außenpolitik, nicht beteiligen, da sich diese nur vom inneren Wesen eines Volkes her bestimmen ließe. Weder zu einer eigenen Staatsform noch zu einer eigenen Politik seien die Deutschen zurzeit fähig. Haupt stellt dazu pointiert fest, dass ein einheitliches deutsches Volk im eigentlichen Sinne nicht existiere:

> „Zwischen Deutschen im eigenen Lande bestehen heute größere Gegensätze, als zwischen Deutschen und Franzosen. Wir sind kein Volk mehr; wir sind tiefer gespalten als nationale Erbfeinde es nur immer sein könnten."[34]

Die Deutschen leben unter dem Druck dieser inneren Spaltung. Diese sei gebunden an die extreme Spannung zwischen den Parteigruppierungen. Zwischen rechts und links bestehe unversöhnlicher Hass, der auch noch die letzte Spur eines einigen deutschen Volkes vernichte. Die politische Rechte sei der Vertreter des nationalen Gedankens und siedele sich wirtschaftlich wie gesellschaftlich auf dem Boden des Kapitalismus an. Die Linksparteien demgegenüber streben in Bezug auf Wirtschaft und Gesellschaft einen internationalen Sozialismus an. Wenigstens in ihrer heutigen Ausprägung schienen diese Gegensätze in der Tat unvereinbar.[35] Haupt wirft jedoch die Frage auf, ob der Sozialismus seinem Wesen nach zwangsläufig international ausgerichtet und der Nationalismus wesensmäßig kapitalistisch sei. Betrachte man diese geistigen Einstellungen losgelöst von ihren jeweiligen Anhängen, würde deutlich, dass diese dem Grunde nach nicht unversöhnlich seien. Dies spiegele sich ohnehin in der Lebenswirklichkeit wider, sei doch die überwiegende Mehrheit der rechts stehenden Volksteile Kind des nationalen Geistes, in ihrer Sympathie jedoch kaum kapitalistisch gelagert, sondern lediglich auf der Suche nach einem neuerlichen Nationalgefühl.[36] Ebenso stehe es um einen Großteil der Anhänger der Linksparteien, auch diese suchten unter der Last des sozialistischen Parteidogmas in Deutschland ihre Heimat. Haupt folgert daraus, dass alle sozialistisch und national empfindenden Deutschen, unabhängig von der jeweiligen Parteizugehörigkeit, eine

---

33 *Haupt*, Vom Deutschen Nationalsozialismus, S. 4.
34 *Haupt*, Vom Deutschen Nationalsozialismus, S. 4.
35 *Haupt*, Vom Deutschen Nationalsozialismus, S. 6.
36 *Haupt*, Vom Deutschen Nationalsozialismus, S. 6.

Schicksalsgemeinschaft bilden würden.[37] Würde man den Sozialismus und den Nationalismus, die stärksten Mächte des frühen 20. Jahrhunderts, verbinden, so könne der Nationalsozialismus aus dieser deutschen Schicksalsgemeinschaft ein wahres deutsches Volk erschaffen.[38] Haupt zitiert Richard Wagner dahingehend, dass ein Volk „[...] die Gemeinschaft derer [sei], die eine gleiche Not erleben."[39] Daher sei es möglich, „[...] die wirtschaftliche Grundlage des Sozialismus und den Hochbau der Idee des nationalen Deutschlands zu einem wahrhaft lebenskräftigen Volksorganismus zu verbinden."[40] Des Begriffes des Organismus als Antithese zum Mechanischen bedient sich Haupt regelmäßig. Die Vokabel des Organismus war für den Wortschatz vieler antidemokratischer – insbesondere aber völkischer – Bewegungen unentbehrlich.[41] Ebenso wie diese lässt Haupt den Begriff jedoch weitgehend unausgefüllt. Er belässt diesen damit sehr vage, beinahe suggestiv und stellt lediglich fest, dass die mechanische Staats- und insbesondere Lebensform der Weimarer Republik das Erwachsen eines wahren deutschen Volkes verhindere.[42] Es bleibt bei dem polemischen Vergleich des Alten mit dem Neuen, des Toten mit dem Lebendigen, der Weimarer Republik mit Haupts persönlicher sich noch entwickelnder völkischer Ideologie.

Im weiteren Verlauf des Kapitels betrachtet Haupt, wie ein von ihm angestrebter sittlich wertvoller deutschnationaler Sozialismus ausgestaltet sein müsse. Gleichheit könne dieser in keinem Falle bedeuten, sondern vielmehr eine Gleichberechtigung dahingehend, dass Leistung und Gegenleistung einander entsprechen.[43] Ein richtig verstandener Sozialismus sei fernab jeder Gleichmacherei, sondern strebe eine allerfeinste Differenzierung der Menschen ihren Anlagen nach an.[44] Er sei demnach der schärfste Ausdruck persönlicher Freiheit. Zur Förderung des deutschen Volkes bedürfe es eines extremen Individualismus dahingehend, dass ein jedes Individuum vollends entdeckt und erforscht werden müsse. Auf diese Weise ließe sich die Ordnung des deutschen Volkes in Kasten und Klassen durchbrechen. Bisher könnte noch der kleinste und geringwertigste Mensch aufgrund seiner Herkunft wertvollere Menschen überragen. Haupt fordert, dass ein Mensch nur noch dann einen anderen überrage, wenn er aus eigener Kraft so

37 *Haupt*, Vom Deutschen Nationalsozialismus, S. 7.
38 *Haupt*, Vom Deutschen Nationalsozialismus, S. 7.
39 *Haupt*, Vom Deutschen Nationalsozialismus, S. 7.
40 *Haupt*, Vom Deutschen Nationalsozialismus, S. 8.
41 *Sontheimer*, Antidemokratisches Denken, S. 256.
42 *Haupt*, Vom Deutschen Nationalsozialismus, S. 4.
43 *Haupt*, Vom Deutschen Nationalsozialismus, S. 8.
44 *Haupt*, Vom Deutschen Nationalsozialismus, S. 9.

hoch gewachsen sei und sein innerer Wert diesem auch gerecht werde. Er fordert darüber hinaus eine Ethik der völligen Hingabe an den ihm höchsten und absoluten Wert, ein deutsches Volk.

> „Wertvolle Menschen sind deshalb wertvoll und große Männer deshalb groß, weil sie selbstlos Großes für Ideen wirkten.“[45]

Haupts Programmschrift hat mit den Forderungen der NSDAP in ihrem 25-Punkte-Programm vom 24. Februar 1920 nicht viel gemein und er positioniert sich noch abseits der Nationalsozialisten. Sein Hauptaugenmerk liegt auf dem ihm eigenen völkischen Ideal. Dieses in die Vielzahl der einzelnen und vielfältigen völkischen Strömungen einzuordnen, gestaltet sich dahingehend schwierig, da der Begriff „völkisch“ als sehr vage verstanden werden muss und eine gewisse ideologische Elastizität aufweist. Einige Prinzipien waren dem völkischen Denken beinahe jeder Bewegung jedoch gemein, so zum Beispiel die Ablehnung alles Internationalen.[46] Dieser Fokus auf die Autarkie des deutschen Volkes und damit der deutschen Nation lässt sich auch bei Haupt wiederfinden. Insbesondere fällt unter diesen Gesichtspunkt auch die Verweigerung der als Schmach empfundenen deutschen Kriegsniederlage, die fehlende Anerkennung des Versailler Vertrages sowie die Forderung, die schändliche und gleichsam in höchstem Maße schädliche internationale Einflussnahme zu unterbinden.[47]

Auch der Schwerpunkt auf dem Landvolk und die Landwirtschaft ist Haupt und vielen anderen völkischen Strömungen gemein. Verglichen mit dem Programm der NSDAP, deren Weltanschauung in einem weiter verstandenen Sinn auch als völkisch anzusehen ist, werden jedoch einige Diskrepanzen offensichtlich. Haupt vertritt in seiner Programmschrift einen dem Sozialdarwinismus nahen Standpunkt. In seinem Aufsatz nimmt Haupt eine Differenzierung wertvoller Menschen, anhand der individuellen Eignung, Befähigung und nicht zuletzt Aufopferungsbereitschaft für das deutsche Volk Großes zu bewirken lediglich innerhalb des Volkskörpers vor. Haupts Standpunkt begründet sich zu diesem Zeitpunkt keineswegs rassisch, sodass er Themen wie etwa die Reinerhaltung des deutschen Blutes und der Rassenhygiene noch nicht aufgreift. Ein Antisemitismus, wie er bei vielen völkischen Vertretern, so etwa auch im vierten Punkt des NSDAP-Grundsatzprogrammes zu Tage tritt, lässt sich bei Haupt noch nicht finden. Insbesondere hinsichtlich volkswirtschaftlicher Grundsätze setzt er sich vom Programm der frühen NSDAP ab. So lehnt Haupt eine Forderung nach

45 *Haupt*, Vom Deutschen Nationalsozialismus, S. 10.
46 *Sontheimer*, Antidemokratisches Denken, S. 132.
47 *Haupt*, Vom Deutschen Nationalsozialismus, S. 5.

Verstaatlichung grundsätzlich ab, er spricht sich zwar für einen Ausgleich des Eigentums zwischen allen Volksgliedern aus, der Begriff des Eigentums solle aber durchaus aufrechterhalten werden.[48]

Haupts sich noch entwickelnde Weltanschauung ist also durchaus als deutschvölkisch zu bezeichnen, zeigt sich aber deutlich konservativer als bei anderen Vertretern des völkischen Ideologiegemenges, wie etwa den esoterisch anmutenden Wotansanbetern.[49] Im Vergleich mit dem frühen Programm der NSDAP lassen sich zwar gewisse Parallelen finden, es zeigt sich jedoch auch, dass die noch fortschreitende Entwicklung der Ideologie Haupts andere grundlegende Schwerpunkte des völkischen Ideologiegemenges diktiert, über die das Programm der NSDAP bereits hinweggeschritten ist.

2.) Greifswald

Im Wintersemerster 1922/1923 wechselte Haupt von Frankfurt an die Universität Greifswald.[50] Philosophie hörte er bei Professor Pichler.[51]

In Greifswald intensivierte sich Haupts nationalsozialistische Agitation. Während sich seine anfängliche politische Arbeit in Frankfurt hauptsächlich noch auf Sprechabende im Rahmen der von ihm gegründeten nationalsozialistischen Arbeitsgemeinschaft, Flugblätter und Plakate beschränkt hatte, erweiterte sich sein Spektrum in Greifswald um konkrete Parteiarbeit für die NSDAP.[52] Den ersten direkten Parteikontakt datiert Haupt selbst auf das Frühjahr 1922. Haupt reiste nach München, um dort einem Aufmarsch der NSDAP auf dem Marsfeld der Stadt beizuwohnen. Bereits bei diesem Besuch wurde er Hitler vorgestellt. Im Sommer trat er von Greifswald aus der Partei bei.[53] Noch im selben Jahr gründete er mit seinem Kadetten- und Freikorpskameraden Reinhard Sunkel, der ebenfalls in der Stadt studierte und den Haupt bereits in Lichterfelde kennengelernt und mit dem er in den Freikorps gedient hatte, sowie anderen Parteigenossen gemeinsam den „Pommerschen Beobachter", dessen Schriftleitung Haupt selbst übernahm. Gemäß seiner eigenen Aussage handelte es sich um die erste nationalsozialistische Tageszeitung in Norddeutschland.[54] Ob dies tatsächlich der Fall

---

48 *Haupt*, Vom Deutschen Nationalsozialismus, S. 9.
49 *Sontheimer*, Antidemokratisches Denken, S. 131.
50 UAL, Phil.Fak.Prom. 3134, Promotionsakte J. Haupt, Lebenslauf.
51 UAL, Phil.Fak.Prom. 3134, Promotionsakte J. Haupt, Lebenslauf.
52 BArch, OPG: 3403|0036|41, Parteitätigkeit von J. Haupt.
53 BArch, OPG: 3403|0036|41, Parteitätigkeit von J. Haupt.
54 BArch, OPG: 3403|0036|41, Parteitätigkeit von J. Haupt.

ist, lässt sich indes nur schwer überprüfen. Sicher lässt sich anhand des Gründungsjahres 1923 lediglich konstatieren, dass es sich wenigstens um eine der ersten Zeitungen dieser Art handeln muss. Die Gründung fand in Wolgast, einem Ort im Osten der Stadt Greifswald, statt.[55] Gedruckt und verlegt wurde das Blatt in Greifswald selbst. Im Sommer des Jahres 1924 wurde die Zeitung in „Norddeutscher Beobachter" umbenannt.[56] Der Druck wurde von der in Greifswald ansässigen Druckerei Theodor Vahlens wahrgenommen.

Der Mathematikprofessor Karl Theodor Vahlen war der erste Gauführer der östlichen Preußischen Provinz Pommern.[57] Er wurde am 30. Juni 1869 in Wien als Sohn des Altphilologen Johannes Vahlen geboren.[58] Vahlen betrieb seit 1889 ein Studium der Mathematik in Berlin und schloss dieses im Jahre 1893 mit der Promotion ab und habilitierte sich schließlich 1897 an der Universität Königsberg.[59] Im Jahre 1904 wurde er Extraordinarius in Greifswald und heiratete dort die Tochter des Kurators der Universität. 1914 meldete sich Vahlen freiwillig zum Kriegseinsatz und diente als Hauptmann der Artillerie an West- und Ostfront. Nach dem Ende des Ersten Weltkrieges schied er, für seine Tapferkeit sowohl mit dem Eisernen Kreuz als auch mit dem Ritterkreuz ausgezeichnet, als Major der Reserve aus dem Militärdienst aus und kehrte an die Universität Greifswald zurück.[60] Im Frühjahr 1923 wurde Vahlen Dekan der Philosophischen Fakultät und Rektor der Universität.[61] Nach dem von ihm als Trauma empfundenen Kriegsende und dem Bekanntwerden der Bedingungen des Versailler Vertrags begann Vahlen, der durch seine gesellschaftliche Stellung in Wissenschaft, Wirtschaft, Politik und Militär gut vernetzt war, sich ebenfalls politisch zu betätigen und trat im Jahr 1919 in die Deutschnationale Volkspartei (DNVP) ein.[62] Der misslungene Hitlerputsch vom 9. November 1923 galt Vahlen als Schlüsselereignis, sodass er schließlich im Jahre 1923 noch vor dem Verbot der Partei in die

---

55 *Wehrmann*, Die pommerschen Zeitungen und Zeitschriften in alter und neuer Zeit, S. 32.

56 *Wehrmann*, Die pommerschen Zeitungen und Zeitschriften in alter und neuer Zeit, S. 32.

57 *Inachin*, Märtyrer, S. 31.

58 *Grüttner*, Biographisches Lexikon zur nationalsozialistischen Wissenschaftspolitik, S. 176.

59 *Grüttner*, Biographisches Lexikon zur nationalsozialistischen Wissenschaftspolitik, S. 176.

60 *Inachin*, Märtyrer, S. 34.

61 *Inachin*, Märtyrer, S. 34.

62 *Grüttner*, Biographisches Lexikon zur nationalsozialistischen Wissenschaftspolitik, S. 176.

NSDAP eintrat.[63] Seinen Erstkontakt zum Nationalsozialismus datiert Vahlen selbst jedoch noch vor den Putsch. So wurde er in seiner Funktion als Rektor von den beiden Studenten Haupt und Sunkel aufgesucht und darum gebeten an der Universität nationalsozialistische Vorträge halten zu dürfen.[64] Mit ihnen und Wilhelm Karpenstein[65], der nach Vahlen das Amt des Gauleiters übernehmen sollte, gründete Vahlen schließlich den Gau Pommern innerhalb des Parteigefüges der NSDAP.[66]

Die anfängliche Geschichte des Gaus Pommern zeichnet sich vor allem dadurch aus, dass im Vergleich zu anderen norddeutschen Gauen bereits sehr früh recht feste Strukturen in Form von zwölf gut organisierten Ortsgruppen, allen voran Greifswald, bestanden.[67] Im Rahmen dieser Entwicklung nahmen Vahlen, Haupt und Sunkel entscheidende Rollen ein. Schnell bildete sich um die Greifswalder Nationalsozialisten Haupt und Sunkel eine völkisch-national eingestellte Gruppe junger Studierender, der auch Wilhelm Karpenstein angehörte.[68] Diese völkisch orientierte Clique fand an der Universität Greifswald ein fruchtbares Milieu vor, um ihre Ideen und ihr Weltbild weiterzuentwickeln, wozu der damalige Rektor Theodor Vahlen wiederum erheblich beitrug. Wohl auch deshalb gilt die Universität Greifswald als „Keimzelle" der NSDAP in Pommern. Weiterhin ermöglichte Vahlen, der Besitzer einer Buchdruckerei war, die Herausgabe des bereits erwähnten „Pommerschen Beobachters", der Haupt und seinen Mitstreitern die Möglichkeit bot, auch über die Grenzen der Stadt hinaus Propaganda zu betreiben. Obwohl die führenden Köpfe der anfänglichen Bewegung in Pommern sicherlich unter den Studierenden zu suchen sind, ist die beinahe katalytische Funktion Vahlens für die NSDAP in Pommern nicht zu unterschätzen, vielmehr muss er als prominentes und einflussreiches Mitglied angesehen werden. So lag es nicht fern, dass er nach seinem Antrittsbesuch bei Hitler im

---

63 *Inachin,* Märtyrer, S. 35.

64 *Inachin,* Märtyrer, S. 35.

65 Wilhelm Karpenstein (* 24. Mai 1903 in Frankfurt am Main; † 2. Mai 1968 in Lauterbach) betrieb ein Studium der Rechtswissenschaften und gründete 1923 die Ortsgruppe der NSDAP in Greifswald. Er wurde Rechtsanwalt und zog 1930 als Abgeordneter der NSDAP für den Wahlkreis Pommern in den Reichstag ein. Später wurde er Gauleiter des Gaus Pommern. Zu Karpenstein siehe: *Mittenzwei,* Karpenstein, Wilhelm (1903–1968), in Biographisches Lexikon für Pommern, S. 138–142; *Stockhorst,* 5000 Köpfe, Wer war was im 3. Reich.

66 *Inachin,* Märtyrer, S. 35.

67 *Inachin,* Märtyrer, S. 32.

68 *Inachin,* Märtyrer, S. 35.

November 1923 in Landsberg von diesem auch offiziell als Gauleiter Pommerns eingesetzt wurde.[69] Haupt selbst führt an, dass er im Auftrag Vahlens und in enger Zusammenarbeit mit diesem alle wesentlichen NS-Organisationen in Greifswald und dem direkten Umland, vor allem die Ortsgruppen der Sturmabteilung (SA), aufgebaut habe.[70]

a) Anfängliche Agitation in Greifswald

Bezeichnend für Haupts Engagement, das sich zunehmend radikalisierte, ist ein Vorfall, der in norddeutschen NSDAP-Kreisen als „Franzosenmontag" bekannt werden sollte.[71] Am 4. August 1924 sollte auf einer Kundgebung des Greifswalder Gewerkschaftskartells, in Kooperation mit dem internationalen Bund der Kriegsopfer, der französische Schriftsteller Henri Barbusse einen Vortrag halten.[72] Henri Barbusse war ein französischer Kommunist, Pazifist und über die nationalen Grenzen hinaus bekannter Schriftsteller. Barbusse, der sich während des Ersten Weltkrieges als Freiwilliger gemeldet hatte, nahm nach seinem Fronteinsatz eine kriegskritische Position ein. Auf ihn geht die Gründung des französischen sozialistischen Kriegsveteranenbundes zurück. Barbusses wohl bekanntestes Werk, sein persönliches Kriegstagebuch, wurde in Frankreich noch im Jahre 1916 unter dem Titel: „Das Feuer. Tagebuch einer Korporalschaft."[73] veröffentlicht. Es wurde bereits während des Krieges ins Englische und ins Deutsche übersetzt und erlangte so schon früh internationale Geltung und stellt aus heutiger Sicht einen der bedeutendsten Vorläufer zu Remarques „Im Westen nichts Neues" dar.[74]

Die Gruppe um Haupt, Vahlen, Sunkel und Karpenstein sowie weitere Parteigenossen versuchte, die Kundgebung auf offiziellem Wege verbieten zu lassen, was jedoch an der Intervention des Regierungspräsidenten in Stralsund scheiterte.[75] Es gelang ihnen jedoch den Wirt der Stadthalle davon zu überzeugen seinen Saal nicht zu öffnen. Die Behörden standen der Situation vor Ort relativ machtlos gegenüber, da sie, sollten sie die Öffnung des Saals veranlassen, respektive den Saal geschlossen belassen, jeweils eine der sich vor der Stadthalle versammelnden

---

69 *Inachin,* Märtyrer, S. 36.

70 BArch, OPG: 3403|0036|41, Parteitätigkeit von J. Haupt.

71 *Mittenzwei,* „Dem Führer entgegenarbeiten", S. 92.

72 *Inachin,* Märtyrer, S. 35.

73 Französischer Originaltitel: *Le Feu. journal d'une escouade.*

74 Zu Henri Barbusse (* 17. Mai 1873 in Asnières-sur-Seine bei Paris; † 30. August 1935 in Moskau) siehe insbesondere: *Müller,* Henri Barbusse 1873–1935.

75 *Inachin,* Märtyrer, S. 37.

Parteien provozieren würden und somit in jedem Falle mit einem Tumult zu rechnen hatten. Eine adäquate Lösung des Konfliktes schien erst möglich, als bekannt wurde, dass Barbusse selbst seinen Vortrag für nicht durchführbar hielt und davon absah aufzutreten. Auf diese Nachricht hin öffnete der Wirt letztlich doch die Türen der Stadthalle und die immer noch erregten Konfliktparteien strömten in den Saal. Die Wut der nationalsozialistischen Demonstranten entbrannte jedoch wenig später erneut, als ein ebenfalls französischer Ersatzredner die Bühne betrat. Die Situation eskalierte mit einer solchen Intensität, dass die Polizei gezwungen war die Demonstration, welche sich mittlerweile zu einer ausgewachsenen Saalschlacht entwickelt hatte, gewaltsam aufzulösen und alle Beteiligten aus der Lokalität hinaus auf die Straße zu treiben. Haupt selbst zog sich eine Kopfverletzung zu und wurde durch die Polizei als Organisator des nationalsozialistischen Lagers identifiziert und verhaftet.[76]

Dieser Vorfall macht deutlich, dass für Haupts politisches Engagement zu dieser Zeit ein Paradigmenwechsel stattgefunden hat. In Greifswald fand eine Radikalisierung Haupts statt, weniger seiner nationalsozialistischen Einstellung, sondern vielmehr hinsichtlich der konkreten Umsetzung seiner politischen Ansichten. Während er sich bisher hauptsächlich auf die theoretischen Aspekte der Arbeit für die NSDAP aus dem Studierzimmer heraus beschränkt hatte, begann für Haupt nun allmählich, was später von den Nationalsozialisten als „Kampfzeit" romantisiert und vor allem auch glorifiziert und instrumentalisiert werden sollte.

b) Völkisch oder national?

Im Sommer des Jahres 1924 veröffentlichte Haupt von Greifswald aus seinen nächsten größeren Aufsatz mit dem Titel „Völkisch oder national? – Eine grundlegende Auseinandersetzung mit der deutsch-‚nationalen' Oberschicht". In seinem Vorwort skizziert Haupt knapp Inhalt und Ziele der völkischen Bewegung. Thema seien weder Staatsformen noch Parteien, im Fokus stünde ein Volk, das als Seelen- insbesondere aber auch als Blutsgemeinschaft seit den Tagen des Tacitus unterdrückt würde.[77] Diese Unterdrückung würde nun jedoch ein Ende finden. Aus dem Niedergang des Abendlandes würde sich die völkische Bewegung erheben und sich in einem überlebenden Deutschland manifestieren. Dieses

76 BArch, OPG: 3403|0036|41, Parteitätigkeit von J. Haupt.
77 *Haupt*, Völkisch oder national, S. 3.

Deutschland möge sich nach einer zu langen westeuropäischen Nacht des gestrigen Tages der Germanen besinnen.[78]

Das vorherrschende System aus Parteien, Interessen und deren Vertretern ließe keinen Raum für eine Heimat für ein deutsches Volk. Großgrundbesitz, Industrie- und Leihkapitalismus und päpstlicher Glaubenskapitalismus würden unrechtmäßig den Raum einnehmen, der der neu erwachten deutschen Seele vorbehalten sei. „Blutschande und Verbrechen am Heiligen [...]“[79] übe, wer diese Seele beschmutze. Sie gelte es rein zu erhalten, wie es Adolf Hitler sei. Das Schicksal der deutschen Seele sei fest an ihre Reinheit geknüpft, welche nun in den Händen der völkischen Bewegung liegen würde. Haupt konstruiert eine Opferrolle, in der er die Völkischen sieht, eine „[...] tödliche[n] Einheitsfront mit den Novemberverbrechern [...]“[80] habe sich gegen sie geschlossen. In dieser hätten sich Haupts Ansicht nach alle alten systemrelevanten Mächte, die Juden, die Jesuiten sowie die Führer der ultramontanen Politik vereint und sich im gesamten Reich gegen die Völkischen erhoben.

Die völkische Bewegung ist gemäß Haupt dem Grunde nach revolutionär. Es gelte den ideologischen Ballast der westeuropäischen Zivilisation, welcher sich seit der Römerzeit ansammelt habe, abzuwerfen und sich wieder des urdeutschen Wesens zu besinnen.[81] Unter den Trümmern des untergehenden Abendlandes ließen sich echte deutsche Werte finden: „Sagen und Märchen, Eckehardt und Luther bis zu Meyer und Keller und Löns, Zünfte und Gilden, Sitten und ständisch-soziale Gliederung, Ehr- und Treuebegriff und innerer Glaube.“[82] Haupt schließt das Vorwort mit dem Ausruf: „Wir wollen überhaupt nichts Neues, sondern das Uralte: Unser Volk.“[83]

Das erste Kapitel trägt den Titel: „Die völkische Geschichtsauffassung“. Haupt skizziert darin zu Anfang, dass mit dem neuerlichen Aufkommen der völkischen Weltanschauung die Geschichte, insbesondere die des deutschen Volkes, von einem neuen Standpunkt aus betrachtet und bewertet werden müsse.[84] Haupt bedient sich dabei eines der völkischen Ideologie angepassten Geschichtsrevisionismus. Maßstab dieser neuerlichen Betrachtung sei der völkische Wert, den es indes noch in Gänze zu begreifen gelte.

---

78 *Haupt*, Völkisch oder national, S. 3.
79 *Haupt*, Völkisch oder national, S. 3.
80 *Haupt*, Völkisch oder national, S. 3.
81 *Haupt*, Völkisch oder national, S. 4.
82 *Haupt*, Völkisch oder national, S. 4.
83 *Haupt*, Völkisch oder national, S. 4.
84 *Haupt*, Völkisch oder national, S. 5.

Haupts Ausgangsthese für diese Betrachtung ist, dass ein jedes Volk einem Menschen gleich „[...] bestimmte Anlagen durch Rasse und individuelle Vererbung in sich trägt [...]“[85], welche sich, so sie genug Raum vorfinden, im Laufe der Zeit entfalten. Aufgabe eines jeden Volkes sei es, diese völkische Substanz, die es in sich trägt, zu kultivieren, seine Entwicklung zu fördern und damit sich selbst zu verwirklichen.[86] Charakteristisch für dieses völkische Wesen sei, dass es in seiner Entwicklung zwar gehemmt oder gefördert, aber niemals entscheidend verändert werden könne. „Aus einer Eichel wird durch keine Macht der Erde eine Buche gezogen. [...] Aus einem germanischen Naturvolk konnte keine geschichtliche Macht einen Juden machen.“[87] Gerade das deutsche Volk sei durch furchtbares Unheil in seinem Wachstum zurückgehalten worden, sodass es sich erst jetzt durch die völkische Bewegung weiter entfalten könne. Auch im Folgenden bedient sich Haupt einer ausgesprochen bildlichen Sprache, deren Begriffe primär der Biologie, insbesondere der Pflanzenkunde, entstammen. Neben dem Begriff der völkischen Geschichte charakterisiert Haupt ebenfalls, was unter Kultur im völkischen Sinne zu verstehen sei. „Kultur also heißt Pflege der eigenen Art, und nichts weiter.“[88] Diese eigene Art sei gleichzusetzen mit der völkischen Substanz, der Summe der Anlagen eines Volkes. Haupt zieht auch hier den Vergleich zu einer jungen Pflanze, wo diese einen Raum brauche, um frei zu wachsen und sich zu entfalten, brauche ein Volk gleichermaßen einen Lebensraum. Darüber hinaus bedürften beide nicht mehr als die bloßen Gaben der Natur, wie Sonne, Luft, Wasser und Erde, da sie aus eigener Lebenskraft zu erwachsen vermögen.[89] Das Eindringen eines fremden Volkstums, fremder Kultur und Rasse müsse also zwangsläufig das eigene Wachstum hemmen. Ferner gebe es jedoch noch einige wenige Völker, die nicht leben könnten, ohne einem Parasiten gleich, einem Wirtsvolk die Lebenskraft zu entziehen. Haupt hebt hier besonders die Juden hervor, „[...] die aus eigener Kraft nicht leben können aus Mangel an Wurzeln und Lebensblut [...]“.[90]

Ein Volk könne sich eine fremde Art niemals organisch zu Eigen machen, sie könne sie lediglich erlernen, wie der Schüler lateinische Vokabeln oder der deutsche Bauer lateinische Gebetsformeln. Haupt folgert daraus die zweite These des Abschnitts, wonach die Vermengung fremdländischer Kulturen zwingend in

85 *Haupt*, Völkisch oder national, S. 5.
86 *Haupt*, Völkisch oder national, S. 5.
87 *Haupt*, Völkisch oder national, S. 5.
88 *Haupt*, Völkisch oder national, S. 6.
89 *Haupt*, Völkisch oder national, S. 6.
90 *Haupt*, Völkisch oder national, S. 7.

kulturelle Zersetzung, Minderwertigkeit und Niedergang münde.[91] Er zieht dazu als Beispiel das kaiserliche Rom sowie das zeitgenössische Berlin heran. Dies überträgt Haupt auf die Rasse, als biologische Grundlage einer jeden völkischen Substanz.[92] Diese Zusammenhänge könnten lediglich jene leugnen, deren Rasse selbst bereits soweit degeneriert sei, dass dies zu erkennen ihnen schon nicht mehr möglich sei. Nur wer noch reich an Rasse, Blut und Instinkt sei, könne dies erfassen. Haupt stellt dahingehend fest:

> „Das deutsche Volk besitzt noch soviel echte Rasse, daß es sie in der völkischen Bewegung durchaus siegreich gegen fremde Rassen, die schwarzen und weißen Juden, die Neger aller Farben in Frankreich usw. wie gegen seine eigenen Bastarde durchsetzen wird. Eben, daß das deutsche Blut aufsteht wider die Minderwertigkeit der Mischlinge, das ist der Sinn der völkischen Bewegung."[93]

Der geschichtsrevisionistische Standpunkt Haupts wird insbesondere darin deutlich, dass er die völkische Geschichtsauffassung dahingehend erklärt, dass die völkische Idee keine (historische) Wissenschaft fordere, die lediglich als Selbstzweck betrieben werde.[94] Vielmehr solle die Wissenschaft dem Volke dienen, indem sie nur dort Antworten zu Tage fördert, wo diese auch vom Volk erfragt wurden. Kernaufgabe der völkischen Geschichtsauffassung sei eine perspektivische Betrachtung des Vergangenen. Dazu gehöre es insbesondere die Gegenpole der völkischen Bewegung zu untersuchen und gerade die durch die Geschichte zu verfolgen, die sich in dieser Gegnerschaft zum Völkischen zusammengefunden haben.[95] Besonders die zwei verheerenden Katastrophen der nahen deutschen Vergangenheit hätten die beiden Pole des „alten Systems" enthüllt. Der jüdisch geführte Marxismus habe sich spätestens durch den Volksverrat des Schandfriedens von Versailles, eher wohl aber bereits mit dem „Dolchstoß" entlarvt.[96] Am 9. November 1923 schließlich seien die Jesuiten sowie die unvölkischen Deutsch-Nationalen aus dem Schatten hervorgetreten, indem sie auf den Straßen Münchens ihren Staat auf Kosten deutschen Blutes verteidigten.[97] Haupt bedient sich gleich beider großen Ereignisse der frühen Kampfzeit, die während dieser und darüber hinaus von der Propaganda der Nationalsozialisten historisch verklärt und zur Legendenbildung instrumentalisiert wurden.

---

91 *Haupt*, Völkisch oder national, S. 7.
92 *Haupt*, Völkisch oder national, S. 9.
93 *Haupt*, Völkisch oder national, S. 9.
94 *Haupt*, Völkisch oder national, S. 11.
95 *Haupt*, Völkisch oder national, S. 12.
96 *Haupt*, Völkisch oder national, S. 11.
97 *Haupt*, Völkisch oder national, S. 11.

Nachdem Haupt im ersten Abschnitt die völkische Geschichtsauffassung hinsichtlich ihrer Aufgabenstellung und Ausprägung charakterisiert hat, widmet er sich im zweiten Kapitel „Völkische Geschichte" einer Analyse der deutschen Historie. Er beginnt mit seiner Betrachtung bei den Germanen, denn diese hätten bereits vor der Römerzeit eine völkische germanische Kultur geschaffen, die nach ihrer Zerstörung durch die kulturelle Fremdherrschaft der Römer und die Völkerwanderung nicht mehr erreicht worden sei.[98] Haupt bewundert die frühgermanische Gesellschaftsstruktur, insbesondere glorifiziert er das Treue- und Freundschaftsverhältnis zwischen germanischen Fürsten und ihrem Gefolge.[99] Gemessen wurde der Wert des Einzelnen lediglich anhand seines inneren Wertes, sodass „Der Erste im Kriege und auf der Jagd, der Treueste im Rat der Gemeinde [...] Führer und Fürst [...]"[100] wurde. Haupt versucht hier einen historischen Brückenschlag zum nationalsozialistischen Führerprinzip herzustellen.

Die Germanen hätten als junges Volk die besten Anlagen besessen. Ein freies völkisches Wachstum sei ihnen jedoch nicht vergönnt gewesen. Der Kontakt mit dem angrenzenden Römerreich habe die Germanen innerlich überwältigt und mit „[...] dem unendlichen Gestaltenreichtum der sterbenden römisch-orientalischen Welt [...]"[101] übermannt. Wo ein Wachsen dem Germanen nicht mehr möglich war, habe er begonnen fremde Kultur zu erlernen und sie als minderwertiges Surrogat für die eigene anzunehmen:

> „Damit war die lichte Kindheit des deutschen Volkes plötzlich und für lange Jahrhunderte in eine fremde, ungermanische und tote Welt gezwungen [...]."[102]

Dieses bereits von den germanischen Ahnen erfahrene Unheil würde sich jedoch noch immer fortsetzen. Gemäß Haupt finde sich in der Erziehung der deutschen Jugend eine ganz ähnliche Entwicklung, da noch heute deutsche Kinder in die humanistischen Schulen gezwungen würden, um dort neben der römischen Sprache auch die römische Kultur zu erlernen.[103] Haupt stellt insgesamt fest, dass sich seinem Ermessen nach in Erziehung und Lebenslauf der zeitgenössischen deutschen Jugend ein sehr detailliertes Abbild der

---

98 *Haupt*, Völkisch oder national, S. 12.
99 *Haupt*, Völkisch oder national, S. 13.
100 *Haupt*, Völkisch oder national, S. 13.
101 *Haupt*, Völkisch oder national, S. 13.
102 *Haupt*, Völkisch oder national, S. 13.
103 *Haupt*, Völkisch oder national, S. 13. – Ein großer Teil Haupts späterer pädagogischer Werke sollte sich noch mit der Auseinandersetzung von Nationalsozialismus und der Schulform des humanistischen Gymnasiums beschäftigen.

deutsch-germanischen Kulturgeschichte widerspiegele.[104] Diesen Kreislauf der andauernden kulturellen Unterdrückung zu durchbrechen, sei die Aufgabe der völkischen Bewegung.

Wie sehr das germanische Leben vom römischen Geist durchdrungen wurde, zeige sich besonders am römisch-germanischen Einheitsstaat Karls des Großen. Im Heiligen Römischen Reich Deutscher Nation verdrängte das römisch politische Priestertum den Klang von germanischer Harfe, Saga und Heldenlied mit Orgel- und Glockenklang.[105] Das Verhältnis von Führer und Gefolge änderte sich dem römischen Geiste gemäß zu einem materiellen, unpersönlichen Besitzgefüge zwischen Lehnsherrn und Lehnsmann. Der dieser Entwicklung zu Grunde liegende römische Kapitalismus habe ebenfalls die germanische Gemeinwirtschaft sowie das Genossenschaftswesen ersetzt. Das Heilige Römische Reich habe den Blick für das deutsche Volk verloren und den Fokus auf den Staat als kapitalistischen Besitz gelegt.[106] Unterstützt wurde dieser volksfeindliche Kapitalismus durch das römische Recht, dessen Anwendung in seinen Grundgedanken bis heute fortdauere und als Mittel zur Zersetzung deutscher Rechtsauffassung diene.[107] Das in den Städten aufkommende Bürgertum sei dem völkischen deutschen Leben des „gewöhnlichen Volkes" durch die römisch-griechische Bildung im Sinne des Humanismus schließlich vollends entstiegen. Anzumerken ist jedoch, dass Haupt fremde Kulturgüter nicht pauschal als minderwertig abtut. Diese seien „[...] teils sehr wertvoll, teils ein flacher, unsittlicher und kaum ästhetischer Kitsch, niemals aber deutsch [...]"[108]. Er nimmt dahingehend eine Differenzierung vor, dass auch fremde Kulturen Güter oder Ideen von einem gewissen Wert hervorbringen können, diese seien jedoch, wenigstens für die so lange gestörte und sich daher noch in einem Frühstadium befindliche Entwicklung des deutschen Volkes abträglich, da sie das deutsche Volk noch zu übermannen drohten.

Bei allen auf den Zerfall des römischen Reiches folgenden deutschen Staatsformen habe es sich nie um mehr gehandelt als politische Importware, welche von einer von fremder Kultur durchdrungenen Oberschicht getragen und erhalten wurde.[109] Dies gelte in besonderem Maße auch für die Demokratie der Weimarer Republik, die sich als Staatsform nur durchzusetzen vermocht habe, da

104 *Haupt*, Völkisch oder national, S. 14.
105 *Haupt*, Völkisch oder national, S. 14.
106 *Haupt*, Völkisch oder national, S. 15.
107 *Haupt*, Völkisch oder national, S. 16.
108 *Haupt*, Völkisch oder national, S. 16.
109 *Haupt*, Völkisch oder national, S. 18.

der jüdische Privatkapitalismus sich in Deutschland ausgebreitet habe und eine mittlerweile undeutsche, völkisch blutarme Oberschicht, vergiftet „[...] von römischem Recht, humanistischer Bildung, französischer Aufklärung usw. [...]“[110], weder imstande noch letztlich willens war, diese Entwicklung abzuwenden. Der Jude habe so den deutschen Staat buchstäblich erobert. Augenscheinlich wird, dass die Grenzen zwischen Haupts überdeutlicher Kapitalismuskritik und seinem erstarkenden Antisemitismus immer weiter verschwimmen. Er schließt den Abschnitt mit der Feststellung, dass die deutsche Geschichte von Karl dem Großen bis hin zu Friedrich Ebert nicht die Geschichte eines deutschen Volkes sei, sondern die Historie einer unvölkischen Oberschicht, welche sich seit Jahrhunderten über das eigene Volk und gegen die eigene völkische Bestimmung stelle.[111] Diesen Kreis gelte es nun zu durchbrechen:

> „Wenn nun heute diese Fremdkultur des Abendlandes überall stirbt, so wollen wir endlich unser Volk ganz von diesem Leichnam befreien, wollen die lebendige Seele dieses deutschen Volkes frei machen, damit sie wieder leben und wachsen kann“[112]

Der Titel des dritten und letzten Kapitels lautet: „Völkische, nicht deutsch-‚nationale‘ Politik.“[113] In diesem fasst Haupt seine Erkenntnisse zusammen und folgert aus ihnen, wie eine deutschvölkische Politik gestaltet werden müsse und welche Ziele sie zu verfolgen habe. Er hat dabei nicht den Anspruch die völkischen Ziele in ihrer Gesamtheit darzustellen. Der Fokus liegt insbesondere auf den Folgerungen, die die völkische Bewegung aus den Novembertagen des Jahres 1923 zu ziehen habe.[114] Haupts wichtigster Schluss ist es, eine radikale Trennung von den Deutschnationalen festzustellen und durchzusetzen. Diese hätten sich, wie es schon immer deutschnationale Politik gewesen sei, für die Rettung des Staates und der Regierung und damit gegen die Befreiung des deutschen Volkes entschieden. Des Weiteren führt Haupt seinen Standpunkt zu politischen Positionen und Forderungen der Deutschnationalen aus.

Eine erneuerte bayerische, respektive deutsche Monarchie lehnt Haupt entschlossen ab.[115] Sollten Stresemann und Ebert den Kronprinzen zurück nach Deutschland führen, würde dieser ohnehin ein bloßer Strohmann-König sein, hinter dem sie so geschickt, wie einst Walther Rathenau und Albert Ballin hinter

110 *Haupt*, Völkisch oder national, S. 19.
111 *Haupt*, Völkisch oder national, S. 19.
112 *Haupt*, Völkisch oder national, S. 20.
113 *Haupt*, Völkisch oder national, S. 20.
114 *Haupt*, Völkisch oder national, S. 20.
115 *Haupt*, Völkisch oder national, S. 21.

Wilhelm II., die Fäden ziehen würden. Ein Gleiches gelte für einen bayerischen König, hinter dem lediglich die Jesuiten und die deutschnationale Oberschicht stehen würden.[116] Einen noch stärkeren Kontrast werde die völkische Politik in Sachen Erziehung und Bildung setzen müssen. Haupt fordert einen radikalen Wandel im Erziehungswesen. Durch „[...] griechischen und römischen Unterricht, französische Theaterstücke, jüdische Zinsrechnung, demokratisch-jüdische Staatsbürgerkunde, liberale Fortschrittsbegeisterung durch mechanisch-technische Verfälschung und Verflachung der Naturlehre in Physik, Chemie, Botanik und Zoologie [...]"[117] würden die humanistischen Schulen aus einem jeden noch deutsch-germanischen Jungen einen völkisch müden, internationalen jungen Herren machen, aus dem nur noch in den seltensten Fällen ein echter Mann werden könne.

Ein weiterer und entscheidender Gegensatz zu den Deutschnationalen bestünde auf wirtschaftlichem Boden. Der deutschnationale Bourgeois sei dem Juden geistig und wirtschaftlich erlegen und sei in Brüderschaft mit diesem fest in Materialismus und Kapitalismus verwachsen.[118] Unter den für das deutsche Volk am schädlichsten wirkenden Entwicklungen des Kapitalismus identifiziert Haupt drei Hauptakteure. Zu diesen zählt er zum einen die Ausbeutung und die damit einhergehende Verarmung des deutschen Landvolkes durch Großagrarier. Insbesondere kritisiert Haupt das allsommerliche Aufkommen polnischer Saisonarbeitskräfte in Pommern, derer sich die Großbauern nur allzu gerne bedienten, während das eigene Landvolk erwerb- und brotlos darben müsse.[119] Weiter richtet sich Haupt gegen den westdeutschen Industriekapitalismus. Dieser würde den deutschen Arbeiter durch internationale Verträge dem Diktat fremder Staaten und Völker wie der Franzosen unterstellen. Der deutsche Fabrikarbeiter werde, einem Sklaven gleich, gerade nur soweit am Leben gehalten, um seine rentable Arbeitskraft noch zu gewährleisten.[120] Am schädlichsten sei jedoch der Leihkapitalismus der Banken und Börsen, welcher das deutsche Volk durch Inflation und Wucher bis zum Äußersten schröpfe. Weitaus schwerwiegender sei in diesem Zusammenhang jedoch, dass durch „[...] auswärtige Anleihe[n] der deutsche Staat mit allem lebenden und toten Inventar an amerikanische, englische, usw. Juden billig verkauft [...]"[121] werde. Haupt fordert eine dem Protektionismus ähnelnde ökonomische Isolation, um so ein wirtschaftlich autarkes deutsches Volk zu schaffen.

---

116 *Haupt*, Völkisch oder national, S. 21.
117 *Haupt*, Völkisch oder national, S. 23.
118 *Haupt*, Völkisch oder national, S. 23.
119 *Haupt*, Völkisch oder national, S. 24.
120 *Haupt*, Völkisch oder national, S. 24.
121 *Haupt*, Völkisch oder national, S. 25.

Einen weiteren grundsätzlichen Gegensatz zu den Deutschnationalen begreift Haupt im Verhältnis zum Preußentum. Das Scheitern der Bayern im November 1923 habe gezeigt, dass sie dem bloß angemaßten Führeranspruch innerhalb der völkischen Bewegung nicht gerecht werden konnten.[122] Fraglich sei, ob das Preußentum den Völkischen ein solcher Führer sein könne. Zur völkischen Führung bedürfe es jedoch mehr als Organisations- und Staatstalent, welches die Preußen unbestritten in einem außerordentlichen Maße besäßen, es brauche vor allem eine lebendige deutsche Seele. Haupt kategorisiert die Preußen als Kolonialvolk, er misst ihnen gegenüber Deutschland dieselbe Stellung bei, die etwa der Amerikaner für England oder der Bure für Holland einnähme. Dies führe, so Haupt, zu einer Verhärtung, aber auch zu einer Verflachung des völkischen Wesens gegenüber dem Ursprungsvolk. Dieser Prozess könne jedoch durch längeren lebendigen Einfluss durch das Mutterland umgekehrt werden und so ein Kolonialvolk zu seinen völkischen Wurzeln zurückgeführt werden.[123] Diese Entwicklung sei in Preußen jedoch noch nicht abgeschlossen. Friedrich der Große habe den Preußen zu einem Organisator, zu einem Leistungsmenschen, die Preußen insgesamt zu einem „Staatsvolk" erzogen.[124] Die große Stärke des Preußentums spiegele sich jedoch in der Tatsache wider, dass der kleine aber noch fest verwurzelte völkische Organismus, selbst unter der Last eines volksfeindlichen Staatsmechanismus, noch immer große Führerpersönlichkeiten hervorzubringen vermöge. In diesen einzelnen Preußen ließen sich Männlichkeit, Ernst und Tiefe in wunderbarer und beinahe übermenschlicher Gestaltung finden, wie etwa einst bei Friedrich dem Großen selbst. In Erich Ludendorff habe dieser Preußische Typus seine neuerliche Inkarnation gefunden. Anders als die „Judenpresse" ihn verschreie, sei er weder reaktionär noch ein bloßer Militarist. Vielmehr habe er die völkische Idee und Bewegung in ihrer gesamten Tiefe begriffen und so, als sich am 9. November 1923 der wahre Geist der Deutschnationalen offenbarte, nicht von den völkischen Zielen abgelassen.[125] Für Haupt stellte Ludendorff einen der gewichtigsten völkischen Führer neben Hitler selbst dar, welcher sich seinerzeit noch in Landsberg in Festungshaft befand und so in der auf den Putsch folgenden Zeit selbst nicht in Erscheinung treten konnte, eine Einschätzung Haupts, die sich bereits in wenigen Monaten als inkonsistent erweisen sollte.

Darüber hinaus lässt sich dem programmatischen Beitrag Haupts entnehmen, dass das deutsche Volk gezwungen sei, in einem jüdischen System zu überleben.

---

122 *Haupt*, Völkisch oder national, S. 25.
123 *Haupt*, Völkisch oder national, S. 26.
124 *Haupt*, Völkisch oder national, S. 26.
125 *Haupt*, Völkisch oder national, S. 27.

Die Juden beherrschten sowohl die Finanzwirtschaft und das Bankwesen sowie die Führung der marxistischen Proletarierpartei. Dies habe zur Folge, dass sie sowohl das Kapital als auch dessen Opfer, die Arbeiter, in ihrer Hand hätten. Eine jede andere Volksgruppe sei entweder von Kapital oder den Arbeitern, womöglich von beiden, abhängig, sodass es niemandem mehr möglich sei, sich aus dieser jüdischen Geiselhaft zu befreien. Für Haupt gehören alle etablierten Parteien diesem Zwangssystem an, ob freiwillig oder gezwungenermaßen, sodass es sich weder die Deutschnationalen, die Volkspartei, das Zentrum noch die Demokraten leisten könnten, ernsthaft antisemitisch aufzutreten.[126] Daraus folgert er, dass die völkische Bewegung sich auf keine Partei stützen könne, so sie nicht mit dem Juden paktieren wolle. Der Antisemitismus stellt für Haupt also nicht eine bloße Forderung, sondern eine grundlegende Bedingung für seine im Folgenden aufgestellten Maßnahmen dar. Insbesondere dieser Passus zeigt abermals auf, wie sehr sein Weltbild von Antisemitismus durchdrungen worden ist. Haupt fordert „[...] eine ständische (nicht Klassen-) Gliederung [...]"[127], ein Großdeutschland mit föderalistischer Selbstverwaltung der Gemeinden und Stämme mit einem Volksheer als Hauptstütze einer Zentralgewalt.[128] Dieses Ziel ließe sich jedoch nur mit einem von völkischer Seite programmatisch entwickelten Sozialismus erreichen. Nur ein von einem völkischen Sozialismus innerlich befreites deutsches Volk könne um seine äußere Freiheit kämpfen. Eine Grundforderung für diesen Freiheitskampf sei die völlige Vernichtung des jüdischen Leihkapitalismus, um so einen Bruch der Zinsknechtschaft zu erreichen. Ein weiteres Hauptziel liege in einer durchgreifenden sozialistischen Umgestaltung des Industriekapitalismus. Ferner gelte es eine weitgehende Befreiung aller zentralen Wirtschaftszweige von internationalen Dependenzen zu erreichen, um so eine Rückkehr zur Binnenwirtschaft in Landwirtschaft und Industrie zu gewährleisten.

Den Schlussteil seiner Abhandlung widmet Haupt der Charakterisierung und Kritik der deutschvölkischen Politik. Die Deutschnationalen, allen voran die DNVP, profitiere ungemein vom Nationalgefühl der Deutschen. Dem eigenen Verständnis gemäß könne sie dies auch mit einem gewissen Recht tun. Der Deutschnationale verstehe als Nation den Staat, den er als Mitglied der oberen Staatsschicht gestaltet hat und fortan beherrschte. Dieser eigenen verfälschten Definition folgend, handeln ihre Anhänger auch dann national, als sie nur dem eigenen Profit zuarbeiteten und sich als Staatsschicht über das eigene Volk

---

126 *Haupt*, Völkisch oder national, S. 28.
127 *Haupt*, Völkisch oder national, S. 28.
128 *Haupt*, Völkisch oder national, S. 28.

stellten.[129] Die Absicht der DNVP, nunmehr auch wahre völkische Interessen zu vertreten, tut Haupt, nicht ohne dieses Vorgehen als geschickt anzuerkennen, als bloßen Schachzug der deutschnationalen Wahltaktiker ab. Es handele sich um unaufrichtige leere Worte, welche als bloße Hülle den materialistischen Kern der Gesinnung der DNVP verdecken solle.

Für Haupt gehört die DNVP dem gleichen „alten System" der etablierten Parteien der Weimarer Republik an. Insbesondere die DNVP habe Interesse am Erhalt dieses Systems, dessen Parteien alle gleichsam verstrickt, wie auch miteinander überworfen seien. Haupt kritisiert insbesondere eine von ihm unterstellte außerordentliche ideologische Ambivalenz der DNVP. Diese sei etwa der Judenfrage gegenüber liberal. Dem deutschen Arbeiter gegenüber, dessen Verarmung sie durch ihren „nationalen" Kapitalismus erst zu verantworten habe, sei sie sozial eingestellt. Haupt stellt polemisch fest, dass die Deutschvölkischen der Arbeiterschaft gegenüber eine gewisse Art „Tierschutzgedanke" hegten.[130] Schließlich sei die DNVP christlich, in jenem internationalen humanistischen Sinne, die es dem ausgebeuteten deutschen Volke unmöglich mache sich zu erheben und die fremde Rasse der jüdischen Unterdrücker abzuwerfen. Die Deutschnationalen stammten letztlich von der Staatsnation und der international gebildeten Oberschicht her und hätten jeden Kontakt zum Volke schon lange verloren. Die wahrhaft Völkischen jedoch gehörten immer noch dem Volke an und seien daher entschiedene Gegner der Deutschnationalen sowie der gesamten „nationalen Einheitsfront".[131]

Bereits in den lediglich knappen einleitenden Worten lässt sich erkennen, dass sich Haupts ideologisches Weltbild seit seiner ersten größeren Veröffentlichung „Vom deutschen Nationalsozialismus" aus dem Jahre 1921 elementar weiterentwickelt hat. Katalytisch für diesen Prozess scheint Haupts vermehrter Kontakt zur NSDAP sowie sein Parteibeitritt im Jahre 1923 zu wirken. Die Parteiideologie hat in vielen Punkten Einzug in seine Gedankenwelt gehalten. Auch muss Hitler Haupt bei ihrem ersten Aufeinandertreffen in München stark für sich eingenommen haben. So hat Haupt das Führerprinzip der NSDAP und Hitler vollends für sich angenommen. Bereits durch das von Haupt verwandte Vokabular fällt auf, dass er sein Denken um rassische Aspekte erweitert hat. Haupt versteht das deutsche Volk erstmals nicht mehr nur als bloße Seelen-, sondern auch als Blutsgemeinschaft.[132] Die deutlichste Entwicklung stellt jedoch der nunmehr bei

---

129 *Haupt*, Völkisch oder national, S. 30.

130 *Haupt*, Völkisch oder national, S. 30.

131 *Haupt*, Völkisch oder national, S. 30.

132 *Haupt*, Völkisch oder national, S. 3.

Haupt zu Tage tretende fundamentale Antisemitismus dar. Dieser richtet sich vordergründig nicht gegen den Juden als Individuum, sondern vielmehr gegen das Judentum, welches er als Hauptprofiteur der Unterdrückung des deutschen Volkes erkennt und letztlich für diesen Zustand verantwortlich macht. Dieser institutionelle Antisemitismus stellt sich als bereits so tief verwurzelt dar, dass viele Thesen, etwa die ausgeprägte Kapitalismus- oder auch Demokratiekritik Haupts, von diesem nicht mehr zu trennen sind. Weiterhin fordert Haupt ein vereintes Großdeutschland und propagiert ebenfalls den Mythos eines übervölkerten deutschen Reiches sowie einer daher notwendigen nach Osten gerichteten Lebensraum- und Siedlungspolitik.[133]

Haupt anhand seines Werkes „Völkisch oder national? Eine grundlegende Auseinandersetzung mit der deutsch-„nationalen" Oberschicht" exakt in den politischen Kontext der NSDAP der frühen 1920er Jahre einzuordnen, gestaltet sich indes schwierig. Das liegt vor allem daran, dass seinerzeit, abseits zentraler Punkte, ausgeprägte Differenzen zwischen einzelnen Strömungen der NS-Bewegung bestanden. Am augenscheinlichsten treten bereits zu dieser Zeit der eher konservative bürgerliche Münchener Flügel sowie der eher sozialistisch geprägte Kreis um die Brüder Gregor und Otto Strasser in Nord- und Westdeutschland hervor.[134] Haupt lässt sich insgesamt eher dem linken Spektrum der NSDAP zuordnen. Ohne einen durchgreifenden Sozialismus, so stellt Haupt fest, sei ein völkischer deutscher Staat nicht denkbar.[135] Haupt nutzt dabei nicht den Terminus des Nationalsozialismus, sondern erklärt, ebenso wie der spätere Strasser-Kreis, mit der Bezeichnung des nationalen Sozialismus, respektive des völkischen Sozialismus den Sozialismus zur Hauptsache, während dem Begriff des Nationalismus lediglich eine deskriptive, konkretisierende Funktion zukommt. Generell ist festzustellen, dass im Kern von Haupts Ideologie weiterhin dessen völkische Ideale stehen und zu seinen bisherigen Thesen lediglich einige, wenn auch zentrale Aspekte des umfangreichen und nur schwer eingrenzbaren Parteidogmas der NSDAP hinzugetreten sind.

c) Konflikt in Pommern

Haupts Zeit in Greifswald ist zudem durch erhebliche Umwälzungen innerhalb der nationalsozialistischen Bewegung der 1920er Jahre geprägt. Er selbst hat nach eigener Aussage im November des Jahres 1923 in München am „Hitler-Putsch"

---

133 *Haupt*, Völkisch oder national, S. 28 f.

134 *Kühnl*, Programmatik der nationalsozialistischen Linken, S. 317 f.

135 *Haupt*, Völkisch oder national, S. 28.

teilgenommen.[136] Die Verhaftung Hitlers im Nachgang des gescheiterten Putsches hinterließ jedoch unter den Anhängern der Bewegung ein immenses Machtvakuum, welches verschiedenste Protagonisten eilig zu füllen suchten. Haupt schildert diese sich auch in Pommern manifestierenden Konflikte, in die er als treuer Anhänger Hitlers ebenfalls selbst verwickelt wurde, in einem Brief an Hinrich Lohse[137], den Gauleiter des Gaus Schleswig-Holstein.[138] Sunkel und Haupt besuchten Hitler im Jahre 1924 in Festungshaft in Landsberg und brachten auf diesem Wege Instruktionen Hitlers mit nach Pommern, denen gemäß die NSDAP unbedingt eigenständig bleiben sollte.[139] Eine so lautende Meldung setzte Haupt schließlich auch in seiner Funktion als politischer Schriftleiter im „Pommerschen Beobachter" ab. Wenige Tage später jedoch wurden Sunkel und Haupt von Vahlen nach Berlin zu Ludendorff einbestellt. Ludendorff teilte mit, dass er seinerseits ebenfalls bei Hitler gewesen sei und dieser ihn dahingehend instruiert hätte, die NSDAP in Pommern mit der Deutschvölkischen Freiheitspartei (DVFP) zu einen. Haupt befürchtete, dass Vahlen und Ludendorff diese Einigung ohne Wissen Hitlers eigenmächtig durchzuführen versuchten, und hielt so jegliche von Vahlen für den „Pommerschen Beobachter" abgefasste Meldung zurück, bis eine Klärung herbeigeführt werden konnte. Er musste jedoch feststellen, dass Vahlen ihn und Sunkel hinter- beziehungsweise übergangen hatte und dennoch eine Erklärung in den Druck gelangt war. Theodor Vahlen und Erich Ludendorff hatten sich zwischenzeitlich mit Albrecht von Graefe, dem Vorsitzenden der DVFP besprochen und

---

136 BArch, OPG: 3403|0036|41, Parteitätigkeit von J. Haupt. – Haupts Angabe ist glaubwürdig, da er tatsächlich in München zugegen war, der Grad seiner konkreten Beteiligung muss jedoch mangels eines Nachweises offen bleiben.

137 Hinrich Lohse (* 2. September 1896 in Mühlenbarbek; † 25. Februar 1964 ebenda) trat im Jahre 1923 in die NSDAP ein und wurde 1925 Gauleiter Schleswig-Holsteins in Kiel. 1932 zog er für die NSDAP in den Reichstag ein und wurde nach der Machtergreifung im Jahre 1933 Oberpräsident der Provinz Schleswig-Holstein. Er war Angehöriger der SA und wurde 1937 SA-Obergruppenführer. Ab 1941 war er Reichskommissar (Chef der Zivilverwaltung) der Provinz Ostland, dem Baltikum und Weißruthenien. 1948 wurde er zu zehn Jahren Haft verurteilt, jedoch bereits 1951 wegen schwerer Krankheit entlassen, an der er im Jahre 1964 verstarb. Zu Lohse siehe: *Klee*, Das Personenlexikon zum Dritten Reich, S. 378f.

138 Haupts Brief an Lohse ist undatiert, der Inhalt lässt aber den Schluss zu, dass das Dokument aus der zweiten Hälfte des Jahres 1924, kurz vor Hitlers Entlassung aus Landsberg, stammen muss.

139 LASH, Abt. 399.65, Nr. 10, Brief Haupt an Lohse, S. 1.

ließen verlauten, dass Pommern auf den Befehl Ludendorffs unter der Führung Vahlens geeint wurde.[140]

Haupt sah für den „Pommerschen Beobachter" keine Zukunft mehr, der „[...] jetzt im Begriff ist, entweder einzugehen oder freiheitsparteilich zu werden [...]"[141], und trat als politischer Schriftleiter der Zeitung zurück. Einen Beitrag, in welchem Haupt seinen Rücktritt und die dafür verantwortlichen Umstände erklären wollte, unterdrückte Vahlen, sodass sowohl Haupt als auch Sunkel lautlos aus der Redaktion der von ihnen aufgebauten Zeitung verschwanden. Haupt berichtet ferner, dass Sunkel und er sich diesen Entwicklungen gegenüber machtlos ausgeliefert sahen. Sie wagten es nicht, sich Vahlens direkten Anweisungen zu widersetzen. Waren sie sich doch der späteren Unterstützung Hitlers keinesfalls sicher. Dieser hatte mehrere Briefe Haupts mit der dringenden Bitte um eine baldige Stellungnahme unbeantwortet gelassen, sodass er an der Belastbarkeit des Entschlusses Hitlers bezüglich der Eigenständigkeit der NSDAP zweifeln musste.

> „Wir haben keine Waffe dagegen, solange Hitler uns im Stiche lässt."[142]

Haupt legte daraufhin die Schriftleitung des „Pommerschen Beobachters" sowie alle weiteren politischen Ämter und Funktionen nieder. Er blieb lediglich Mitglied in der SA-Ortsgruppe Greifswald, um weiterhin über die Vorgänge in Pommern informiert bleiben zu können. Er stellte dazu letzten Endes fest:

> „Durch Betrug, den großen Namen Ludendorffs, Sprengung des Nat[ionalen] Soz[ialismus]: durch unsere eigenen „Führer" und [den] Abg[eordneten] Vahlen, durch Rundbriefe, Geld, Geheimzensur, hat den Nat[ionalen] Soz[ialismus] in Pommern organisatorisch im Sumpf enden lassen."[143]

Er gab Pommern jedoch noch nicht als für die Bewegung verloren auf. Diese, wenn auch katastrophale, Entwicklung stelle lediglich eine Pause dar, nicht aber das Ende. Trotz dieser gewaltigen Opposition erlag Haupt keinesfalls dem Defätismus. Lohse schrieb er, dass Sunkel und er bereits eine neue Wochenzeitung planten, die sie unabhängig von Vahlen verlegen wollten.[144] Hierbei lässt sich nicht endgültig feststellen, ob Haupt ernstlich versuchte dieses Unterfangen durchzuführen oder ob es sich um eine bloße Behauptung handelte. Weitere Hinweise auf ein etwaiges Wochenblatt in Greifswald respektive Pommern lassen sich jedenfalls nicht finden. Naheliegender ist, dass hinter Haupts Aussage gegenüber Lohse seine

---

140 LASH, Abt. 399.65, Nr. 10, Brief Haupt an Lohse, S. 2.
141 LASH, Abt. 399.65, Nr. 10, Brief Haupt an Lohse, S. 2.
142 LASH, Abt. 399.65, Nr. 10, Brief Haupt an Lohse, S. 3.
143 LASH, Abt. 399.65, Nr. 10, Brief Haupt an Lohse, S. 3.
144 LASH, Abt. 399.65, Nr. 10, Brief Haupt an Lohse, S. 3.

eigentliche Agenda stand. Für den Fall, dass seine neuerlichen Bemühungen in Pommern scheitern sollten, schlug Haupt vor, dass Lohse in Hamburg selbst eine Zeitung gründen sollte.[145] Von Greifswald aus wolle er diese schon mit ausreichend Inhalt füllen und weitere Autoren für das Blatt gewinnen.

Ebenfalls auffällig ist die wenig dezente Kritik an Erich Ludendorff, den er erst wenige Monate zuvor in seinem Aufsatz „Völkisch oder national?" als bedeutendsten völkischen Führer nach Hitler selbst herausgestellt hatte. Mit seinem von Haupt als Verrat und Täuschung aufgefassten Verhalten habe er schließlich doch sein wahres Gesicht offenbart. Ludendorff betrachte die völkische Bewegung lediglich als Rekrutendepot. Der Unterschied zwischen Marxismus und völkischem Sozialismus sei ihm schlicht unbekannt. Haupt fasst sein abschließendes Urteil über Ludendorff Lohse gegenüber wie folgt zusammen:

> „[Ludendorff ist] im Ganzen das Gegenteil eines Führers, so furchtbar das für die Freiheitsbewegung eines Volks in Not auch klingt. Mit L. an der Spitze werden wir alle zugrunde gehen, äusserlich, und wenn Sie das so ernst nehmen wie ich, auch innerlich."[146]

Diese im Jahre 1924 in Pommern auftretenden Konflikte sind exemplarisch für die in der nationalsozialistischen Bewegung immer wieder aufkommenden Machtkämpfe und zeigen deutlich auf, wie komplex und insgesamt wenig belastbar das innerliche Gefüge der Bewegung in den frühen 1920er Jahren war. Haupt musste nach Hitlers Verhaftung am eigenen Leib erfahren, dass dem von den Nationalsozialisten so sehr glorifizierten und instrumentalisierten Begriff der Kampfzeit auch dahingehend eine weitere Bedeutung zukommt, als dass diese Epoche eben nicht nur vom Kampfe der Bewegung gegen die Parteien der Weimarer Republik, sondern eben auch durch innerparteiliche Konflikte gezeichnet war.

3.) Kiel

Haupt gelang es nicht mehr, in Greifswald Fuß zu fassen, sodass er im Wintersemester des Studienjahres 1924/25 gemeinsam mit Reinhard Sunkel an die Christian-Albrechts-Universität zu Kiel wechselte. Abermals sollte sich seine politische Agitation, insbesondere im Rahmen der Kieler Studentenschaft (KSt) auf dem Terrain der örtlichen Hochschulpolitik, noch weiter intensivieren. Im Jahre 1925 wurde die NSDAP in Schleswig-Holstein in Neumünster unter der Beteiligung Haupts und Sunkels neu gegründet.[147] Nachdem die Partei im Nachgang des „Hitlerputsches" vom 23. November 1923 verboten und im Februar

---

145 LASH, Abt. 399.65, Nr. 10, Brief Haupt an Lohse, S. 3.

146 LASH, Abt. 399.65, Nr. 10, Brief Haupt an Lohse, S. 3.

147 *Heggen*, Joachim Haupt, S. 196.

des Jahres 1925 neu gegründet worden war, versammelten sich am 1. März 1925 etwa 30 Mitglieder in Neumünster zur offiziellen Gründung des NSDAP-Gaues Schleswig-Holstein unter Führung Hinrich Lohses.[148] In diesen Zeitraum fällt auch die Gründung des NSDStB auf Reichsebene in München. Am 26. Februar 1926 erging im „Völkischen Beobachter" ein Aufruf an alle nationalsozialistischen Studenten, NS-Hochschulgruppen zu gründen.[149] Haupt und Sunkel kamen dieser Forderung gegen Ende des Jahres 1926 nach.[150] Bei den Vorstandswahlen der KSt am 18. Februar 1927 wurden Haupt sowie Sunkel nur wenige Wochen nach der Gründung der Hochschulgruppe in diesen gewählt.[151] Haupt wurde zum Vorsitzenden ernannt und kurze Zeit darauf auch zum Leiter des norddeutschen Kreises der Deutschen Studentenschaft (DSt) gewählt, welcher die Universitäten in Kiel, Hamburg, Rostock und Greifswald umfasste.[152] Erstmals amtierte in Deutschland ein Nationalsozialist als Vorsitzender einer überregionalen Studentenvertretung.[153] Mit Paul Dengel konnte ein weiteres Mitglied der NS-Hochschulgruppe als stellvertretender Vorsitzender in den Vorstand der KSt einziehen.[154] Darüber hinaus wurde Sunkel ferner der neue Geschäftsführer und Schriftleiter der „Schleswig-Holsteinischen Hochschulblätter" (SHHBl.), die von der KSt herausgegeben wurden. Damit fiel dem Kieler NSDStB ein weitreichendes und dazu noch kostenloses Propagandainstrument in die Hände.[155] Um den Einfluss und die hochschulpolitische Position des NSDStB und speziell Haupts besser einordnen zu können, ist es sinnvoll und geboten das politische Klima innerhalb der Kieler Studierendenschaft sowie der KSt im Ausgang der 1920er Jahre darzustellen und auf den bekannten Verfassungsdisput, auch unter dem Namen „Beckerstreit" bekannt, innerhalb der DSt einzugehen.

a) Die Kieler Studentenschaft

Im Wintersemester 1927/28 wurde an den Preußischen Hochschulen und so auch in Kiel ein Verfassungsentwurf für die DSt vom Preußischen Kultusminister Carl

148 *Heggen*, Joachim Haupt, S. 196.

149 *Weiß*, Pädagogik und Nationalsozialismus, S. 177.

150 Siehe dazu ausführlich *Göllnitz*, Der Student als Führer? (im Druck).

151 *Eckert*, Die Juristische Fakultät im Nationalsozialismus, S. 54.

152 *Eckert*, „Hinter den Kulissen", S. 20.

153 *Meyer-Pritzl*, Die Kieler Rechts- und Staatswissenschaften, S. 160; *Faust*, Der Nationalsozialistische Deutsche Studentenbund, S. 60.

154 *Göllnitz*, Der Student als Führer? (im Druck).

155 *Eckert*, Die Juristische Fakultät im Nationalsozialismus, S. 54; *Wieben*, Studenten der CAU im Dritten Reich, S. 24.

Heinrich Becker[156] vorgelegt.[157] Seit 1920 gab es mit der Deutschen Studentenschaft erstmals eine gesamtdeutsche Studentenvertretung.[158] Die Mitgliedschaft folgte dem Staatsbürgerprinzip, sodass sich die Studentenschaften aus den vollimmatrikulierten Studenten deutscher Staatsangehörigkeit der jeweiligen Hochschulen bildeten. Dies umfasste ebenfalls Deutsche jüdischer Abstammung. Auf dem Würzburger Studententag im Jahre 1922 bekannte sich die DSt jedoch zu einem völkischen Prinzip, welches fast alle preußischen sowie die österreichischen und sudetendeutschen Studentenschaften in ihren Satzungen festhielten.[159] Dieses sah eine Einbeziehung aller auslandsdeutschen Studenten deutscher Abstammung und deutscher Sprache, unter gleichzeitigem Ausschluss aller Studenten jüdischer Abstammung vor.[160] Diese Entschließung der Deutschen Studentenschaft war mit den Werten der Weimarer Republik unvereinbar und führte zu einem anhaltenden Konflikt zwischen Studentenschaft auf der einen und den deutschen Kultusministerien auf der anderen Seite. Dieser gipfelte im September 1927 in der durch den Preußischen Kultusminister Becker vorgelegten, zum Staatsbürgerprinzip verpflichtenden Studentenrechtsverordnung. Die Ablehnung oder Annahme der neuerlichen Verordnung stellte Becker den Studentenschaften selbst anheim.[161]

Haupt nahm an dieser Debatte in erheblichem Maße teil und verfasste in den SHHBl. diverse Beiträge. Mit dem Beharren auf eine Entscheidung wolle Becker die österreichischen Studentenschaften zur Aufnahme „[…] der dortigen, sehr

---

156 Carl Heinrich Becker (* 12. April 1876 in Amsterdam; † 10. Februar 1933 in Berlin) betrieb seit 1895 ein Studium der Theologie und Philosophie. Er habilitierte sich im Jahr 1902. 1908 erhielt er eine Professur für Geschichte und Kultur des Orients am Hamburger Kolonialinstitut. Er gilt als Mitbegründer der modernen Islamkunde, auch über den philologischen und religionswissenschaftlichen Bereich hinaus. 1913 folgte er einem Ruf an die Universität Bonn und 1916 wurde er zum Personalreferenten der Universitätsabteilung des PMWKV berufen. Im Jahr 1919 wurde er als erster Nichtjurist zum Unterstaatssekretär des Erziehungsministeriums ernannt. Von April bis November 1921 leitete er zum ersten Mal kurzfristig das Ministerium, wurde nach Ende der kurzen Regierung des Kabinetts Adam Stegerwalds wiederum Staatssekretär. Im April 1925 wurde er erneut zum Kultusminister ernannt. Er hatte das Amt bis zum 1. Januar 1930 inne. Zu Becker siehe: *Jeserich/Neuhaus*, Persönlichkeiten der Verwaltung, S. 350 ff.

157 *Hofer*, Karl Wedemeyer, S. 116.

158 *Wiener*, Kieler Schule, S. 44.

159 *Weiß*, Pädagogik und Nationalsozialismus, S. 178.

160 *Wieben*, Studenten der CAU im Dritten Reich, S. 24; *Haupt*, Zur kommenden Abstimmung, in: SHHBl. 3, 1927, S. 100.

161 *Weiß*, Pädagogik und Nationalsozialismus, S. 178.

zahlreichen deutschsprechenden Ostjuden […]"[162] zwingen. Im Vorfeld des 10. Deutschen Studententages vom 15. bis zum 19. Juli 1927 in Würzburg sprach sich Haupt dafür aus, am völkischen Prinzip, inklusive des deutsch-österreichischen Vorpostens, also einer großdeutschen Studentenschaft, festzuhalten und anstelle dessen auf die bisherige staatliche Anerkennung zu verzichten.[163] Dabei würde es sich lediglich um ein sehr kleines Opfer handeln und die Studentenschaft dadurch umso unabhängiger dastehen und sich anstatt wie bisher auf Zwangsbeiträge auf eine große Idee gründen. „Die Vertreter der Kieler Studentenschaft werden jedenfalls in Würzburg für die Erhaltung der großdeutschen Studentenschaft gegen alle parteipolitischen Eingriffe eintreten."[164]

Die Beiträge Haupts trafen unter den Studenten jedoch auch auf Opposition. Gegenstimmen wurden insbesondere im „Igel" laut, einer von demokratischen Studenten herausgegebenen Zeitschrift, in der Haupt für seine Aussagen massiv kritisiert wurde.[165] Auf dem Würzburger Studententag wurde die Verfassungsfrage erneut aufgegriffen und ausführlich diskutiert. Das Ergebnis dieser Beratungen wurde letztlich in einer mit großer Mehrheit angenommenen Stellungnahme fixiert:

> „Der 10. Deutsche Studententag steht auf dem Standpunkt, daß der in der Würzburger Satzung festgelegte großdeutsche Aufbau der Deutschen Studentenschaft die Grundlage der studentischen Gemeinschaft bildet. Dieser Zusammenschluss zur großdeutschen Studentenschaft ist nur möglich auf Grund des in der Würzburger Verfassung festgelegten föderalistischen Prinzips, nach dem alle Auslandsdeutschen Studentenschaften ihre Zusammensetzung selbst regeln. Der Deutsche Studententag hält infolgedessen an der Würzburger Satzung unbedingt fest. Der Studententag stellt fest, daß diejenigen Stellen, die den Kampf der Studentenschaft für die Deutscherhaltung der auslandsdeutschen Hochschulen erschweren, die Folgen ihres Vorgehens selbst zu verantworten haben."[166]

Im Oktober 1927 stellte das PMWKV der Studentenschaft anheim, bis zum 15. Dezember 1927 eine Urabstimmung bezüglich der auf das Staatsbürgerprinzip verpflichtenden Studentenrechtsverordnung durchzuführen. Die Vorstände der Deutschen wie der Kieler Studentenschaft empfahlen ihren Kommilitonen für die am 30. November 1927 stattfindende Abstimmung mit „Nein" zu stimmen und die neue Studentenrechtsverordnung abzulehnen.[167] Die Studierenden der

162 *Haupt*, Die Verfassungsfrage in Würzburg, in: SHHBl. 3, 1927, S. 67.
163 *Haupt*, Die Verfassungsfrage in Würzburg, in: SHHBl. 3, 1927, S. 67.
164 *Haupt*, Die Verfassungsfrage in Würzburg, in: SHHBl. 3, 1927, S. 67.
165 *Wiener*, Kieler Schule, S. 47.
166 *Haupt*, Würzburger Studententag, in: SHHBl. 3, 1927, S. 79.
167 *Wiener*, Kieler Schule, S. 48.

Christian-Albrechts-Universität stimmten bei einer starken Beteiligung von 79,5% aller wahlberechtigen Studierenden mit 84,3% gegen die neue Verordnung.[168] Mit diesem Ergebnis wurde an der Kieler Universität eine überdurchschnittliche Ablehnungsquote erreicht, die deutlich über dem ohnehin hohen Durchschnittswert aller Preußischen Universitäten von 77% lag.[169] Als Konsequenz dieser Abstimmung entzog die Preußische Regierung den Studentenschaften die staatliche Anerkennung.[170]

Haupt hatte bereits im Vorfeld der Abstimmung deutlich gemacht, dass mit der Ablehnung der Verordnung der Verlust der staatlichen Anerkennung einher gehen würde und so alle Preußischen Studentenschaften gezwungen würden, freie und private Studentenschaften zu gründen.[171] Als Konsequenz dieser Entwicklungen wurde in Kiel die Freie Kieler Studentenschaft (FKSt) in Vereinsform gegründet. Ziele der FKSt waren weiterhin die Aufrechterhaltung der studentischen Selbstverwaltung sowie die Interessenvertretung der Studierenden gegenüber der Universitätsverwaltung.[172] Die FKSt wurde allerdings nicht als Rechtsnachfolgerin der alten KSt anerkannt und verlor die damit einhergehenden Privilegien. So musste sie die Räume der Universität verlassen und das Rektorat forderte die Liquidation des Vermögens der Studentenschaft, was die nunmehr allein auf Mitgliedsbeiträge angewiesene FKSt mit besonderer Härte traf.[173]

Dieser Prozess macht deutlich, dass ein Großteil der in Kiel immatrikulierten Studentinnen und Studenten der 1920er Jahre völkisch und national eingestellt war und sich, auch wenn sie grundsätzlich unpolitisch waren, für national-völkische Belange mobilisieren ließ.

b) Der Nationalsozialistische Deutsche Studentenbund

Haupts in Kiel unangefochtener Führungsanspruch als Hochschulgruppenführer des NSDStB war auf Reichsebene jedoch keineswegs unumstritten. Zwischen Haupt und Wilhelm Tempel[174], dem Reichsleiter des NSDStB, kam es zu

168 *Wieben*, Studenten der CAU im Dritten Reich, S. 24.

169 *Weiß*, Pädagogik und Nationalsozialismus, S. 186.

170 *Wiener*, Kieler Schule, S. 48.

171 *Haupt*, Zur kommenden Abstimmung, in: SHHBl. 3, 1927, S. 100.

172 *Wiener*, Kieler Schule, S. 49.

173 *Wieben*, Studenten der CAU im Dritten Reich, S. 25.

174 Wilhelm Tempel (* 4. Juni 1905 in Lößnitz (Erzgebirge); † 13. Januar 1983 in Zell (Oberfranken)) trat 1925 in die NSDAP ein und studierte Rechtswissenschaften in Marburg und Leipzig. 1926 an der Gründung des NSDStB beteiligt, avancierte er zum Reichsleiter des Studentenbundes, bis er im Jahre 1928 nach internen Konflikten

einem konstanten Schlagabtausch. Um sich diesem zu entziehen, löste Haupt im Dezember 1927 seine Hochschulgruppe aus dem unmittelbaren Gefüge des NSDStB und unterstellte sie direkt der Leitung des Gaues Schleswig-Holstein, da er sich der Unterstützung des ihm gut bekannten Gauführers Hinrich Lohse sicher sein konnte.[175] Gegen Tempel formierte sich indessen eine immer breitere Front. Diese rekrutierte sich dabei nicht bloß aus den Reihen des NSDStB, sondern auch aus der Parteispitze. Tempel galt als enger Anhänger Otto Strassers und geriet so in das Visier Joseph Goebbels, der im August 1926 von Hitler als Gauführer des Gaues Groß-Berlin eingesetzt wurde.[176] Diese ideologische Assoziation mit dem Strasser-Kreis zog Tempel in die zwischen Goebbels und den Gebrüdern Strasser bestehende Fehde hinein. Bereits wenige Monate nach seiner Einsetzung als Gauführer gelang es Goebbels gemeinsam mit dem Berliner NSDStB-Hochschulgruppenführer Artur von Behr im Rahmen einer Umstrukturierung des Gaues Groß-Berlin den örtlichen NSDStB aus dem organisatorischen Gefüge der Reichsleitung herauszulösen und diese ebenfalls direkt dem Gau zu unterstellen.[177] Der Einfluss von Behrs als Hochschulgruppenführer sorgte dafür, dass sich die Berliner NS-Studierenden mit diesem Verfahren einverstanden zeigten, was gleichzeitig die Präzedens dafür schuf, dass auch Haupt die Kieler NSDStB-Hochschulgruppe im folgenden Jahr aus dem Einflusskreis Tempels entziehen konnte. Im Frühjahr des Jahres 1928 trat schließlich Baldur von Schirach[178], den Tempel erst kurz zuvor als Münchener

---

zurücktrat. 1929 trat er sein Referendariat in Sachsen an und wurde im Jahr 1932 in Leipzig promoviert. Er arbeitete danach als Anwalt und diente während des Krieges als Unteroffizier in der Wehrmacht. Siehe zu Tempel: *Grüttner*, Biographisches Lexikon zur nationalsozialistischen Wissenschaftspolitik, S. 173.

175 *Kater*, Der NS-Studentenbund, S. 185.

176 *Kater*, Der NS-Studentenbund, S. 185; *Wieben*, Studenten der CAU im Dritten Reich, S. 26.

177 *Faust*, Der Nationalsozialistische Deutsche Studentenbund, S. 62; *Kater*, Der NS-Studentenbund, S. 181.

178 Baldur von Schirach (* 9. Mai 1907 in Berlin; † 8. August 1974 in Kröv an der Mosel) betrieb seit 1927 ein Studium der Germanistik und Kunstgeschichte in München und wurde 1928 Hochschulgruppenführer der dortigen NSDStB-Hochschulgruppe. Von Juli 1928 bis Juli 1932 war er als Nachfolger Tempels Bundesführer des NSDStB. Seit November 1931 war Reichsjugendführer, ab 1932 Reichsleiter. Ab 1933 bis 1940 war er Jugendführer des Deutschen Reiches. 1940 bis 1945 war er Gauleiter und Stadthalter in Wien. Er wurde 1945 interniert und 1946 als einer der Hauptkriegsverbrecher in Nürnberg angeklagt und zu 20 Jahren

Hochschulgruppenführer bestätigt hatte, der Front gegen Tempel bei.[179] Zu erwähnen bleibt zuletzt noch Alfred Rosenberg[180], in dem Tempel schon lange die Manifestation des Münchener Bonzentums und damit einen innerparteilichen Antagonisten seiner linksgelagerten Interpretation des Nationalsozialismus zu erkennen glaubte. Rosenberg verschärfte die Isolation Tempels noch weiter, indem er verschiedentlich Beiträge der NSDStB-Reichsleitung für den „Völkischen Beobachter" unterdrückte und stattdessen nicht autorisierte Aufsätze des Berliners von Behr druckte.[181]

Das Netz seiner Widersacher umspannte Tempel nunmehr von Berlin, München und Kiel. Unterstützt durch Kräfte in der Parteispitze gelang es diesen Tempel in Leipzig immer weiter auszugrenzen. Derart in die Enge gedrängt, holte er zu einem letzten in der Verzweiflung geborenen Schlag gegen die Verschwörer innerhalb des NSDStB aus, indem er Haupt, von Behr und Schirach kurzerhand aus dem Bund ausschloss.[182] Die Kieler Hochschulgruppe erklärte sich jedoch mit Haupt solidarisch und Reinhard Sunkel, der von Tempel als kommissarischer Hochschulgruppenführer eingesetzt worden war, weigerte sich gänzlich, das Amt anzutreten.[183] Durch dieses selbstsichere Auftreten des Kieler NSDStB sah sich Tempel gezwungen, noch stärker durchzugreifen, sodass er kurzerhand die gesamte Hochschulgruppe an der Christian-Albrechts-Universität auflöste.

Haft verurteilt. Zu Schirach siehe: *Grüttner*, Biographisches Lexikon zur nationalsozialistischen Wissenschaftspolitik, S. 148.

179 *Weiß*, Pädagogik und Nationalsozialismus, S. 181.

180 Alfred Rosenberg (*12. Januar 1893 in Reval (Estland); †16. Oktober 1946 in Nürnberg) schloss 1918 ein Studium als Archivar ab und kam 1919 nach München. Ab 1921 war er Redakteur und ab 1923 Hauptschriftleiter des „Völkischen Beobachters". 1930 zog er für die NSDAP in den Reichstag ein. Ab April 1933 Reichsleiter des Außenpolitischen Amtes der NSDAP. 1940 wurde er mit dem Auftrag betraut, durch die Partei finanzierte „Hohe Schulen" zu gründen, eine gewisse Art von Alternativuniversitäten. Ab 1940 Gründung und Leitung des „Einsatzstab Reichsleiter Rosenberg", der den institutionellen Kunst- und Kulturgüterraub in den besetzten Gebieten organisierte. 1941 wurde er durch Hitler zum Reichsminister für die besetzten Ostgebiete ernannt. Am 19. Mai 1945 wurde Rosenberg an der Marinekriegsschule in Flensburg-Mürwik verhaftet. Er wurde am 1. Oktober 1946 im Rahmen der Nürnberger Prozesse gegen die Hauptkriegsverbrecher zum Tode verurteilt und am 16. Oktober 1946 hingerichtet. Zu Rosenberg siehe: *Klee*, Das Personenlexikon zum Dritten Reich, S. 508 f.

181 *Faust*, Der Nationalsozialistische Deutsche Studentenbund, S. 64; *Kater*, Der NS-Studentenbund, S. 185.

182 *Kater*, Der NS-Studentenbund, S. 186.

183 *Faust*, Der Nationalsozialistische Deutsche Studentenbund, S. 64.

Dieser radikale Schritt veranlasste die Gauleitung Hinrich Lohses zu intervenieren, da seitens des Gaues Schleswig-Holstein kein Interesse daran bestand, die Unterstellung der Hochschulgruppe aufzuheben.[184] Selbst Gregor Strasser, dem Tempel ebenfalls recht nahe stand, schritt ein und riet „rein menschlich und aus meiner persönlichen Kenntnis der beteiligten Pg. heraus", Haupts Engagement und seine Verbindungen für die NS-Bewegung zu erhalten.[185]

Am 28. Juni 1928 schließlich, nachdem die Konflikte mit einzelnen Hochschulgruppen nicht abebbten und die Autorität der Reichsleitung des NSDStB soweit untergraben war, dass sie innerhalb und außerhalb des Bundes von niemandem mehr anerkannt wurde, sah sich Tempel genötigt, Hitler um seine Ablösung zu bitten und sein Amt aufzugeben.[186] Die Neubesetzung der nunmehr vakanten Stellung des Reichsleiters gestaltete sich insofern bemerkenswert, als die Satzung des NSDStB eine schriftliche Wahl durch die einzelnen Hochschulgruppen ermöglichte und es nicht zu einer bloßen Einsetzung durch Hitler kam.[187] Rudolf Heß, der sich um den Zustand und die weitere Funktionsfähigkeit des Studentenbundes sorgte, verband diese Wahl mit der Auflage, dass die Reichsleitung wieder nach München übersiedeln sollte und der Gewählte ebenfalls dort wohnen müsste, um so eine erneute Isolation zu verhindern und die Leitung des Bundes wieder in den Einflusskreis der Münchener Parteizentrale zu rücken.[188] 20 Hochschulgruppen nahmen die Möglichkeit der Beteiligung an der Wahl wahr. Letztlich konnte Baldur von Schirach die Wahl vor seinen Mitkonspiranten von Behr und Haupt für sich entscheiden.[189] Schirach brüstete sich später damit, wohl der erste und einzige Nationalsozialist zu sein, der auf Basis einer demokratischen Wahl eine Führerposition innerhalb der Partei erlangt habe.[190] Hitler, der den Konflikt innerhalb des NSDStB weitgehend ohne eine Intervention seinerseits hatte geschehen lassen, die notwendige Korrespondenz zwischen Parteizentrale und NSDStB erledigte

184 *Faust*, Der Nationalsozialistische Deutsche Studentenbund, S. 64.

185 *Faust*, Der Nationalsozialistische Deutsche Studentenbund, S. 64.

186 *Faust*, Der Nationalsozialistische Deutsche Studentenbund, S. 64; *Kater*, Der NS-Studentenbund, S. 186.

187 *Faust*, Der Nationalsozialistische Deutsche Studentenbund, S. 66.

188 *Faust*, Der Nationalsozialistische Deutsche Studentenbund, S. 66.

189 BArch, NS 22/421, Rundschreiben an die Hochschulgruppen des NSDStB von Rudolf Hess vom 11. Juli 1928, Bl. 1.

190 *Kater*, Der NS-Studentenbund, S. 187.

allein Hess, habe nach der Aussage von Rudolf Hess Haupt für die Rolle des Reichsleiters favorisiert und zu Schirach als dessen Stellvertreter tendiert.[191]

> „Die ideale Lösung für die kommende Reichsleitung wäre in Herrn Hitlers Augen gewesen: Herr Dr. Haupt als Reichsleiter, Herr von Schirach als dessen rechte Hand.
>
> Herr Dr. Haupt würde die Vertretung des Studentenbundes bei studentischen Tagungen usw. und die Festlegung der grossen Richtung und die Fällung grundsätzlicher Entscheidungen obliegen. Herr von Schirach würde im Einvernehmen mit Herrn Dr. Haupt das mehr Organisatorische und die laufenden Geschäfte in enger Fühlunghaltung mit der Reichsleitung erledigen."[192]

Haupt war jedoch nicht bereit, nach München überzusiedeln, und sah sich in Norddeutschland vielfältigen anderen Verpflichtungen ausgesetzt, sodass er das Amt auch bei einem Wahlsieg seinerseits von vornherein abgelehnt hätte.[193] Auch Schirach selbst wusste um die außerordentliche Geeignetheit Haupts und bekannte in einem Schreiben an Reinhard Sunkel: „Ich werde nie vergessen, daß ich auf dem Stuhl sitze, der von Rechts wegen Dr. Haupt gebührt."[194]

Es bleibt dabei jedoch festzuhalten, dass die Gruppe der am Sturz Tempels beteiligten Charaktere ideologisch keineswegs homogen war. Von Behr galt weiterhin als folgsamer Anhänger Goebbels. Haupt, der ohnehin nur schwer einzuordnen ist, musste seinerzeit mit dem eher sozialistisch geprägten Parteispektrum assoziiert werden, wobei er unbestritten als treuer Vasall Hitlers betrachtet werden muss.[195] Im deutlichen Kontrast dazu stand der adelige Korpsstudent Schirach.[196] Es zeigt sich also deutlich, dass die parteipolitischen Ambitionen der Beteiligten nur wenig gemein hatten und dass man sich lediglich zu dem Zwecke verbündete und solidarisierte, gegen den unliebsamen Reichsleiter zu opponieren und Tempel so letztlich aus dem Amt zu drängen. Der Rücktritt Tempels und die anschließende Wahl Schirachs sollten so einen scharfen Kurswechsel innerhalb der Reichsleitung und damit innerhalb des gesamten Bundes

---

191 BArch, NS 22/421, Rundschreiben an die Hochschulgruppen des NSDStB von Rudolf Hess vom 11. Juli 1928, Bl. 3; *Faust*, Der Nationalsozialistische Deutsche Studentenbund, S. 67; *Kater*, Der NS-Studentenbund, S. 188; *Weiß*, Pädagogik und Nationalsozialismus, S. 182.

192 BArch, NS 22/421, Rundschreiben an die Hochschulgruppen des NSDStB von Rudolf Hess vom 11. Juli 1928, Bl. 3.

193 *Faust*, Der Nationalsozialistische Deutsche Studentenbund, S. 67; *Weiß*, Pädagogik und Nationalsozialismus, S. 182.

194 *Wieben*, Studenten der CAU im Dritten Reich, S. 30.

195 *Kater*, Der NS-Studentenbund, S. 185.

196 *Kater*, Der NS-Studentenbund, S. 188.

einläuten. Schirach näherte sich wieder den studentischen Korporationen an, zu denen bisher durch Tempel eine strikte Trennung forciert wurde, da er sie als bloße Anhängsel kleinlichen Bonzentums betrachte.[197] Die von Schirach eingeleitete Neuorientierung des NSDStB im Verlauf des Jahres 1928 zeichnet sich damit als eine der ersten Ausprägungen der anfänglichen Annäherung der NSDAP an den bürgerlichen Mittelstand aus.

Weiterhin ist zu konstatieren, dass Tempel letztlich auch aufgrund seiner Ideologie gestürzt wurde und dieser Prozess damit den parteiinternen Säuberungen, die erst mit dem sogenannten „Röhm-Putsch" am 30. Juni 1934 ihr Ende finden sollten, als Prototyp gereicht. Tempel stellt somit wohl eines der ersten Opfer der erbitterten Konflikte zwischen dem Münchener Flügel der NSDAP und verschiedenen Strömungen, wie etwa der um die Gebrüder Strasser, dar. Dass er von späteren Säuberungsaktionen verschont blieb, mag letzten Endes bloß der Tatsache geschuldet sein, dass er nach dem 28. Juni 1928 nicht an seinem Amt festhielt und so als bloße Randfigur der späten Kampfzeit aus dem Fokus der Parteiführung glitt.[198]

c) Agitation in Kiel

Wenn auch zwischen der Agitation Haupts in Kiel und Greifswald einige Parallelen bestehen, wie etwa seine ausgeprägte Autorentätigkeit für den „Pommerschen Beobachter" respektive die „Schleswig-Holsteinischen Hochschulblätter", lässt sich insgesamt feststellen, dass in vielerlei Hinsicht deutliche Unterschiede bestehen. Für Haupt, der in Greifswald zwar mit Theodor Vahlen und der NS-Ortsgruppe zusammenarbeitete sowie der dortigen SA-Gruppe angehörte, stellte die Kieler Hochschulgruppe des NSDStB die erste institutionelle Gruppierung innerhalb der nationalsozialistischen Bewegung dar, deren Geschicke er ernstlich mitbestimmen, letztlich sogar eigens lenken konnte.[199] Der Fokus von Haupts Engagement lag klar auf seiner Arbeit innerhalb des NSDStB und der KSt. Neben der lokalen Hochschulpolitik übte Haupt, wie bereits am „Beckerstreit" aufgezeigt, auch überregional und sogar über die Provinz Preußen

---

197 *Wieben*, Studenten der CAU im Dritten Reich, S. 29.

198 Hitler muss Tempel als so unbedeutend erachtet haben, dass dieser selbst dann nicht intervenierte, als diesem am 28. April 1934 durch seine alten Kommilitonen das Abzeichen „für alte Mitkämpfer" des NSDStB verliehen wurde. Vgl. dazu: *Kater*, Der NS-Studentenbund, S. 190.

199 Die bereits erwähnte nationalsozialistische Arbeitsgemeinschaft in Frankfurt muss hier der Vollständigkeit halber ebenfalls angeführt werden, ihre Bedeutung sollte jedoch nicht überbewertet werden.

hinaus, auf reichs- und großdeutscher Ebene Einfluss auf Prozesse innerhalb des studentischen Lebens aus. Sein Hauptpropagandainstrument stellten dabei die SHHBl. dar. Anders als noch in Greifswald ließ sich Haupt wenigstens während der Dauer seines Studiums an der Universität Kiel nicht mehr in gewalttätige Auseinandersetzungen mit Andersdenkenden und den Ordnungsbehörden verwickeln.

Im Herbst des Jahres 1927 schloss Haupt sein Studium erfolgreich ab und verließ die Christian-Albrechts-Universität zum Sommersemester 1928. Obschon er seine offiziellen Ämter innerhalb der Studentenschaft und des NSDStB im Laufe des Jahres 1928 ablegte, sollte sich Haupts politische Tätigkeit in Kiel noch weiter intensivieren. Diese Entwicklung lässt sich zum einen damit erklären, dass er sich in den letzten Semestern weitgehend auf seinen Abschluss konzentrieren musste und die nunmehr frei gewordenen Kapazitäten wieder seiner politischen Arbeit widmen konnte. Zum anderen musste Haupt, solange er an der Kieler Universität studierte, anders als in Greifswald unter Rektor Vahlen, fürchten, für durch ihn ausgelöste Unruhen seitens der Universitätsleitung zur Rechenschaft gezogen zu werden und schlimmstenfalls der Hochschule verwiesen zu werden. Dieses Risiko ließ er nach seinem Examen endgültig hinter sich. Haupt sollte auch weit über seine Studienzeit hinaus an vielen Aktionen der Hochschulgruppe des NSDStB in Kiel, wenigstens im Hintergrund, beteiligt sein und ihr letztlich noch für Jahre Wortführer und ein wichtiger Ideengeber sein.

Bezeichnend für den Kurswechsel Haupts ist ein Vorfall, der sich noch im ausklingenden Jahr 1927 zutrug, und der deutlich aufzeigt, dass er es wieder wagte wesentlich offensiver und radikaler vorzugehen. Wegen einer Störung am 18. Dezember 1927 im Varietétheater Valencia in Kiel beantragte die Staatsanwaltschaft einen Strafbefehl gegen ihn und acht weitere NSDStB-Mitglieder, darunter Georg Hempel[200],

200 Karl Georg Heinrich Hempel (* 29. Oktober 1907 in Chemnitz; † unbekannt) wurde 1926 Mitglied der NSDAP. 1927 bis 1932 studierte in Kiel und trat in den NSDStB ein. 1928 gründete er die Kieler HJ-Ortsgruppe und trat in die SA ein. 1930/31 leitete er für kurze Zeit die Kieler NSDStB-Hochschulgruppe. 1934 bis 1939 war er Studienassessor an verschiedenen NPEA (Berlin, Stuhm, Diez an der Lahn und Plön). 1936 wechselte Hempel zu SS. Im Jahre 1939 diente er vier Monate freiwillig in der Wehrmacht und wurde dann Lehrer und Zugführer an der NPEA Plön. Nach seinem bis 1945 andauernden Kriegsdienst schlug er sich in Südtirol als Landarbeiter durch, geriet 1946 jedoch in Gefangenschaft. Bis 1948 wurde er in den Lagern Neumünster Gadeland und Paderborn, vermutlich gemeinsam mit Haupt, interniert. Im Rahmen der Entnazifizierung wurde er 1948 in die Kategorie IV als Mitläufer eingestuft und später gegen Ende des Jahres 1949 in Kiel in die Kategorie V als Entlasteter eingereiht. Ab 1950 arbeitete Hempel wieder als Lehrer an Schulen in Neustadt in Holstein,

Willi Ziegenbein[201] und natürlich Reinhard Sunkel.[202] Am fraglichen Abend trat im Varietètheater Valencia die französische Nackttänzerin Gabrielle Bonnet auf. Haupt sowie seine Mitstreiter, die dem Auftritt beiwohnten, erkannten in den Tanzeinlagen Bonnets ein unsittliches Verhalten, gegen welches sie zu protestieren gedachten. Da Bonnet fast gänzlich unbekleidet auftrat und ihre Darbietung zu großen Teilen lediglich aus Unterleibsbewegungen bestand, attestierte die Gruppe um Haupt dem Schauspiel einen höchst anstößigen Charakter und erhob sich lärmend, um die Aufführung zu stören und letztlich die Beendigung der Darbietung herbeizuführen.[203] Haupt selbst warf sein Weinglas nach der Tänzerin und traf diese am Bein.[204] Seiner eigenen Aussage nach habe er jedoch nur die Bühne treffen wollen, um die Fortführung des Auftritts zu verhindern. Der Tumult musste schließlich durch die Bereitschaft des 1. Kieler Polizei-Präsidiums beendet werden.[205]

Aufgrund dieser Vorgänge wurden Haupt und die anderen Beteiligten am 27. Juli 1928 durch das Amtsgericht Kiel wegen Hausfriedensbruchs und groben Unfugs verurteilt, Reinhard Sunkel etwa wurde eine Strafe in Höhe von

---

Reinbek und Wentorf. Er wurde 1970 in den Ruhestand versetzt. Zu Hempel siehe *Göllnitz*, Der Student als Führer? (im Druck).

201 Willi Ziegenbein (* 30. November 1908 in Kiel; † unbekannt) war Gründer des Kieler NS-Schülerbundes und übernahm im Jahre 1928 für kurze Zeit die Leitung der Kieler Hochschulgruppe des NSDStB. 1931 trat er in die SA ein und wurde 1933 Verwalter des Kieler Stadtarchivs. Er gilt als Mitglied des „Kampfausschusses wider den undeutschen Geist" als maßgeblicher Mitorganisator der Säuberung der Kieler Bibliotheken sowie der anschließenden Bücherverbrennung auf dem Kieler Wilhelmplatz vom 10. Mai 1933. Bis 1939 war er Magistratsrat der Stadt Kiel und Dozent an der örtlichen Verwaltungsbeamtenschule. 1939 bis 1945 wurde er Landesverwaltungs- und später Oberlandesverwaltungsrat in der Provinzialverwaltung Schleswig-Holsteins. Nach seinem von 1940 bis 1945 dauernden Kriegsdienst schlug er sich bis 1948 als Land- und Forstarbeiter durch. Nach kurzer Zeit als Englischlehrer an verschiedenen Landschulen wurde er in den Wartestand und 1954 in den vorzeitigen Ruhestand versetzt. Noch im selben Jahr wurde er ins Amt Wissenschaft im schleswig-holsteinischen Kultusministerium berufen. Erst 1973 schied er als Ministerialrat und Sonderkurator der Gesamthochschule Lübeck endgültig aus dem Dienst aus. Zu Ziegenbein siehe *Göllnitz*, Der Student als Führer? (im Druck).

202 AGSP, PSK, Abschrift Strafantrag Haupt und Genossen, undatiert 1928.

203 AGSP, PSK, Schreiben RA Kröger/Riis an den preuß. Justizminister vom 8. Oktober 1928, S. 1; Bericht vom 26. Januar 1928, S. 2.

204 AGSP, PSK, Abschrift Strafantrag Haupt und Genossen, undatiert 1928.

205 AGSP, PSK, Abschrift Strafantrag Haupt und Genossen, undatiert 1928.

20 Reichsmark auferlegt.[206] Das für diese auch politisch motivierte Protestaktion des NSDStB relativ niedrig angesetzte Strafmaß stieß in Teilen der Kieler Bevölkerung nur auf wenig Verständnis und schlug sich auch in der lokalen Presse nieder.[207] Sowohl die Staatsanwaltschaft als auch die Angeklagten legten gegen das Urteil Rechtsmittel ein.[208] Am 31. August 1928 stellten die Anwälte der Angeklagten schließlich noch den Antrag die Anwendbarkeit des Gesetzes über Straffreiheit vom 14. Juli 1928 zu prüfen und die Angeklagten zu amnestieren.[209]

Während die Strafen für die einzelnen Angeklagten relativ gering ausfielen, hatte das Verfahren für Sunkel jedenfalls noch weiterreichende Folgen. Am 5. Oktober 1928 trat dieser an das Polizei-Präsidium Kiel heran und beantragte die Ausstellung eines Auslandspasses, da er das folgende Semester in Zürich zu verbringen plante.[210] Die Polizei lehnte die Passerteilung in Rücksprache mit der Staatsanwaltschaft aus Rücksicht auf das noch schwebende Berufungsverfahren jedoch ab.[211] Es bedurfte eines weiteren Schreibens von Sunkels Anwälten und nicht zuletzt der Intervention Wilhelm Kubes[212], der den Preußischen Justizminister in einem Schreiben ersuchte, die Ausreise Sunkels genehmigen zu lassen.[213] Am 13. Februar 1929 wurde das Verfahren schließlich auf Antrag des Oberstaatsanwalts außerhalb der Hauptverhandlung durch die Strafkammer eingestellt.[214]

Haupt setzte unterdessen weiterhin seine Autorentätigkeit für die „Schleswig-Holsteinischen Hochschulblätter“ fort und hielt ab 1929 Vorträge für die

---

206 AGSP, PSK, Schreiben RA Kröger/Riis an den preuß. Justizminister vom 8. Oktober 1928, S. 1.

207 AGSP, PSK, Schleswig-Holsteinische Volkszeitung Nr. 97 vom 25. April 1928.

208 AGSP, PSK, Schreiben RA Kröger/Riis an den preuß. Justizminister vom 8. Oktober 1928, S. 1.

209 AGSP, PSK, Schreiben RA Kröger/Riis an den preuß. Justizminister vom 8. Oktober 1928, S. 2.

210 AGSP, PSK, Schreiben RA Kröger/Riis an den preuß. Justizminister vom 8. Oktober 1928, S. 2f.

211 AGSP, PSK, Schreiben RA Kröger/Riis an den preuß. Justizminister vom 8. Oktober 1928, S. 3.

212 Wilhelm Kube (* 13. November 1887 in Glogau; † 22. September 1943 in Minsk) war Mitglied des Preußischen Landtags; später Gauleiter von Brandenburg und Generalkommissar für Weißrussland. Für weitere Informationen zu seiner Person siehe: *Heiber, Helmut*, Aus den Akten des Gauleiters Kube, S. 67 ff.

213 AGSP, PSK, Schreiben Kubes an das preuß. Justizministerium vom 15. Oktober 1928.

214 AGSP, PSK, Schreiben des Generalstaatsanwaltes an den preuß. Justizminister vom 19. Oktober 1928.

Abteilung für soziale und politische Fragen der FKSt, so etwa auch am 12. November 1929 im großen Saal der Seeburg in Kiel, mit dem Thema „Die politischen Aufgaben der Deutschen Studentenschaft".[215]

Der Ton innerhalb der FKSt verschärfte sich seinerzeit zusehends. Dies zeigen auch die Vorgänge während des Bach-Festes vom 4. bis 6. Oktober des Jahres 1930, an denen Mitglieder des NSDStB maßgeblich beteiligt waren. Der emeritierte Kieler Ordinarius für praktische Theologie Otto Baumgarten[216] sollte anlässlich des Festes am 5. Oktober 1930 einen Gottesdienst halten. Der Ferienvorsitzende der FKSt, Karl Heinz Pennig, dem diese Tatsache schon im Vorfeld bekannt war, ersuchte den Festausschuss der Bachgesellschaft Baumgarten durch einen anderen Redner zu ersetzen.[217] Die Gesellschaft lehnte die Vorschläge allesamt ab, woraufhin die FKSt ihren Protest verstärkte, „da die weltanschauliche Einstellung des Redners keinerlei Gewähr dafür zu bieten scheine, dass die deutschen Belange gewahrt würden." Ferner würde man sich „mit allem Nachdruck gegen das Auftreten eines Angehörigen einer jüdisch-pazifistischen Vereinigung beim Deutschen Bach-Fest zur Wehr setzen."[218] Ferner bezeichnete Pennig den Theologen Baumgarten in einem weiteren Schreiben als „Landesverräter, Pazifisten und Philosemiten".[219] Zeitgleich verteilte die NSDStB-Hochschulgruppe ein Flugblatt, welches Baumgarten erneut als Verräter am Nationalismus und sogar als Landesverräter titulierte.[220] Das Präsidium der Universität reagierte schnell und mit eindeutiger Härte, indem es den Ferienvorsitzenden der FKSt am 22. Oktober 1930 wegen schwerer Verunglimpfung eines Hochschullehrers zwangsexmatrikulierte.[221] Die Kieler Studenten zeigten sich mit diesem jedoch

215 Bekanntmachung, in: SHHBl. 5, 1929, S. 171.

216 Otto Baumgarten (* 29. Januar 1858 in München; † 21. März 1934 in Kiel) war ein evangelischer Theologe, der 1890 in Berlin zum Privatdozenten ernannt wurde und 1894 einen Ruf an die Kieler Universität erhalten hatte. Dort lehrte er bis 1926 als Ordinarius für praktische Theologie. Daneben war er in dieser Zeit als Universitätsprediger beschäftigt und fungierte 1903/04 als Rektor der Hochschule. Dazu: *Alwast, Jendris*, Geschichte der Theologischen Fakultät, insb. S. 172–179; *Göllnitz*, Der Student als Führer? (im Druck).

217 Bericht des NSDStB Kiel über die Angelegenheit Baumgarten, in: SHHBl. 6, 1930, S. 173.

218 *Wiener*, Kieler Schule, S. 55.

219 *Wieben*, Studenten der CAU im Dritten Reich, S. 47; *Wiener*, Kieler Schule, S. 55.

220 *Wiener*, Kieler Schule, S. 55.

221 *Weiß*, Pädagogik und Nationalsozialismus, S. 187; *Wiener*, Kieler Schule, S. 55.

solidarisch, was auch die Einrichtung eines Finanzfonds einschloss.[222] Ferner entzog die Universität der Hochschulgruppe des NSDStB die Anerkennung als akademische Vereinigung, welche sie erst 1932 wiedererlangen sollte.[223]

Die nationalsozialistischen Studenten beschränkten ihre Aktionen jedoch nicht bloß auf die Universität. Am 25. November 1930 störten mehrere Kommunisten eine Versammlung der Preetzer NSDAP-Ortsgruppe, die letztlich in eine Saalschlacht mit erheblichem Sachschaden im Lokal sowie mehreren Verletzten mündete.[224] Als Reaktion auf diesen Vorfall kündigte der Führer der Kieler Schutzstaffel der NSDAP (SS), der wissenschaftliche Assistent Hans Heldt, an, von nun an für alle im Umland stattfindenden Veranstaltungen den Saalschutz gewährleisten zu wollen. Um ein Exempel zu statuieren und Präsenz zu zeigen, begab er sich am 27. November 1930 mit neun weiteren uniformierten SS-Leuten, darunter fünf weitere Studenten, auf den Preetzer Marktplatz. Dort angekommen, wurde die Gruppe von Anwohnern aufgefordert, sich wieder zu entfernen, da die Nationalsozialisten bereits für ausreichend Unruhe gesorgt hätten. Die Gruppe, die mit mehreren scharfen Faustfeuerwaffen sowie sogenannten „Hampelmännern“[225] bewaffnet war, bedrohte daraufhin die Preetzer Anwohner.[226] Diese riefen die Polizei, welche die SS-Leute ohne größeren Widerstand festnahm und die mitgeführten Waffen sicherstellte. Am 28. November wurden die Beteiligten durch das Schöffengericht im Schnellverfahren abgeurteilt. Hans Heldt wurde zu vier Monaten Gefängnis, acht weitere Angeklagte wurden zu jeweils drei Monaten Gefängnis verurteilt, lediglich ein Angeklagter wurde freigesprochen, da bei diesem nur ein kleines Seglermesser sichergestellt werden konnte.[227]

---

222 *Wieben*, Studenten der CAU im Dritten Reich, S. 47.

223 *Wiener*, Kieler Schule, S. 56.

224 LASH, Abt. 301, Nr. 4559, „Das sind die Kämpfer vom Dritten Reich“, Schleswig-Holsteinische Volkszeitung vom 29. November 1930.

225 Dabei handelt es um eine zeitgenössische Bezeichnung für „Totschläger“, also (improvisierte) Hiebwaffen aller Art. In diesem Fall trugen die SS-Leute etwa einen Meter lange Lederriemen bei sich, an deren Ende jeweils ein schwerer eiserner Karabinerhaken befestigt war. Siehe dazu: Die Abbildung der sichergestellten Waffen in: LASH, Abt. 301, Nr. 4559, „Das sind die Kämpfer vom Dritten Reich“, Schleswig-Holsteinische Volkszeitung vom 29. November 1930.

226 LASH, Abt. 301, Nr. 4559, Schreiben des Schleswiger Regierungspräsidenten an den Preußischen Innenminister vom 2. Dezember 1930.

227 LASH Abt. 301, Nr. 4559, Schreiben des Schleswiger Regierungspräsidenten an den Preußischen Innenminister vom 2. Dezember 1930.

Dass sich die Nationalsozialisten in Schleswig-Holstein nicht scheuten, bei gewalttätigen Auseinandersetzungen Schusswaffen mit sich zu führen und diese gegebenenfalls auch einzusetzen, beweist auch ein weiterer Vorfall vom November 1930, der sich in dem etwa 30 Kilometer von Kiel entfernten Nortorf ereignete.

> Die dortige Ortsgruppe hatte ebenfalls zu einer Veranstaltung in einer örtlichen Gastwirtschaft eingeladen. Dieser Einladung kamen 60 bis 70 Nationalsozialisten aus dem Kieler Umland nach. Der Abend verlief bis ca. 23 Uhr ohne besondere Vorkommnisse, bis mehrere Lastwagen mit etwa 40 Kommunisten vor dem Lokal hielten. Da diesen der Einlass verwehrt wurde, begannen sie die Türen zu demolieren und sich selbst Zugang zu verschaffen. Die zwei anwesenden Landjäger sahen sich angesichts der Größe der jeweiligen Parteien außerstande diese abzudrängen und zu trennen. Es entwickelte sich eine massive Schlägerei, in der sich die Kontrahenten mit vorsorglich bereitgehaltenen Hiebwaffen, aber auch mit Tisch- und Stuhlbeinen, attackierten. Der Tumult löste sich erst auf, als mehrere Schüsse fielen und einer der Kommunisten getroffen zusammenbrach. Die durch die Polizisten gerufene Verstärkung konnte schließlich die Verhältnisse ordnen und eine Pistole bei einem Nationalsozialisten sicherstellen.[228]

Das Klima an der Christian-Albrechts-Universität verschärfte sich ebenfalls zusehends. Auch in der Wahl der Mittel radikalisierte sich der nationalsozialistische Teil der Studentenschaft, insbesondere die Mitglieder der Hochschulgruppe des NSDStB, immer weiter. Beließ man es im Vorfeld nur bei Störungen von Veranstaltungen durch Lärmen und Flugblattaktionen, griffen die Studierenden vermehrt zu gewalttätigen und rabiaten Methoden.

Der Kieler Professor Walther Schücking sollte am 30. Juni 1931 im großen Saal der Seeburg auf einer Veranstaltung des Republikanischen Studentenbundes einen Vortrag halten.[229] Es waren etwa 150 Studierende anwesend, als ein Mitglied des NSDStB, der Student Hans-Joachim Eichhoff[230], einen Tränengas-Sprengsatz in den Saal warf.[231] Das Tränengas erfasste einen Großteil der Anwesenden und zwang diese den Saal zu räumen, zusätzlich wurden drei der Studenten, die der

---

228 LASH, Abt. 301, Nr. 4559, Schreiben des Schleswiger Regierungspräsidenten an den Preußischen Innenminister vom 27. November 1930. Siehe dazu auch ausführlich *Göllnitz*, Städtisches Leben zwischen Wirtschaftskrise und Heimatfront, S. 85 f.

229 LASH, Abt. 301, Nr. 4560, Pressebericht der Kieler Polizei vom 9. Juli 1931.

230 *Wieben*, Studenten der CAU im Dritten Reich, S. 48; *Weiß*, Pädagogik und Nationalsozialismus, S. 187.
Die Akten der Kieler Polizei erwähnen den 19-jährigen Chemiestudenten Erich Hoff als Täter. Dabei handelt es sich augenscheinlich jedoch um eine Verwechslung.

231 *Hofer*, Karl Wedemeyer, S. 119; LASH, Abt. 301, Nr. 4560, Pressebericht der Kieler Polizei vom 09. Juli 1931.

Detonation am nächsten standen, durch umherfliegende Glassplitter verletzt. Die Kieler Polizei stellte die Rückstände des Sprengsatzes sicher und ließ diese durch einen Chemiker untersuchen. Das kriminaltechnische Gutachten des Kieler Chemikers Dr. Keller brachte zu Tage, dass es sich bei dem Reizstoff um „Becstoff" (Brommethylethylketon), einen bereits im Ersten Weltkrieg eingesetzten Augenkampfstoff, handelte. Diese Aussage wurde dadurch unterstützt, dass man bei der Durchsuchung der Wohnung Eichhoffs mehrere militärische Reizstoffpatronen, wie sie von Heer und Marine zur Verseuchung der Gasmaskenprüfkammern verwendet wurden, mit eben diesem Wirkstoff aufgefunden wurden.[232] In Verbindung mit einem „Kanonenschlag", einem gewickelten Feuerwerkskörper, hatte Eichhoff eine solche Patrone innerhalb des Saales zur Detonation gebracht. Eichhoff wurde daraufhin der Universität verwiesen und zu einem Monat Gefängnis verurteilt, wobei die Strafe zur Bewährung ausgesetzt wurde.[233] Eichhoff gab an, seinen Entschluss zur Tat allein und aus Verärgerung über die Pazifisten gefasst zu haben.[234] Obschon der Täter Mitglied der Kieler Abordnung des NSDStB war, ließen sich keine direkten Verbindungen zwischen dem Anschlag auf den Vortrag Schückings und der Kieler NSDStB-Hochschulgruppe und damit zu Haupt und Sunkel ziehen. Es erscheint dennoch völlig unwahrscheinlich anzunehmen, dass diese auch ohne eine nachweisbare Beteiligung nicht wenigstens um den Plan Hoffs wussten. Diese These wird dadurch bestärkt, dass sich noch im folgenden Monat, nicht einmal eine Woche später herausstellen sollte, dass der Einsatz von Tränengas zu den bevorzugten Mitteln der Kieler Nationalsozialisten gehörte, um unliebsame Veranstaltungen zu stören.

Bereits am 4. Juli 1931 verübten die beiden Nationalsozialisten Leo Kontor und Herrmann Koenemann einen weiteren Tränengasanschlag, dieses Mal auf eine Vorführung des Filmes „Im Westen nichts Neues".[235] Die Kieler Polizei hatte Sunkel in Verdacht, die Anweisung, die 19 Uhr-Vorstellung des Filmes zu sprengen, persönlich gegeben zu haben. Dazu besorgte Kontor wiederum eine reizgasentwickelnde Bromverbindung (Bromaceton), die er mit einer Parfumspritze im Kinosaal zu verteilen gedachte. Da man vonseiten der Polizei etwaige Störungen durch die Nationalsozialisten befürchtete, erhöhte man die Präsenz vor Ort

232 LASH, Abt. 301, Nr. 4560, Gutachten Dr. Keller vom 2. Juli 1931.

233 *Weiß*, Pädagogik und Nationalsozialismus, S. 187; *Hofer*, Karl Wedemeyer, S. 119.

234 *Hofmann*, Allgemeine Entwicklung der CAU, S. 81.

235 LASH, Abt. 301, Nr. 4560, Bericht Kriminalkommissar Köhler vom 8. Juli 1931. – Am selben Tage hatte Ernst Röhm die Kieler Abordnungen von SA und SS inspiziert, ein Zusammenhang ist hier aber nur schwer herzustellen und kaum zu belegen.

und durchsuchte bekannte Mitglieder nationalsozialistischer Gruppen. Es gelang Kontor und Koenemann jedoch trotz der erhöhten Sicherheitsmaßnahmen, nach Beginn der Vorstellung in den Saal zu einzudringen und die Flüssigkeit dort großräumig zu verteilen. Koenemann wurde noch vor Ort gefasst, während Kontor am nächsten Morgen in seiner Wohnung aufgegriffen werden konnte. Beide waren in vollem Umfang geständig, wohingegen Sunkel jegliche Beteiligung leugnete.[236] Gegen Sunkel wurde Anklage erhoben, letztlich war ihm jedoch nichts nachzuweisen, sodass er am 31. Oktober 1931 freigesprochen wurde.[237]

Zusammenfassend lässt sich feststellen, dass Haupt an der Christan-Albrechts-Universität ein fruchtbares Milieu vorfand, in dem sich seine politische Aktivität erheblich weiterentwickelte. Haupt traf mit seinen Themen und Ansichten innerhalb der Kieler Studentenschaft den Nerv der Zeit. Die Kieler Studierenden der 1920er Jahre waren, wenn auch vielfach unpolitisch, zu einem Großteil völkisch-national eingestellt. Diesem Umstand und Haupts massivem Engagement trug die Tatsache Rechnung, dass es ihm innerhalb kürzester Zeit gelang, mitsamt anderer Vertreter des NSDStB in den Vorstand der KSt vorzustoßen. Die so erlangte Kontrolle über die SHHBl. nutzten Haupt und die Nationalsozialisten geschickt, um mit dem studentischen Presseorgan als Medium ihrer Propaganda über die Grenzen Kiels hinaus zu agieren. Haupts politisches Wirken gilt es dabei auf zweierlei Weise zu verstehen: zum einen als die Agitation auf lokaler Ebene in Kiel selbst und zum anderen als Haupts Arbeit von Kiel aus, mit der es ihm gelang, vor allem hochschulpolitisch auch überregional Geltung zu erlangen und die Geschicke der deutschen Studierenden weit über Kiel hinaus zu beeinflussen. Der Abschluss von Haupts Studium und sein damit verbundenes Ausscheiden aus dem studentischen Alltag und allen von ihm offiziell bekleideten Ämtern führten dabei zu keiner nennenswerten Zäsur. Haupt setzte insbesondere seine Autorentätigkeit für die SHHBl. ungehindert, wenn nicht sogar verstärkt, fort.

Haupt verhielt sich insbesondere insofern geschickt, als es ihm gelang, trotz der zunehmenden Radikalisierung sowohl der Themen als auch der Mittel der Nationalsozialisten nur höchst selten persönlich Grenzen zu übertreten oder wenigstens bei Grenzüberschreitungen überführt zu werden. Die Behörden hatten ihn zwar unschwer als Kopf hinter den Aktionen des NSDStB identifiziert, es gelang jedoch bloß im Fall der Unruhen im Varieté Valencia, direkte Verbindungen zu Haupt zu ziehen und diesen persönlich zu belangen. Dass

236 LASH, Abt. 301, Nr. 4560, Bericht Kriminalkommissar Köhler vom 8. Juli 1931.

237 LASH, Abt. 301, Nr. 4560, Urteilsabschrift vom 31. Oktober 1931.

sich dieses Muster bis in die frühen 1930er Jahren fortführen sollte, ist durch offizielle Quellen nur schwer zu belegen. Es muss jedoch in Betracht gezogen werden, dass, auch wenn Haupt in der späten Phase seines Referendariats nicht mehr direkt in Kiel ansässig war, er stets engen Kontakt zu Sunkel pflegte und zwischen beiden auch weiterhin ein reger Informationsaustauch bestand. Daher ist es durchaus plausibel, dass Haupt auch während seines, sich an sein Studium anschließenden, schulischen Vorbereitungsdienstes maßgeblich das Handeln der Kieler Nationalsozialisten mitbestimmte. Haupt fungierte dabei als inoffizieller Wortführer und Ideengeber. Sunkel, der nach seinem eigenen Ausscheiden aus dem NSDStB von Hinrich Lohse im März 1931 zum Kieler NSDAP-Ortsgruppenleiter ernannt wurde,[238] konnte durch seine neuerlich erlangte Position die Ausführung angedachter Vorhaben durch NSDAP-Mitglieder gewährleisten, ohne dabei selbst in Erscheinung treten zu müssen.

Wenngleich der Einfluss Haupts unbestritten bedeutend war, gilt es, diesen nicht überzustrapazieren und den Eindruck zu erwecken, dass Haupt jegliche Aktion der Kieler Nationalsozialisten persönlich gesteuert habe. Neben Haupt spielten auch andere Protagonisten eine große Rolle. So darf Sunkel keinesfalls als bloßes Exekutivorgan Haupts eingeordnet werden. Dieser betätigte sich ebenfalls in großem Umfang als Autor in den SHHBl, deren Schriftleiter er über viele Semester war. Ferner trat Sunkel, Haupt gleich, vielfach in der gesamten Kieler Region als Referent auf Versammlungen der Nationalsozialisten in Erscheinung. Auch Sunkel zeichnete sich dabei nicht durch sonderlich gemäßigte Töne aus. Am 18. Dezember 1930 vertrat er den erkrankten Karpenstein, der als Redner auf einer Veranstaltung in der „Deutschen Wacht" in Kiel geplant war und die im Laufe des Abends durch die Polizei als unfriedliche Versammlung aufgelöst wurde.[239] Sunkel verunglimpfte dabei den verstorbenen Reichspräsidenten Ebert und wurde daraufhin wegen Reichspräsidentenbeleidigung und Vergehen gegen das Republikschutzgesetz angezeigt.[240] Ein weiterer Faktor für das strikte Durchgreifen der Kieler Polizei mag ein direkt auf den Kieler Polizeipräsidenten Karl Dietrich gerichteter Angriff Sunkels gewesen sein. Sunkel hatte Dietrich im Vorfeld als „marxistischen Bonzen" beschimpft und machte ihn persönlich für die

238 *Grüttner*, Biographisches Lexikon zur nationalsozialistischen Wissenschaftspolitik, S. 172.

239 LASH, Abt. 301, Nr. 4559, Bericht Kriminalkommissar Köhler vom 19. Dezember 1930.

240 Die Anzeige sollte sich als fruchtlos erweisen und nicht weiter verfolgt werden. Vgl. LASH, Abt. 301, Nr. 4559, Schreiben des Kieler Polizeipräsidenten Dietrich an den Schleswiger Regierungspräsidenten vom 20. Dezember 1930.

Auflösung einer Veranstaltung des NS-Schülerrings am 16. Dezember 1930 verantwortlich.[241] Sunkel leistete sich eine über Jahre währende persönliche Fehde mit Dietrich. Noch im Februar des Jahres 1932 thematisierte Sunkel jeweils auf NSDAP-Versammlungen am 11. Februar im Lokal „Waldeck" und am 18. Februar in der „Tonhalle" in Kiel die Unterdrückung der Nationalsozialisten durch die Kieler Polizei und speziell durch Dietrich. Insbesondere in der „Tonhalle" trat Sunkel dabei bewusst provokant auf und legte es auf eine Auflösung der Veranstaltung an.[242] Die Polizei spielte ihm dabei in die Hände, indem sie seinem Plan folgend die Versammlung auflöste und als Folge daraus die erregten Nationalsozialisten ihren Protest auf die Straße verlagerten und „Deutschland erwache, nieder mit der Polizei, nieder mit Dietrich" skandierend durch Kiel zogen.[243]

II.) Schuldienst

1.) Referendariat und Promotion

Nach dem Abschluss seines Studiums wurde Haupt zur Ableistung des ersten Jahres seines schulischen Vorbereitungsdienstes dem staatlichen Gymnasium in Kiel zugeteilt.[244] Darauf folgend, im Frühjahr des Jahres 1928, trat Haupt eine Stelle als Studienreferendar an der Staatlichen Bildungsanstalt (Stabila) im schleswig-holsteinischen Plön an.[245] Aus dem Bericht des Schuljahres 1928/29 geht hervor, dass Haupt die Fächer Deutsch sowie Geschichte in der Sexta und der Obersekunda unterrichtete und zusätzlich als Erzieher im „Alumnat", dem der Schule angegliederten Schlossinternat, eingesetzt war.[246]

Haupts Versetzung an das Schlossgymnasium in Plön verlief jedoch nicht ohne Reibungen mit der zuständigen Schulbehörde, dem schleswig-holsteinischen Provinzial-Schulkollegium. Dieses empfahl, Haupt wegen des Vorfalls im Varietétheater Valencia und wegen seines andauernden Engagements im NSDStB ganz explizit einer höheren Bildungsanstalt außerhalb Kiels zuzuweisen, um weitere unbequeme politische Agitationen Haupts möglichst zu

241 LASH, Abt. 301, Nr. 4559, Bericht Kriminalkommissar Köhler vom 19. Dezember 1930.

242 LASH, Abt. 301, Nr. 4560, Schreiben des Kieler Polizeipräsidenten Dietrich an den Schleswiger Regierungspräsidenten vom 22. Februar 1932.

243 LASH, Abt. 301, Nr. 4560, Schreiben des Kieler Polizeipräsidenten Dietrich an den Schleswiger Regierungspräsidenten vom 24. Februar 1932.

244 AGSP, PSK, Bericht vom 26. Januar 1928, S. 1.

245 *Heggen*, Joachim Haupt, S. 197.

246 *Heggen*, Joachim Haupt, S. 197.

unterbinden.[247] Haupt habe sich eine klare Grenzüberschreitung zu Schulden kommen lassen. In keinem Falle sei es an ihm, anstelle der zuständigen Behörden, insbesondere mit solchen Mitteln, gegen eine wie auch immer schamlos geartete Darbietung vorzugehen. Als Beamter habe er sich auch außerhalb seines Dienstes Zurückhaltung aufzuerlegen sowie die Gesetze zu respektieren.[248] In seiner Vernehmung vor dem Provinzial-Schulkollegium zeigte sich Haupt einsichtig und gab zu Protokoll, dass er insbesondere nur habe einschreiten wollen, da ein Großteil der Besucher aus Jugendlichen, unter anderem auch einiger seiner eigenen Schüler, bestanden habe. Ferner wurde Haupt bei dieser Gelegenheit, wie auch schon im Vorfeld, darauf hingewiesen, dass sich seine Tätigkeit im NSDStB und der Studierendenschaft nicht mit seiner Stellung sowie mit der Rücksicht vertrage, welche er als Preußischer Beamter seiner vorgesetzten Behörde schuldig sei.[249]

In Anbetracht der politischen Bedeutung der Vorgänge nahm der Oberpräsident der Schulbehörde in einem Schreiben aus dem Januar 1928 zu dieser Empfehlung Stellung.[250] Haupt sei wiederholt in der Öffentlichkeit unliebsam in Erscheinung getreten. Dieser fand bezüglich Haupts Verhalten ebenfalls deutliche Worte. „Es handelt sich um einen nationalistischen Fanatiker nicht grade vornehmster Art.“[251] Eine Zuweisung an eine höhere Lehranstalt außerhalb Kiels vertrat der Oberpräsident nicht, vielmehr stellte er anheim, ob eine Weiterverwendung Haupts im Schuldienst generell in Frage kommen könne.

Neben dem Referendariat verfolgte Haupt auch weiterhin seinen akademischen Werdegang und bewarb sich im Frühjahr 1925 mit seiner Dissertation „Logische und historische Wertung in der Geschichte“[252] an der Universität Leipzig um die Erlangung der philosophischen Doktorwürde.[253] Seinem Gesuch konnte zunächst jedoch nicht stattgegeben werden, da Haupt nicht mindestens zwei Semester an der Philosophischen Fakultät Leipzig studiert hatte und somit nicht alle Erfordernisse der dortigen Promotionsordnung erfüllte.[254] Er

---

247 AGSP, PSK, Bericht vom 26. Januar 1928, S. 1.
248 AGSP, PSK, Bericht vom 26. Januar 1928, S. 2.
249 AGSP, PSK, Bericht vom 26. Januar 1928, S. 2.
250 AGSP, PSK, Stellungnahme vom 26. Januar 1928.
251 AGSP, PSK, Stellungnahme vom 26. Januar 1928.
252 *Haupt*, Logische und historische Wertung in der Geschichte.
253 UAL, Phil.Fak.Prom. 3134, Promotionsakte J. Haupt, Bl. 30.
254 UAL, Phil.Fak.Prom. 3134, Promotionsakte J. Haupt, Bl. 40.

beantragte daraufhin den ausnahmsweisen Erlass der Pflichtsemester, welcher am 8. Mai 1925 positiv beschieden wurde.[255] Am 18. Mai 1925 wurde Haupts Arbeit schließlich zur Promotion angenommen und die Professoren Hans Freyer[256] und Theodor Litt wurden um die Begutachtung dieser ersucht.[257] Erstgutachter sollte Hans Freyer sein, bei dem Haupt bereits in Kiel gehört hatte.

Die Arbeit Haupts soll hier in gebotener Kürze angerissen werden. Er behandelt mit seiner Dissertation das Verhältnis von Geschichte und Naturwissenschaften und in diesem Zusammenhang insbesondere die Rolle des Historismus und dessen eigentlicher Zielsetzung:

> „[…] wenn er die Weltgeschichte nach allen Richtungen durchforscht und durchwandert. Es ist nicht der Drang nach einem unfruchtbaren Wissen alles dessen, was einmal gewesen ist. Es ist auch nicht das Verlangen nach einer historischen Ableitung der Gegenwart aus der Vergangenheit, die unsere Zeit als Erfüllung aller Zeit begreifen möchte, eine Aufgabe, die der technische Optimismus für unnötig und der Pessimismus für unmöglich hält. Letzten Endes sucht der Historismus dasselbe wie Romantik und Jugendbewegung: bleibende Werte."[258]

Auch die Naturwissenschaften könnten bleibende Werte nicht vermitteln, sie seien auf objektive Sachzusammenhänge beschränkt und könnten so teleologische und werttheoretische Fragen schon nicht mit einbeziehen. Die pragmatische Auseinandersetzung mit der Geschichte könnte durch die Methoden der Ableitung und der Zersetzung alles scheinbar Festgegründeten ebenfalls keine wahrhaft bleibenden Werte schaffen. Haupt kommt zu dem Schluss, dass somit der nunmehr wiederbelebten Philosophie der Geschichte das historische Wertproblem als wichtigste Aufgabe zukommt.[259]

---

255 UAL, Phil.Fak.Prom. 3134, Promotionsakte J. Haupt, Bl. 42 f.

256 Hans Freyer (* 31. Juli 1887 in Leipzig; † 18. Januar 1969 in Wiesbaden) studierte seit 1907 in Greifswald und wechselte ein Jahr später nach Leipzig. Dort beendete er sein Studium der Theologie, Nationalökonomie, Geschichte und Philosophie, wurde im Jahr 1911 promoviert und habilitierte sich schließlich 1920. Im Jahre 1922 erhielt er einen Ruf an die Universität Kiel und war ab 1925 Inhaber des Lehrstuhls für Soziologie an der Universität Leipzig. Er gilt als Vertreter der Konservativen Revolution und als Begründer der Leipziger Schule. Zu Freyer siehe: *Muller,* The Other God that failed. Hans Freyer an the Deradicalization of German Conservatism; *Üner,* Soziologie als „geistige Bewegung". Hans Freyers System der Soziologie und die „Leipziger Schule".

257 UAL, Phil.Fak.Prom. 3134, Promotionsakte J. Haupt, Bl. 30.

258 *Haupt*, Logische und Historische Wertung in der Geschichte, S. 7.

259 *Haupt*, Logische und Historische Wertung in der Geschichte, S. 7.

Haupt bat um eine schnelle Begutachtung seiner Dissertation, dieser Bitte konnte jedoch nur bedingt entsprochen werden, da den Sommer über die Promotionsangelegenheiten der Fakultät ruhten, sodass Freyers Erstgutachten erst am 30. Dezember 1925 vorlag. Litt schloss sich diesem nochmals später, am 5. Februar 1926, an. Die schriftliche Arbeit Haupts wurde mit der Note III – Befriedigend bewertet.[260] Bemerkenswert ist, dass Freyer in seinem Gutachten gesondert darauf hinweist, dass auch wenn die Arbeit aufgrund des von Haupt aus eigener Initiative gewählten sehr prinzipiellen Themas in der Gesamtbetrachtung diverse Unschärfen enthält und weitere Ansätze vermissen lässt, es sich bei Haupt um einen jungen Mann von außerordentlicher philosophischer Begabung handelt und gerade mit Rücksicht auf diesen Umstand die Zulassung des weiteren Verfahrens zu empfehlen ist.[261] Haupt wurde am folgenden Tage von Felix Krueger, dem Dekan der Philosophischen Fakultät, zur mündlichen Prüfung zugelassen.[262]

Haupts Rigorosum wurde noch im selben Monat, am 25. Februar 1926, durchgeführt. Geprüft wurden die Fächer Philosophie, Geschichte und Germanistik, welche Haupt mit der Ausnahme von Geschichte, welches mit der Note II – Gut bewertet wurde, mit der Note I – Sehr gut bestand.[263]

Damit bedurfte es zur endgültigen Diplomierung Haupts gemäß der Promotionsordnung der Philosophischen Fakultät der Universität Leipzig lediglich noch der Einreichung der überarbeiteten Dissertation in dreifacher Ausführung. Ein Publikationszwang herrschte seinerzeit in Leipzig noch nicht.[264] Diese Pflichtexemplare blieb Haupt der Fakultät jedoch über lange Zeit schuldig, sodass über ein Jahr nach dem erfolgreichen Bestehen der Prüfung, am 28. April 1927, der Dekan der Fakultät Haupt eine Frist setzte, innerhalb derer er, sollte seine Bewerbung um den Doktorgrad nicht hinfällig werden, die korrigierte Fassung zu übersenden hatte.[265] Eine solche Übersendung seitens Haupts blieb aus, jedoch konnte er erreichen, dass die Frist zur erneuten Vorlage der Arbeit bis zum 15. November 1927 verlängert wurde.[266] Bei einer fakultätsinternen Revision der Prüfungsakten gegen Ende des Jahres 1929 trat zu Tage, dass

260 UAL, Phil.Fak.Prom. 3134, Promotionsakte J. Haupt, Bl. 2.
261 UAL, Phil.Fak.Prom. 3134, Promotionsakte J. Haupt, Bl. 3.
262 UAL, Phil.Fak.Prom. 3134, Promotionsakte J. Haupt, Bl. 2.
263 UAL, Phil.Fak.Prom. 3134, Promotionsakte J. Haupt, Bl. 4.
264 UAL, Phil.Fak.Prom. 3134, Promotionsakte J. Haupt, Bl. 42.
265 UAL, Phil.Fak.Prom. 3134, Promotionsakte J. Haupt, Bl. 17.
266 UAL, Phil.Fak.Prom. 3134, Promotionsakte J. Haupt, Bl. 19.

Haupt abermals die ihm gesetzte Frist hatte kommentarlos hatte verstreichen lassen, sodass der Dekan ihm in einem Schreiben vom 4. November 1929 mit der Kassierung des Promotionsverfahrens drohte, sollte Haupt nicht innerhalb dreier Wochen stichhaltige Gründe für sein Versäumnis beibringen.[267] Dieser Auflage kam Haupt letztlich nach und reichte seine verbesserte Arbeit noch im selben Monat bei seinem akademischen Lehrer Freyer ein. Dieser erklärte sich mit der überarbeiteten Fassung einverstanden und erteilte daraufhin die Druckgenehmigung, welche gleichsam der Fakultät als Zeichen galt, das Promotionsverfahren nunmehr abzuschließen. Haupt erlangte letzten Endes erst am 17. Dezember 1929 mit der Ausstellung des Doktordiploms die philosophische Doktorwürde.[268]

Nach Abschluss der eigentlichen Prüfungsangelegenheiten im Frühjahr 1926 dauerte es noch beinahe vier Jahre bis zum endgültigen Abschluss der Promotion Haupts. In dieser Zeit drohte das gesamte Verfahren durch formale Versäumnisse Haupts mehrmals zu scheitern. Dieses Vorgehen zeigt, dass ein großes Interesse Haupts, das Verfahren zeitnah zu beenden, offenbar nicht vorlag. Haupt kürzte den, ihm nach erfolgreichem Abschluss der eigentlichen Prüfungsangelegenheiten zustehenden Titel des Doktor designatus auf widerrechtliche Weise ab und trat bereits vor Abschluss seines Studiums durchgehend als vollwertiger Dr. phil. auf. Diese Vorgehensweise wurde weder auf politischer Ebene noch seitens der Schulbehörde durchschaut, sodass es Haupt vermutlich nicht nötig schien, weiterhin Zeit und Energie zu investieren. Erst die Androhung der Kassierung des gesamten Promotionsverfahrens zwang ihn zum Umdenken und dazu den Forderungen der Fakultät letztlich nachzukommen.

2.) Lehrtätigkeit

Im Jahr 1929 bestand Haupt sein Referendarexamen und wurde Studienassessor am Schlossgymnasium in Plön. Er übernahm dort eine Stelle als Klassenlehrer in der Unterprima und war daneben weiterhin als Erzieher im angegliederten Internat tätig.[269] Wie Haupt unbeschadet der Einwände des Oberpräsidenten und trotz des schwierigen Verhältnisses zum Provinzial-Schulkollegium in Schleswig in den regulären Schuldienst an seinem Wunschdienstort übernommen wurde, ist nicht weiter dokumentiert.

---

267 UAL, Phil.Fak.Prom. 3134, Promotionsakte J. Haupt, Bl. 20.

268 UAL, Phil.Fak.Prom. 3134, Promotionsakte J. Haupt, Bl. 1.

269 *Heggen*, Joachim Haupt, S. 197.

Auch in der Zeit als Studienassessor kollidierten Haupts Schuldienst sowie seine politische Agitation regelmäßig und führten letztlich zu seinem vollständigen Ausschluss von jeglicher Lehrtätigkeit. Haupt wurde am 26. Januar 1931 seines Dienstes enthoben und das Provinzial-Schulkollegium untersagte ihm mit sofortiger Wirkung die Ausübung jeder Amtsverrichtung.[270] Anlass für die Suspendierung bot ein von Haupt gehaltener Vortrag mit dem Thema „Die geistigen Grundlagen des Nationalsozialismus". Haupt hatte diesen auf eine Einladung der Hamburger Hochschulgruppe des NSDStB an der Universität Hamburg vor Hunderten Studierenden gehalten. Damit hatte Haupt gegen einen Beschluss des Staatsministeriums vom 25. Juni 1930 verstoßen, der Preußischen Beamten jegliche Unterstützung der NSDAP untersagte.[271] Haupt hatte damit wiederholt seine Beamtenpflichten nicht bloß außer Acht gelassen, sondern bewusst gegen diese verstoßen.

Die Entlassung Haupts wurde, so geboten sie auch gewesen war, in vollem Umfang durch die „Schleswig-Holsteinischen Studentenblätter" propagandistisch ausgeschlachtet. Diese stilisierten Haupt zum Märtyrer, der, wegen seiner politischen Ansichten verfolgt, seinen Dienstposten aufgeben musste.[272] In derselben Ausgabe schildert zudem ein Schüler Haupts das Verhältnis seiner Schulkameraden zu Haupt, und liefert überdies einen ausführlichen Bericht über den Abschied des geschassten Erziehers aus Plön.[273] Demnach trat die gesamte Prima der Bildungsanstalt geschlossen im Kareehof des Schlossgymnasiums an, um Haupt, begleitet von seinen Sekundanern, zu empfangen. Dieser dankte seinen Schülern für ihre Haltung und dafür, dass diese ihn nicht ohne Dank und Gruß ziehen ließen. Anschließend wurde er von den Jugendlichen flankiert zum Bahnhof begleitet. Der Autor beschreibt Haupt als einen Lehrer und Erzieher, der seinen Stoff nicht bloß beherrschte, sondern diesen auch zu beleben vermochte. Er habe sich seinen jugendlichen Schwung erhalten, und daneben ein tiefes Gemüt, einen scharfen Verstand sowie ein umfangreiches Wissen und somit alle Eigenschaften besessen, die die Jugend von einem großen Führer fordern könne.[274] Der Bericht schließt mit einer Botschaft an Haupt:

270 AGSP, PSK, Suspendierungsmitteilung vom 26. Januar 1931.
271 AGSP, PSK, Suspendierungsmitteilung vom 26. Januar 1931.
272 SHHBl. 7, 1931, S. 60.
273 SHHBl. 7, 1931, S. 61.
274 SHHBl. 7, 1931, S. 62.

„Joachim Haupt, deine Worte sind nicht vergebens gesprochen, sie brennen in unseren Herzen und werden leben, deine Ideen sind unsere Ideen und deine Taten uns Vorbilder. Wir geloben dir Gefolgschaft und wünschen dir für den weiteren Kampf Heil und Sieg!"[275]

Der Bericht macht anschaulich, wie sehr Haupt wenigstens einen Großteil der von ihm unterrichteten Schüler vereinnahmt haben muss, und wie sehr diese ihn schätzten, wenn nicht sogar verehrten. Der Autor selbst erwähnt, dass zwar einige, bei weitem aber nicht alle der Primaner zu den Anhängern Hitlers zu zählen sind, sodass Haupts Charisma und Wirkung sich demnach auch über parteipolitische Ideologien hinaus auf alle Schüler erstreckten.

Die Rede, aufgrund derer Haupts Suspendierung erfolgte, ist nicht dokumentiert, lässt sich aber zu Teilen aus den „Schleswig-Holsteinischen Hochschulblättern" rekonstruieren. Haupt positionierte sich dabei deutlich als klarer Verfassungsfeind und Gegner der Demokratie: „Die Einrichtung der Parteien [...] wird bei Neubildung des Staates beseitigt werden müssen."[276] Einen Eindruck dieser Vorträge vermag ebenfalls das Protokoll der Kieler Polizei eines Auftrittes Haupts vom 24. Februar 1931 in Kiel vermitteln. Der Präsident des Provinzial-Schulkollegiums war über diesen in Kenntnis gesetzt worden und hatte noch am Vortage des Auftritts den Kieler Polizeipräsidenten ersucht, den Verlauf sowie den Inhalt der Veranstaltung in Erfahrung zu bringen.[277]

Die Kieler Hochschulgruppe des NSDStB hatte eine öffentliche Versammlung in der „Deutschen Wacht" einberufen, und Haupt referierte zum Thema „Deutscher Sozialismus".[278] Das ca. 1.500 Personen zählende Publikum setzte sich zum größten Teil aus Akademikern und bürgerlichen Zuhörern zusammen. Der Saalschutz wurde durch etwa 150 SA-Leute gewährleistet. Haupts Ausführungen bezogen sich zu Anfang auf einen geschichtlichen Überblick, ausgehend von der Entstehung des Reichs Karls des Großen bis hin zum Bismarck'schen Reich. Er betonte ganz ausdrücklich, dass der Lehrstoff der Wissenschaft nicht Grundlage seines Vortrages sei, er wolle vielmehr einen ehrlichen Überblick der heutigen Lage geben. Die Sicht der sozialistisch geprägten Wissenschaften sei dazu kaum in der Lage, da die aufgrund ihrer parteipolitischen Einstellung berufenen Professoren das benötigte Rüstzeug kaum

275 SHHBl. 7, 1931, S. 62.
276 SHHBl. 7, 1931, S. 61.
277 AGSP, PSK, Ersuchen an den Polizeipräsidenten vom 23. Februar 1931.
278 AGSP, PSK, Veranstaltungsprotokoll vom 26. Februar 1931, S. 1.

besäßen und so der Wissenschaft keine Dienste leisten könnten und würden.[279] Dieser wissenschaftliche Sozialismus habe sich bereits soweit etabliert, dass Beamte, wie er selbst, aus ihren Stellungen vertrieben, Angestellte entlassen würden und die Landwirte sich bereits jetzt nicht mehr halten könnten. Ferner stelle aber auch der Liberalismus ein großes Problem dar.[280] Dieser habe die Reiche zerschlagen und trage zum größten Teil die Schuld am kläglichen Ausgang des Krieges. Der deutsche Staat sei kein Staat im eigentlichen Sinne mehr, sondern vielmehr ein Gemenge liberaler Interessen. Durch die liberalistische Wirtschaftsauffassung habe man den Mittelstand sowie das Landvolk zu Grunde gerichtet.

Das Verlangen aller Volksgenossen nach Zusammengehörigkeit sei geweckt, sodass der so neuerlich erstarkende Nationalismus in der Lage sei, neue Zustände zu schaffen.[281] Ein so entstehender deutscher Sozialismus müsste vor allen Dingen die Landwirtschaft fördern. Ferner sprach sich Haupt für eine Verstaatlichung der Banken aus, um dem Staat wieder eine effektive Kontrolle über die gesamte Volkswirtschaft zu ermöglichen. Weiterer Verstaatlichung bedürfe es darüber hinaus jedoch nicht. „Wahrer Sozialismus hieße Gemeinschaftsleben einer ganzen Nation."[282] Ein Nationalsozialismus könnte nicht einzelne Stände vertreten, sondern nur den gesamten deutschen Volkskörper. Nach dem germanischen Selbstverwaltungsprinzip würde so ein drittes Deutsches Reich erschaffen werden.

Die Versammlung verlief ohne besondere Vorkommnisse und da sich nach Haupts Vortrag keine Diskussionsredner zu Wort meldeten, wurde Haupt das Schlusswort erteilt. In diesem wies der Redner polemisch darauf hin, dass, falls jemand den Vortrag nochmals im Detail lesen wolle, er sich nur an eine der beiden Stenotypistinnen hinter dem Vorhang wenden müsse, die der Kieler Polizeipräsident Dietrich eigens abgeordnet habe.[283] Haupt wusste also darum, dass er und der Inhalt seines Vortrages genauestens verfolgt wurden. Haupt schloss seine Worte mit einem Zitat: „Im Hinblick auf das dritte Reich rufe ich euch zu: Hoch die Hitlerfahnen, die Knechtschaft dauert nicht mehr lange."[284] Die

279 AGSP, PSK, Veranstaltungsprotokoll vom 26. Februar 1931, S. 1.
280 AGSP, PSK, Veranstaltungsprotokoll vom 26. Februar 1931, S. 1.
281 AGSP, PSK, Veranstaltungsprotokoll vom 26. Februar 1931, S. 2.
282 AGSP, PSK, Veranstaltungsprotokoll vom 26. Februar 1931, S. 2.
283 Veranstaltungsprotokoll vom 26. Februar 1931, S. 3.
284 Veranstaltungsprotokoll vom 26. Februar 1931, S. 3.

Versammlung wurde schließlich gegen 22 Uhr durch gemeinsames Singen des Horst-Wessel-Liedes beendet.

III.) Übergangszeit nach der Entlassung aus dem Staatsdienst

Für die Zeit nach seiner Entlassung aus dem Staatsdienst bestand für Haupt die Notwendigkeit, seinen Lebensunterhalt auf anderem Wege zu gewährleisten.

1.) Schriftleitung der „Niedersächsischen Tageszeitung"

Dies sollte ihm Bernhard Rust[285] ermöglichen, der ihn als Schriftleiter der von ihm in Hannover verlegten „Niedersächsischen Tageszeitung" einstellte.[286] Bei dem Blatt handelte es sich um ein NSDAP-Presseorgan, welches Rust in seiner Funktion als Gauleiter des Gaues Hannover-Süd betrieb. Haupt ermöglichte diese Stellung, sein Auskommen zu sichern und gleichzeitig sein politisches Engagement noch weiter zu intensivieren. Im Rahmen dieser Tätigkeit wurde das Blatt mehrmals für jeweils kurze Zeiträume verboten, und es wurde seitens der Strafverfolgungsbehörden mehrmals erwogen gegen, Haupt und Rust als presserechtlich Verantwortliche der Zeitung Strafverfahren einzuleiten. Verteidigen

285 Bernhard Rust (* 30. September 1883 in Hannover; † 8. Mai 1945 in Berne) studierte zwischen 1902 und 1908 Philosophie, Germanistik und Alte Sprachen in Berlin, München, Göttingen und Halle. In Halle legte er 1908 schließlich sein Staatsexamen zum Eintritt in den Schuldienst ab. 1909 bis 1927 war er als Studienrat und Oberlehrer in Hannover tätig. Während seines Einsatzes im Ersten Weltkrieg wurde er 1915 verwundet und zog sich eine schwere Kopfverletzung zu, die ihn sein Leben lang beeinträchtigen sollte. Er schied als Oberleutnant der Reserve, ausgezeichnet mit dem Eisernen Kreuz I. Klasse sowie dem Ritterkreuz, aus dem Dienst aus. Neben seiner Tätigkeit als Lehrer gründete er die Hannoveraner Einwohnerwehr und betätigte sich in unterschiedlichen völkischen Gruppen. Am 27. Februar 1925 trat er in die NSDAP ein und war bis 1933 Bürgervorsteher von Hannover. Rust gelang es, innerhalb kurzer Zeit zum Gauleiter des Gaues Hannover-Nord aufzusteigen, der später in den Gau Südhannover-Braunschweig umstrukturiert wurde. 1933 wurde er Reichstagsabgeordneter der NSDAP und übernahm kommissarisch das PMWKV. Er wurde durch Hitler am 11. Mai 1934 offiziell zum Reichserziehungsminister ernannt und bekleidete das Amt bis zum Tag der deutschen Kapitulation am 8. Mai 1945, an dem er in Berne bei Oldenburg Suizid beging. Siehe zu Rust: *Grüttner*, Biographisches Lexikon zur nationalsozialistischen Wissenschaftspolitik, S. 143; *Jasch*, Das preußische Kultusministerium, Rn. 27 f.

286 *Jasch*, Das preußische Kultusministerium, Rn. 43.

ließ sich Haupt durch Roland Freisler[287], den späteren Präsidenten des Volksgerichthofes.[288]

Am 20. Juli 1931 wurde die „Niedersächsische Tageszeitung“ bereits zum wiederholten Male unter der Schriftleitung Haupts verboten. Die Dauer des durch den Oberpräsidenten der Provinz Hannover ausgesprochenen Verbotes betrug vier Wochen. Ursächlich waren drei in der Ausgabe vom 19. Juli 1931 veröffentlichte Artikel: „Der Reichspräsident gegen Kapitulation vor Frankreich“, „Aufhebung der Pressefreiheit“ und „Novembertage von 1918 wiederholen sich“.[289] Eine von dem von Rust geführten Verlag „Niedersächsischer Beobachter, Verlags-GmbH“ gegen das Verbot gerichtete Beschwerde wurde als unbegründet verworfen.[290] In einem Schreiben vom 30. Juli 1931 informierte der Hannoveraner Oberstaatsanwalt den Generalstaatsanwalt in Celle sowie den Preußischen Justizminister, dass durch den Oberpräsidenten neben dem Verbot der Zeitung auch ein Strafverfahren gegen Joachim Haupt als Schriftleiter sowie gegen Bernhard Rust als Verleger wegen Beleidigung des Reichspräsidenten sowie des Reichskanzlers angestrengt wurde.[291]

---

287 Roland Freisler (* 30. Oktober 1893 in Celle; † 3. Februar 1945 in Berlin) begann nach dem Abitur im Jahre 1912 ein Studium der Rechtswissenschaften in Kiel. 1914 unterbrach er sein Studium und meldete sich als Kriegsfreiwilliger und wurde an der Ostfront eingesetzt. Er geriet 1915 in russische Kriegsgefangenschaft, blieb jedoch vom Kommunismus beeindruckt über die Auflösung seines Kriegsgefangenlagers hinaus und arbeitete als bolschewistischer Lebensmittelkommissar. 1920 kehrte er zurück, um sein Studium fortzusetzen und näherte sich dem Nationalsozialismus an. Er schloss sein Studium 1921 in Jena mit anschließender Promotion ab und erlangte 1923 das 2. Staatsexamen. Gemeinsam mit seinem Bruder Oswald gründete er im Februar 1924 eine Kanzlei in Kassel. 1925 trat er in die NSDAP ein und vertrat vielfach straffällig gewordene Parteimitglieder. Nach der Machtergreifung wurde Freisler im Juni 1933 Staatssekretär im Preußischen Justizministerium. Vom 20. August 1942 bis 1945 war Freisler Präsident des Volksgerichtshofes in Berlin. Der von Freisler geführte Erste Senat fällte in dieser Zeit etwa 2.600 Todesurteile. Freisler wurde durch die hohe Anzahl der Todesurteile, aber auch durch seine vielfachen Beschimpfungen und Demütigungen vermeintlicher Volksverräter zu einem der berüchtigtsten Juristen des NS-Regimes. Er kam 1945 bei einem schweren Bombenangriff auf Berlin ums Leben. Zu Freisler siehe: *Blazek*, Zur Biographie Roland Freislers (1893–1945), S. 35 ff.; *Ostendorf*, Roland Freisler – Mörder im Dienste Hitlers, S. 169 ff.

288 BArch, OPG: 3403|0036|41, Parteitätigkeit von J. Haupt.

289 GStA PK, I HA, Rep. 84a, Nr. 54523, Schreiben Oberstaatsanwalt Hannover an den Preußischen Justizminister durch den Generalstaatsanwalt vom 30. Juli 1931, S. 1.

290 BArch, OPG: 3403|0036|42, Verbotsbeschluss vom 21. August 1931.

291 GStA PK, I HA, Rep. 84a, Nr. 54523, Schreiben Oberstaatsanwalt Hannover an den Preußischen Justizminister durch den Generalstaatsanwalt vom 30. Juli 1931, S. 2.

In dem Artikel „Der Reichspräsident gegen Kapitulation vor Frankreich", der unter anderem auf die Notverordnung vom 28. März 1931[292] Bezug nahm, erblickte der Oberpräsident eine überaus schwere Verunglimpfung des Reichspräsidenten Paul von Hindenburg. Wörtlich heißt es dort:

> „Der Reichspräsident würde dann allerdings gezwungen sein, der unerhörten, jedem Sinn der Verfassung hohnsprechenden Ausschaltung der nationalen Opposition und der brutalen Unterdrückung der nationalsozialistischen Meinungs- und Bewegungsfreiheit ein Ende zu machen."[293]

Der Oberstaatsanwalt trug Bedenken; sich der Auffassung des Oberpräsidenten anzuschließen. Die Angriffe dürften sich bei Zugrundelegung einer weitergehenden Auslegung lediglich gegen das politische Verhalten des Reichspräsidenten, nicht aber gegen dessen Ehre, richten.[294] In dem Artikel „Novembertage von 1918 wiederholen sich" sah der Oberpräsident dagegen eine schwere Ehrenkränkung und schwere Herabwürdigung des Reichskanzlers Heinrich Brüning. Der Artikel führt aus, dass die Franzosen, so wie sie 1918 durch die Drohung der Wiederaufnahme der Kampfhandlungen die Annahme der Kapitulationsbedingungen erzwungen hätten, heute denselben Effekt durch Ankündigung eines Angriffs auf Börse und Wirtschaft zu erreichen versuchten.[295] Weiter heißt es dort:

> „Dr. Brüning ist angeblich nach Paris gefahren mit festem Entschluss, jede politische Bedingung abzulehnen. Man kann auch ohne formale Verbindung zwischen zwei Dingen, wie Finanzhilfe und politischer Kapitulation doch dem Gegner zu verstehen geben, dass man später seinen Wünschen Rechnung tragen wird."[296]

Auch in diesen Ausführungen vermochte der Oberstaatsanwalt keinen Angriff auf die persönliche Ehre des Herrn Reichskanzlers zu erkennen. Nach diesen Erwägungen war, selbst wenn Reichspräsident von Hindenburg oder Reichskanzler Brüning einen Strafantrag wegen Beleidigung stellen sollten, eine Verurteilung der für die Artikel Verantwortlichen nicht zu erwarten und selbst bei strengster

---

292 Reichsgesetzblatt (RGBl.), Teil I, 1931, S. 79.

293 GStA PK, I HA, Rep. 84a, Nr. 54523, „Der Reichspräsident gegen Kapitulation vor Frankreich", in der Niedersächsischen Tageszeitung Nr. 122, vom 19. Juli 1931.

294 GStA PK, I HA, Rep. 84a, Nr. 54523, Schreiben Oberstaatsanwalt Hannover an den Preußischen Justizminister durch den Generalstaatsanwalt vom 30. Juli 1931, S. 3.

295 GStA PK, I HA, Rep. 84a, Nr. 54523, Schreiben Oberstaatsanwalt Hannover an den Preußischen Justizminister durch den Generalstaatsanwalt vom 30. Juli 1931, S. 3.

296 GStA PK, I HA, Rep. 84a, Nr. 54523, „Novembertage von 1918 wiederholen sich", in der Niedersächsischen Tageszeitung Nr. 122, vom 19. Juli 1931.

Auslegung der Gerichte zumindest sehr zweifelhaft.[297] Darüber hinaus läge ein, ebenfalls vom Oberpräsidenten erkanntes, Vergehen gegen das Republikschutzgesetz wohl nicht vor, da diese, sollte man die Ausführungen als Verunglimpfungen des Reichspräsidenten und des Reichskanzlers ansehen, einen Bezug auf die Staatsform nicht aufweisen würden.[298] Ferner gab der Oberstaatsanwalt zu bedenken, dass, sollte ein Strafantrag gestellt werden, zu beachten sei, dass Bernhard Rust als Mitglied des Reichstages Immunität genieße und es daher noch einer Entschließung des Reichstages über die Erteilung der Genehmigung zur Strafverfolgung des Abgeordneten Rust bedürfe.[299] Abschließend teilte er mit, dass man seitens der Hannoveraner Staatsanwaltschaft für den Fall, dass Strafanträge nicht gestellt würden, beabsichtige, von der Einleitung eines Ermittlungsverfahrens abzusehen.[300]

Der Preußische Generalstaatsanwalt vertrat hierzu eine andere Auffassung. Dieser nahm im erstgenannten Artikel sehr wohl eine strafrechtlich relevante Beleidigung, nicht bloß des Reichspräsidenten, sondern auch aller Reichsminister an, die die staatsrechtliche und politische Verantwortung für die Notverordnung tragen würden.[301] Auch ein politisches Verhalten könne unehrenhaft und somit geeignet sein, einen Menschen in der Achtung, die ihm in der Gesellschaft zukommt, herabzusetzen. Ein solches Verhalten würde den genannten Würdenträgern zum Vorwurf gemacht werden. Explizit seien dem Reichspräsidenten, dem Reichskanzler sowie dem Reichsminister des Inneren durch Erlass der Notverordnung vom 28. März 1931 bewusst verfassungswidriges Verhalten vorgeworfen worden. Gerade gegenüber dem Reichspräsidenten als Hüter der Reichsverfassung könne darin nur eine schwerste ehrenkränkende Behauptung erkannt werden.[302] Ebenso, im Gegensatz zum Bericht des Oberstaatsanwaltes, lasse sich auch im dritten Artikel „Novembertage von 1918 wiederholen sich“

297 GStA PK, I HA, Rep. 84a, Nr. 54523, Schreiben Oberstaatsanwalt Hannover an den Preußischen Justizminister durch den Generalstaatsanwalt vom 30. Juli 1931, S. 4.

298 GStA PK, I HA, Rep. 84a, Nr. 54523, Schreiben Oberstaatsanwalt Hannover an den Preußischen Justizminister durch den Generalstaatsanwalt vom 30. Juli 1931, S. 4.

299 GStA PK, I HA, Rep. 84a, Nr. 54523, Schreiben Oberstaatsanwalt Hannover an den Preußischen Justizminister durch den Generalstaatsanwalt vom 30. Juli 1931, S. 5.

300 GStA PK, I HA, Rep. 84a, Nr. 54523, Schreiben Oberstaatsanwalt Hannover an den preußischen Justizminister durch den Generalstaatsanwalt vom 30. Juli 1931, S. 5.

301 GStA PK, I HA, Rep. 84a, Nr. 54523, Schreiben Generalstaatsanwalt an den Preußischen Justizminister vom 6. August 1931, S. 1.

302 GStA PK, I HA, Rep. 84a, Nr. 54523, Schreiben Generalstaatsanwalt an den Preußischen Justizminister vom 6. August 1931, S. 2.

eine Beleidigung des Herrn Reichskanzlers erkennen. Der Artikel bringe zum Ausdruck, dass das deutsche Volk durch den Reichskanzler getäuscht worden sei.[303] Darin liege die Behauptung der Unaufrichtigkeit gegenüber dem eigenen Volk in einer Lebensfrage desselben. Wenn auch der Generalstaatsanwalt in den Artikeln im Gegensatz zum Oberstaatsanwalt strafbare Beleidigungen erkannte, trat er der Hannoveraner Staatsanwaltschaft dahingehend bei, dass die vom Oberpräsidenten aufgezeigten Vergehen gegen das Republikschutzgesetz mangels ausreichender Beziehbarkeit auf die republikanische Staatsform nicht vorlägen.[304] Was die Aussichten eines Strafverfahrens für den Fall, dass die erforderlichen Strafanträge gestellt würden, anbelangte, schloss sich der Generalstaatsanwalt ebenfalls dem Oberstaatsanwalt an und beurteilte die Wahrscheinlichkeit einer Verurteilung der Beschuldigten durch die Gerichte als sehr zweifelhaft. Es sei zu beachten, dass die Artikel nicht unbedingt eindeutig formuliert seien und so eine andere Auslegung zuließen und somit ein Freispruch durchaus im Rahmen des Möglichen läge. Da ein solcher in jedem Falle unerwünscht sei, zumal dieser mit hoher Wahrscheinlichkeit zu neuen unliebsamen Presseerörterungen führen würde, sei es bereits unratsam den möglicherweise Geschädigten die Stellung der nötigen Strafanträge vorzuschlagen.[305]

Der Preußische Justizminister vertrat ebenfalls die Ansicht, dass ein Vergehen gegen § 5 des Gesetzes zum Schutze der Republik wohl nicht verwirklicht sei, sondern allenfalls der Tatbestand der Beleidung in Grundzügen erkennbar sei. Ferner teilte er gegenüber dem Reichsjustizminister mit, dass er der Ansicht der Generalstaatsanwaltschaft auch dahingehend beitrete, dass, sollte es zu einem Verfahren kommen, eine Verurteilung bezüglich der als beleidigend erachteten Äußerungen in keinem Falle gesichert sei.[306] Sowohl Reichspräsident von Hindenburg als auch Reichskanzler Brüning sahen letztlich von der Stellung der Strafanträge ab, da ein Nutzen dieser kaum ersichtlich war und ein etwaiger Schaden, den ein mit einem Freispruch endendes Verfahren nach sich ziehen

303 GStA PK, I HA, Rep. 84a, Nr. 54523, Schreiben Generalstaatsanwalt an den Preußischen Justizminister vom 6. August 1931, S. 3.

304 GStA PK, I HA, Rep. 84a, Nr. 54523, Schreiben Generalstaatsanwalt an den Preußischen Justizminister vom 6. August 1931, S. 4.

305 GStA PK, I HA, Rep. 84a, Nr. 54523, Schreiben Generalstaatsanwalt an den Preußischen Justizminister vom 6. August 1931, S. 4.

306 GStA PK, I HA, Rep. 84a, Nr. 54523, Schreiben Preußischer Justizminister an den Reichsminister der Justiz vom 18. August 1931.

könnte, kaum zu überblicken war.[307] Da seitens der Strafverfolgungsbehörden auf allen Ebenen ein Vergehen gegen § 5 I Nr. 1 des Gesetzes zum Schutze der Republik ebenfalls nicht erkannt werden konnte, blieb ein Verfahren gegen Rust und Haupt letztlich aus, sodass es lediglich zu dem bereits erwähnten vierwöchigen Verbot der „Niedersächsischen Tageszeitung" kam.

Dieses am 20. Juli 1931 vom Oberpräsidenten der Provinz Hannover erlassene Verbot war nicht das erste dieser Art. Bereits im Vormonat, am 29. Juni 1931, wurde die „Niedersächsische Tageszeitung" aufgrund eines Artikels unter der Überschrift „Heraus mit Claus Heim" in der Ausgabe Nr. 105 vom 24. Juni 1931 für die Dauer von einer Woche verboten.[308] Auch wegen dieses Artikels erwog man gegen Haupt als presserechtlich Verantwortlichen ein Strafverfahren wegen Beleidigung des Reichspräsidenten und Vergehens gegen § 5 des Gesetzes zum Schutze der Republik einzuleiten.[309] Anstoß nahm der Oberpräsident an folgender Passage:

> „Wo ist der Harmlose, der etwa annahm, Herr von Hindenburg würde Claus Heim begnadigen? [...] Hindenburg unterzeichnete periodisch Verträge, von denen die Reichsregierung in ihrem Aufruf zur 5. Notverordnung feststellt, dass die Erwartungen dieser Verträge nicht eingetroffen wären.
>
> Weshalb sollte Hindenburg nun plötzlich ein Gnadengesuch unterschreiben, dass die Erwartungen des ganzen nationalen Deutschlands erfüllt hätte?"[310]

Claus Heim[311] und Hindenburg seien jeweils ehemalige Frontsoldaten, Landwirte und gute Christen. Hindenburg aber habe den Youngplan, das Polenabkommen

---

307 GStA PK, I HA, Rep. 84a, Nr. 54523, Schreiben des Reichsministers der Justiz an den Preußischen Justizminister vom 22. August 1931; ebd., Schreiben des Preußischen Justizministers an den Oberstaatsanwalt in Hannover durch den Generalstaatsanwalt vom 27. August 1931, S. 1.

308 GStA PK, I HA, Rep. 84a, Nr. 54522, Verbotsbeschluss vom 27. Juni 1931.

309 GStA PK, I HA, Rep. 84a, Nr. 54522, Schreiben Oberstaatsanwalt Hannover an den Preußischen Justizminister durch den Generalstaatsanwalt vom 3. Juli 1931, S. 1.

310 GStA PK, I HA, Rep. 84a, Nr. 54522, „Heraus mit Claus Heim" in der Niedersächsischen Tageszeitung Nr. 105, vom 24. Juni 1931.

311 Claus Heim (* 24. März 1884 in St. Annen, Dithmarschen; † 1. Januar 1968 in Dithmarschen) war Landwirt und einer der führenden Aktivisten der schleswig-holsteinischen Landvolkbewegung. Noch vor dem Ersten Weltkrieg emigrierte er nach Paraguay, kehrte jedoch im Jahr 1923 endgültig – während des Krieges hatte er auf deutscher Seite als Offizier gedient – nach Deutschland zurück. Dort übernahm er den noch bestehenden elterlichen Hof. In den folgenden Jahren begann Heim, sich politisch immer aktiver und insbesondere auch radikaler zu betätigen. Die Weimarer

sowie die 5. Notverordnung unterzeichnet, wohingegen sich Heim um des deutschen Bauern und somit um des deutschen Volkes willen gegen diese Verträge und Anordnungen stemmte.[312]

Nach Auffassung des Oberpräsidenten sowie des Oberstaatsanwaltes sollte durch die fortgesetzten Vergleiche zwischen Hindenburg und Heim letzterer auf Kosten des Reichspräsidenten hervorgehoben werden und so Hindenburg im Gegenzug Geringschätzung und Missachtung entgegengebracht werden.[313] Der Oberstaatsanwalt ging davon aus, dass, sollten die erforderlichen Strafanträge gestellt werden, eine Verurteilung der pressegesetzlich Verantwortlichen zu erwarten sei. Ein gleichzeitiges Vergehen gegen § 5 des Republikschutzgesetzes nahm dieser nicht an, da die gegen den Reichspräsidenten gerichteten Angriffe einen Bezug auf die verfassungsmäßig republikanische Staatsform nicht aufwiesen.[314] Die Staatsanwaltschaft sah das Republikschutzgesetz jedoch in anderer Hinsicht

---

Republik lehnte er ab, da er die Landwirtschaft und das Landvolk nur unzureichend repräsentiert sah. Als Reaktion auf die vermehrte Zwangsversteigerung von Höfen und Vieh überschuldeter Landwirte gipfelte Heims Engagement letztendlich in einer mehrere Wochen andauernde Reihe von 13 Sprengstoffanschlägen auf verschiedene Behörden, Ämter und die Dienstwohnungen politischer Entscheidungsträger. Der Anschlagserie ist hauptsächlich Symbolcharakter zuzusprechen, da die Anschläge wegen der teils sehr potenten Sprengsätze zwar zu erheblichen Sachschäden führten, Personenschäden jedoch aufgrund der exakten Tatplanung ausblieben. Heim wurde im „Großen Bombenlegerprozess von Altona" am 31. Oktober 1930 zu sieben Jahren Zuchthaus verurteilt. Aus dem Politikum um die Anschläge und Verurteilung Heims versuchten vor allem die dem Staate abgeneigten Parteien Kapital zu schlagen. So bekundeten sowohl die KPD als auch die NSDAP über ihre Presseorgane ihre Solidarität dem Inhaftierten gegenüber. Heim kam schließlich im Jahre 1932 im Rahmen einer Amnestierung der Aktivisten der Landvolkbewegung auf freien Fuß. War der gefangene Claus Heim für die NS-Bewegung noch nützlich, um daran einen Standpunkt zu demonstrieren und die etablierte Politik anzugreifen, erwies sich Heim in den Jahren nach der Machtergreifung zunehmend als lästig, lehnte er den Nationalsozialismus doch grundsätzlich ab. Im Jahre 1939 schließlich wurde er auf Weisung Hinrich Lohses verhaftet und entging dem Transit in ein Konzentrationslager als politischer Häftling wohl nur durch das Eingreifen seines Schwagers. Zu Heim siehe: *Dankers/Schwabe*, Schleswig-Holstein und der Nationalsozialismus, S. 14ff.

312 GStA PK, I HA, Rep. 84a, Nr. 54522, Schreiben Oberstaatsanwalt Hannover an den Preußischen Justizminister durch den Generalstaatsanwalt vom 3. Juli 1931, S. 2.

313 GStA PK, I HA, Rep. 84a, Nr. 54522, Schreiben Oberstaatsanwalt Hannover an den Preußischen Justizminister durch den Generalstaatsanwalt vom 3. Juli 1931, S. 2.

314 GStA PK, I HA, Rep. 84a, Nr. 54522, Schreiben Oberstaatsanwalt Hannover an den Preußischen Justizminister durch den Generalstaatsanwalt vom 3. Juli 1931, S. 3.

verletzt. Der Artikel bringe zum Ausdruck, dass Heim eine strafbare Handlung überhaupt nicht begangen habe. Exakt heißt es im Artikel:

> „Ist es etwa als ein Unrecht zu bezeichnen, wenn ein deutscher Landwirt wegen Steuerrückständen von seinem 700 jährigen Erbe getrieben werden soll und sich dagegen mit allen Mitteln wehrt? Ist es nicht vielmehr das heilige Recht des deutschen Bauern, seine Scholle mit dem letzten Mut der Verzweiflung zu verteidigen? Was hat Claus Heim denn eigentlich begangen, um dem Verwaltungsapparat das Recht einzuräumen, ihn zum kriminellen Verbrecher zu stempeln?
>
> Hat Claus Heim sich irgendwie gegen das sittliche Empfinden der Deutschen vergangen? Hat Claus Heim gegen sein Volk gesündigt, wenn er ihm das tägliche Brot sichern wollte? Nein! Hat Claus Heim um irgend eines persönlichen Vorteiles willen gehandelt? Nein!"[315]

Die Billigung von Heims Sprengstoffattentaten gegen Personen wegen ihrer politischen Betätigung reiche aus, um ein Verfahren wegen eines Vergehens gegen § 5 des Republikschutzgesetzes zu eröffnen. Der Hannoveraner Oberstaatsanwalt beabsichtigte dies auch für den Fall, dass Strafanträge wegen Beleidigung nicht gestellt werden sollten.[316] Der Generalstaatsanwalt trat den Ausführungen des Oberstaatsanwaltes im Allgemeinen bei, merkte aber an, dass es zweifelhaft sei, ob auch ein Einschreiten aus § 5 des Gesetzes zum Schutze der Republik Erfolg verspreche.[317] Dies ließe sich zurzeit noch nicht absehen, da es zum Vorliegen des subjektiven Tatbestandes des Kennens der Vortat in all ihren gesetzlichen Merkmalen bedürfe, was sich zu diesem Zeitpunkt noch nicht mit aller Bestimmtheit sagen ließe.

Bis zur Klärung der Frage, ob eine Anklageerhebung wegen eines Vergehens gegen § 5 Nr. 4 Republikschutzgesetz Erfolg verspricht, hielt der Generalstaatsanwalt seinen Bericht noch zurück. Erst im September teilte er dem Preußischen Justizminister seine Empfehlung mit. Die Beschuldigten hätten den objektiven Tatbestand zwar ganz unproblematisch erfüllt. Der Hannoveraner Oberstaatsanwalt vertrat bezüglich des Vorliegens des subjektiven Tatbestandes die Auffassung, dass Haupt und Genossen die Vortat in allen gesetzlichen Merkmalen kannten, umso mehr, da diese sich schon lange am politischen Kampf beteiligten und nur versuchten,

---

315 GStA PK, I HA, Rep. 84a, Nr. 54522, „Heraus mit Claus Heim" in der „Niedersächsischen Tageszeitung" Nr. 105, vom 24. Juni 1931.

316 GStA PK, I HA, Rep. 84a, Nr. 54522, Schreiben Oberstaatsanwalt Hannover an den Preußischen Justizminister durch den Generalstaatsanwalt vom 3. Juli 1931, S. 3.

317 GStA PK, I HA, Rep. 84a, Nr. 54522, Schreiben des Generalstaatsanwaltes an den Preußischen Justizminister vom 30. September 1931, S. 1.

das Urteil gegen Heim für ihre nationalen Anhänger auszuschlachten.[318] Der Inhalt des beanstandeten Artikels spreche bereits für eine sehr exakte Kenntnis der Tatumstände, zumal ein bedingter Vorsatz für eine Strafbarkeit bereits ausreiche. Demgegenüber war der Generalstaatsanwalt der Ansicht, dass der objektive Tatbestand dahingestellt bleiben könne, da es sehr zweifelhaft bleibe, ob man den Beschuldigten ein Erfüllen des subjektiven Tatbestandes nachweisen könne.[319] Er sprach die Empfehlung aus, von einem Verfahren wegen eines Vergehens gegen § 5 Nr. 4 des Gesetzes zum Schutze der Republik in Gänze abzusehen.[320]

Der Preußische Minister des Innern schloss sich der Auffassung des Oberstaatsanwaltes an und bat seitens des Preußischen Justizministers um eine Überprüfung der dortigen Entschließung, von der Durchführung eines Verfahrens gegen Haupt abzusehen.[321] Im Oktober des Jahres teilte ferner der Reichsminister der Justiz gegenüber dem Preußischen Justizministerium mit, dass seitens des Reichspräsidenten ein Strafantrag wegen Beleidigung nicht gestellt würde.[322] Erst im Frühjahr das Jahres 1932 fasste der Preußische Justizminister den gesamten Sachverhalt zusammen und teilte dem Preußischen Minister des Inneren seine Entschließung mit.[323] Zwar habe das Reichsgericht in seiner Entscheidung vom 14. Juli 1931 in der Beschwerdesache bezüglich des Verbotes der „Niedersächsischen Tageszeitung“ vom 28. März 1931 festgestellt, dass der Inhalt der Druckschrift in objektiver Hinsicht den Tatbestand des § 5 Abs. 1 Nr. 4 des Gesetzes zum Schutze der Republik erfülle und so das Verbot aufrechterhalten.[324] Dies würde aber für sich gestellt für ein strafrechtliches Einschreiten gegen die pressegesetzlich verantwortlichen Personen, in diesem Falle auch den Schriftleiter Joachim Haupt,

318 GStA PK, I HA, Rep. 84a, Nr. 54522, Schreiben des Generalstaatsanwaltes an den Preußischen Justizminister vom 30. September 1931, S. 2.

319 GStA PK, I HA, Rep. 84a, Nr. 54522, Schreiben des Generalstaatsanwaltes an den Preußischen Justizminister vom 30. September 1931, S. 3.

320 GStA PK, I HA, Rep. 84a, Nr. 54522, Schreiben des Generalstaatsanwaltes an den Preußischen Justizminister vom 30. September 1931, S. 3.

321 GStA PK, I HA, Rep. 84a, Nr. 54522, Schreiben des Preußischen Innenministers an den Preußischen Justizminister vom 27. November 1931.

322 GStA PK, I HA, Rep. 84a, Nr. 54522, Schreiben des Reichministers der Justiz an den Preußischen Justizminister vom 23. Oktober 1931.

323 GStA PK, I HA, Rep. 84a, Nr. 54522, Schreiben des Preußischen Justizministers an den Preußischen Innenminister vom 15. Januar 1932, S. 1.

324 GStA PK, I HA, Rep. 84a, Nr. 54522, Schreiben des Preußischen Justizministers an den Preußischen Innenminister vom 15. Januar 1932, S. 2.

nicht ausreichen.[325] Nach Auffassung des Justizministers sei es im Gegensatz zu der in Hannover getroffenen Entschließung nicht angezeigt, Anklage zu erheben. Ein solches Verfahren würde eine umfangreiche Beweisaufnahme erfordern, bei der nicht zuletzt auch Claus Heim und die weiteren verurteilten Personen wiederum als Zeugen gehört werden müssten. Darüber hinaus bleibe es zweifelhaft, dass man Haupt gegenüber den Nachweis führen könne, dass dieser auch den subjektiven Tatbestand erfüllt habe.[326] Die große mediale Präsenz, verbunden mit der realen Chance, dass das Verfahren einen Freispruch zum Ergebnis haben könne, ließ eine Anklage unter der Betrachtung aller Umstände als zu riskant erscheinen.

Es zeigt sich, dass den einzelnen Staatsorganen und Strafverfolgungsbehörden, bis auf kurzzeitige Verbote der jeweiligen Druckerzeugnisse, kein probates Mittel zur Verfügung stand, um Haupt und anderen Agitatoren bei der Verbreitung nationalsozialistischer Propaganda Einhalt zu gebieten. Eine Strafverfolgung Haupts wäre mehrmals möglich gewesen, die Entscheidungsträger scheuten ein Verfahren jedoch aus mehreren Gründen. Man befürchtete, dass ein gerichtliches Verfahren, unbenommen des letztlichen Ergebnisses, einem ohnehin als unbequem geltenden Artikel umso mehr öffentliche Aufmerksamkeit zukommen lassen würde und ein etwaiger Artikel so noch weitere Bürger außerhalb der eigentlichen, ohnehin nationalsozialistisch geprägten, Leserschaft erreichen könnte. Man versuchte, sehr bedacht vorzugehen, um nicht ungewollt ein Multiplikator dessen zu werden, was man primär zu verhindern suchte. Es sollte vermieden werden, der nationalsozialistischen Propaganda-Maschinerie, die eine solche Gelegenheit nur noch intensiver ausschlachten würde, noch mehr Material in die Hände zu spielen. Ferner erachtete man die Gesetzesgrundlage nicht als bestimmt genug, um die Verurteilung etwaiger Angeklagter mit ausreichender Wahrscheinlichkeit gewährleisten zu können und befürchtete, durch gescheiterte Verfahren eine Präzedens und letztlich nur noch mehr Nachahmer zu schaffen. Darüber hinaus musste in Betracht gezogen werden, dass einem strafrechtlich sanktionierten Nationalsozialisten letzten Endes bloß eine Märtyrerrolle zugefallen wäre, die die NS-Bewegung wiederum ausgenutzt hätte. Auch Haupt rühmte sich im Nachgang verschiedentlicher Verurteilungen und Anzeigen der Opfer, die er vor der Weimarer „Schandjustiz" für den Nationalsozialismus dargeboten hatte.[327]

---

325 GStA PK, I HA, Rep. 84a, Nr. 54522, Schreiben des Preußischen Justizministers an den Preußischen Innenminister vom 15. Januar 1932, S. 3.

326 GStA PK, I HA, Rep. 84a, Nr. 54522, Schreiben des Preußischen Justizministers an den Preußischen Innenminister vom 15. Januar 1932, S. 4.

327 BArch, OPG: 3403|0036|41, Parteitätigkeit von J. Haupt.

2.) Referent der NSDAP und Mitglied im Preußischen Landtag

Nach seiner Suspendierung aus dem Schuldienst erweiterte und intensivierte Haupt sein politisches Engagement sogar noch. So hielt er im Rahmen seiner Tätigkeit als Parteiredner wöchentlich mehrere Vorträge im gesamten norddeutschen Raum und darüber hinaus und trat auf unzähligen Wahlkampfveranstaltungen der NSDAP auf.[328] In der vierten und fünften Wahlperiode, von Mai 1932 bis zum Oktober 1933, zog Haupt als Abgeordneter der NSDAP für den Wahlkreis 16 Süd-Hannover in den Preußischen Landtag ein und gehörte unter anderem dem Ausschuss für das Unterrichtswesen an.[329] Neben Haupt wurde auch Sunkel 1932 Abgeordneter der NSDAP im Preußischen Landtag.[330]

IV.) Ministerium

Mit der Machtergreifung der Nationalsozialisten am 30. Januar 1933 wurde Bernhard Rust vom Preußischen Ministerpräsidenten Hermann Göring, zunächst noch kommissarisch, als Preußischer Kultusminister und damit als Kopf des PMWKV eingesetzt.[331] Am 1. Mai 1934 wurde parallel dazu das REM eingerichtet, welches reichsweit die Aufgaben der „Abteilung für Bildung und Schule" des Reichsinnenministeriums übernehmen sollte. Rust wurde am 11. Mai 1934 durch Hitler zum Reichserziehungsminister ernannt.[332] Rust leitete fortan beide Ministerien, deren Trennung letztlich bloß formal bestand und die er bis zum Jahre 1935 durch verschiedene Erlasse in Gänze aufhob.[333]

1.) Leiter der Universitätsabteilung

Das Amt des Leiters der Universitätsabteilung des PMWKV bekleidete seit April 1933 Georg Gerullis[334], der allerdings schon im November desselben

---

328 BArch, OPG: 3403|0036|41, Parteitätigkeit von J. Haupt.

329 *Herlemann*, Biographisches Lexikon niedersächsischer Parlamentarier, S. 143.

330 *Heggen*, Joachim Haupt, S. 200.

331 *Jasch*, Das preußische Kultusministerium, Rn. 11.

332 *Jasch*, Das preußische Kultusministerium, Rn. 12.

333 *Jasch*, Das preußische Kultusministerium, Rn. 13.

334 Georg Gerullis (* 13. August 1888 in Jogauden (Kreis Tilsit); † ungeklärt) studierte von 1909 bis 1912 Indogermanistik und Klassische Philologie in Königsberg und Berlin und wurde 1912 in Philologie promoviert, der Titel seiner Dissertation lautete: „De Prussicis Sambiensium locorum nominibus." Er nahm von 1914 bis 1918 am Ersten Weltkrieg teil und wurde 1915 zum Leutnant befördert. Nach Kriegsende habilitierte er sich mit einer Arbeit zur Baltischen Sprachwissenschaft in Königsberg und

Jahres durch Rust in den einstweiligen Ruhestand versetzt wurde.[335] Rust betraute daraufhin Haupt, der bereits am 22. Mai 1933 zum Ministerialrat im PMWKV berufen wurde, mit der kommissarischen Leitung des nunmehr vakanten Amtes.[336] In dieser Funktion war er auch am Rande in den Aufbau und die Etablierung der ersten Preußischen Dozentenakademie an der Christian-Albrechts-Universität 1933/34 eingebunden.[337] Nur wenige Tage nach seiner Ernennung hielt Haupt im Auditorium maximum der Universität Kiel eine Rede vor dem versammelten Lehrkörper der Hochschule.[338] Haupt erklärte gegenüber den Professoren, dass die nationalsozialistische Machtübernahme erst den Anfang eines Prozesses markiere, in dessen Verlauf noch „Köpfe rollen“ würden.[339]

Um den Grad von Haupts Beteiligung an diesem von ihm angekündigten Prozess einordnen zu können, ist es sinnvoll und geboten, diesen wenigstens in Kürze darzustellen. Am 7. April 1933 wurde das Gesetz zur Wiederherstellung des Berufsbeamtentums, kurz Berufsbeamtengesetz (BBG), erlassen und damit eine Rechtsgrundlage geschaffen, die es ermöglichte, Beamte, welche aus rassischen, politischen oder anderen Gründen unerwünscht waren, zu entlassen

---

trat 1921 eine Stelle als Studienrat an. Im Jahre 1922 wurde er Extraordinarius für baltische Sprachen an der Universität Leipzig. 1931 trat er der NSDAP und 1932 der SA bei. Am 1. April 1933 wurde er für wenige Tage der kommissarische Personalreferent des sächsischen Volksbildungsministeriums. Eine Ernennung zum sächsischen Volksbildungsminister schlug er aber am 6. April 1933 aus und wechselte bereits am 12. April in das PMWKV, wo ihm die Leitung der Universitätsabteilung oblag. Im November 1933 versetzte ihn Kultusminister Rust einstweilig in den Ruhestand. 1934 wurde er auf Anweisung des Staatssekretärs im PMWKV Stuckart Ordinarius an der Universität Königsberg. 1935 bis 1937 wurde er durch das Kultusministerium gegen das Votum des Lehrkörpers als Rektor der Universität eingesetzt. Ebenfalls 1937 gab er nach Konflikten mit Gauleiter Koch seinen Posten auf und wechselte an die Universität Berlin. Während des Zweiten Weltkrieges diente er als Offizier der Wehrmacht und schied im Januar 1945 als Major d.R. aus dem Dienst aus. Im Mai 1945 wurde er durch die Sowjets verhaftet und vermutlich im Juni 1945 erschossen. Im Jahre 1953 wurde er durch das Amtsgericht Berlin-Schöneberg für tot erklärt. Siehe zu Gerullis: *Grüttner*, Biographisches Lexikon zur nationalsozialistischen Wissenschaftspolitik, S. 59; *Jasch*, Das preußische Kultusministerium, Rn. 42.

335 *Jasch*, Das preußische Kultusministerium, Rn. 42.

336 *Jasch*, Das preußische Kultusministerium, Rn. 43.

337 *Göllnitz*, Wissenschaftspolitik im Spannungsfeld von akademischer Tradition und Ideologie, S. 57.

338 BArch, R 4901/25523, Mitteilung vom 22. Mai 1933.

339 *Asmus*, Richard Kroner, S. 79.

oder zu versetzen.[340] Ferner machte es die 2. Durchführungsverordnung vom 4. Mai 1933 möglich, das BBG auch auf Angestellte und damit auf nicht verbeamtetes Personal anzuwenden.[341] § 1 Abs. 1 bestimmte, dass Beamte nach Maßgabe des BBG auch ohne das Vorliegen der nach geltendem Recht erforderlichen Voraussetzungen aus dem Amt entlassen werden konnten. Gemäß § 3 Abs. 1 waren Beamte, die nicht arischer Abstammung waren, in den Ruhestand zu versetzen, respektive Ehrenbeamte aus dem Amtsverhältnis zu entlassen. Das BBG war damit das erste Reichsgesetz, das einen sogenannten „Arierparagraphen" beinhaltete.[342] Eine Ausnahme davon wurde in § 3 Abs. 2 festgehalten. Diese

---

340 RGBl., Teil I, 1933, S. 175.
§ 1 (1) Zur Wiederherstellung eines nationalen Berufsbeamtentums und zur Vereinfachung der Verwaltung können Beamte nach Maßgabe der folgenden Bestimmungen aus dem Amt entlassen werden, auch wenn die nach dem geltenden Recht hierfür erforderlichen Voraussetzungen nicht vorliegen.
§ 3 (1) Beamte, die nicht arischer Abstammung sind, sind in den Ruhestand (§§ 8 ff.) zu versetzen; soweit es sich um Ehrenbeamte handelt, sind sie aus dem Amtsverhältnis zu entlassen.
(2) Abs. 1 gilt nicht für Beamte, die bereits seit dem 1. August 1914 Beamte gewesen sind oder die im Weltkrieg an der Front für das Deutsche Reich oder für seine Verbündeten gekämpft haben oder deren Vater oder Söhne im Weltkrieg gefallen sind [...].
§ 4 Beamte, die nach ihrer bisherigen politischen Betätigung nicht die Gewähr dafür bieten, daß sie jederzeit rückhaltlos für den nationalen Staat eintreten, können aus dem Dienst entlassen werden. Auf die Dauer von drei Monaten nach der Entlassung werden ihnen ihre bisherigen Bezüge belassen. Von dieser Zeit an erhalten sie drei Viertel des Ruhegeldes (§ 8) und entsprechende Hinterbliebenenversorgung.
§ 5 (1) Jeder Beamte muß sich die Versetzung in ein anderes Amt derselben oder einer gleichwertigen Laufbahn, auch in ein solches von geringerem Rang und planmäßigem Diensteinkommen - unter Vergütung der vorschriftsmäßigen Umzugskosten - gefallen lassen, wenn es das dienstliche Bedürfnis erfordert.
§ 6 Zur Vereinfachung der Verwaltung können Beamte in den Ruhestand versetzt werden, auch wenn sie noch nicht dienstunfähig sind. Wenn Beamte aus diesem Grunde in den Ruhestand versetzt werden, so dürfen ihre Stellen nicht wieder besetzt werden.

341 RGBl., Teil I, 1933, S. 233.

342 Den Begriff der nicht arischen Abstammung präzisierte die erste Durchführungsverordnung zum BBG vom 11. April 1933; siehe RGBl., Teil I, 1933, S. 195.
(1) Als nicht-arisch gilt, wer von nichtarischen, insbesondere jüdischen Eltern oder Großeltern abstammt. Es genügt, wenn ein Elternteil oder ein Großelternteil nicht arisch ist. Dies ist insbesondere dann anzunehmen, wenn ein Elternteil oder ein Großelternteil der jüdischen Religion angehört hat.

galt für Beamte, die bereits seit dem 1. August 1914 Beamte waren oder die im Ersten Weltkrieg als Frontsoldaten gedient hatten oder deren Väter oder Söhne im Ersten Weltkrieg gefallen waren. § 4 bot darüber hinaus die Möglichkeit, Beamte auch dann aus dem Dienstverhältnis zu entfernen, soweit ihrer bisherigen politischen Bestätigung nach nicht zu gewährleisten war, dass sie „[...] jederzeit rückhaltlos für den nationalen Staat eintreten [...]" würden. Nach § 5 konnte ein jeder Beamter beliebig versetzt werden, wenn ein dienstliches Bedürfnis dies erforderte und solange der neue Posten derselben oder einer gleichwertigen Laufbahn entsprach. Mit § 6 ermöglichte es der Gesetzgeber letztlich noch alle Beamte, ungeachtet einer nicht vorliegenden Dienstunfähigkeit, in den Ruhestand zu versetzen, wobei die Stellen in einem solchen Falle gemäß Satz 2 nicht wieder besetzt werden durften.

Das BBG bot den Nationalsozialisten mit dem „Arierparagraphen" und seinen insgesamt sehr weiten und dehnbaren Bestimmungen ein vielfältiges Instrumentarium, um das deutsche Beamtentum im nationalsozialistischen Sinne von unerwünschten Beamten zu säubern. Der Prozess der Ausschaltung von rassisch oder politisch unzuverlässigen Professoren und anderem Hochschulpersonal oblag dabei dem PMWKV beziehungsweise ab Mai 1934 dem REM und wurde anhand eines strikten Verwaltungsverfahrens vollzogen. Das gesamte Hochschulpersonal musste, allen Beamten anderer Behörden gleich, einen Personalbogen ausfüllen, der ausführliche Informationen zur Abstammung und Religion der Familie bis zu den Großeltern enthielt. Ferner verlangte man präzise Angaben zu einem etwaigen Fronteinsatz im Ersten Weltkrieg, der Verbeamtung sowie der Mitgliedschaft in politischen Parteien und sonstigen Vereinen und Gesellschaften, wie etwa der „Liga der Menschenrechte". Alle Angaben mussten dabei durch aussagekräftige Dokumente, wie Geburtsurkunden und Militärpapiere, belegt werden.[343] Diese Unterlagen wurden über die einzelnen Fakultäten direkt der Universitätsabteilung des Ministeriums zugeleitet. Neben den Bögen holte die Mitarbeiter der Preußischen Ministerialbürokratie bei den Regierungs- und Oberpräsidenten unter Mitwirkung der NSDAP-Gauleiter Vorschläge ein, gegen wen und gegebenenfalls auf

---

(2) Wenn ein Beamter nicht bereits am 1. August 1914 Beamter gewesen ist, hat er nachzuweisen, daß er arischer Abstammung oder Frontkämpfer, der Sohn oder Vater eines im Weltkriege Gefallenen ist. Der Nachweis ist durch die Vorlegung von Urkunden (Geburtsurkunde und Heiratsurkunde der Eltern, Militärpapiere) zu erbringen.
(3) Ist die arische Abstammung zweifelhaft, so ist ein Gutachten des beim Reichsministerium des Innern bestellten Sachverständigen für Rasseforschung einzuholen.

343 *Jasch*, Das preußische Kultusministerium, Rn. 59.

Grundlage welchen Paragraphen nach dem BBG vorgegangen werden sollte.[344] Im PMWKV/REM wurden die Personalbögen katalogisiert und mitsamt etwaiger „Hinweise" evaluiert. Der mit dieser Aufgabe betrauten Kommission gehörten verschiedene Mitarbeiter an, darunter etwa der Personalreferent der Hochschulabteilung Johann Daniel Achelis[345]. Daneben nahmen an den Beratungen der Kommission meist die jeweiligen Abteilungsleiter, für den Universitätsbereich anfangs, Gerullis und später Joachim Haupt, teil.[346] Achelis oblag es, die Sitzungen der Kommission in einer Stellungnahme zusammenzufassen und ein Votum, ob Maßnahmen nach dem BBG ergriffen werden sollten, dem Staatsekretär Wilhelm Stuckart[347] vorzulegen, der diese seinerseits dem Reichsminister Rust zur letztgültigen Entscheidung zuleitete.

---

344 *Jasch*, Das preußische Kultusministerium, Rn. 60.
Vielfach handelte es sich hierbei auch um Denunziationen aus dem Hochschulkollegium selbst.

345 Johann Daniel Achelis (* 7. Juli 1898 in Göttingen; † 21. September 1963 auf der Überfahrt in die USA) nahm ab 1915 am Ersten Weltkrieg teil und schied 1918 als Leutnant der Reserve aus. Noch 1915 begann er in Halle Medizin zu studieren, er wechselte später nach Bonn und letztlich nach Leipzig. Im Jahre 1922 wurde er an der sächsischen Universität promoviert, wo er sich auch im Jahr 1926 habilitierte. Bis 1933 war Achelis als Privatdozent für Physiologie in Leipzig tätig. Achelis trat erst im Frühjahr 1933 in die NSDAP ein – eine Tatsache, die ihn von einem Großteil der jungen ab 1933 in das Preußische Kultusministerium drängenden Referenten, wie etwa Haupt und Sunkel, unterscheidet und Achelis auf den ersten Blick wie einen „Märzgefallenen" scheinen lässt. Dieser Eindruck verliert sich jedoch schnell, wenn man sich vor Augen hält, dass er bereits seit 1926 für die nationalsozialistischen Studenten in Leipzig gleichsam als treibende und vor allem lenkende Kraft sowie als eine Art Mentor galt. Im März 1933 trat er eine Stelle als Ministerialrat und Personalreferent der Hochschulabteilung im PMWKV an. Achelis verließ das Ministerium jedoch bereits im Jahre 1934 wieder und folgte einem Ruf an die Medizinische Fakultät der Universität Heidelberg, an der er bis 1945 den Lehrstuhl für Physiologie innehatte und deren Dekan er in den Jahren von 1942 bis 1945 sein sollte. Während der Kriegsjahre diente Achelis als Oberfeldarzt in der Wehrmacht. Nach dem Krieg verlor er auf Anordnung der Militärregierung alle Ämter und Posten. 1950 übernahm Achelis die Leitung der Forschungsabteilung des Mannheimer Pharmazieunternehmens C.F. Boehringer. Siehe zu Achelis: *Grüttner*, Biographisches Lexikon zur nationalsozialistischen Wissenschaftspolitik, S. 1; *Jasch*, Das preußische Kultusministerium, Rn. 47.

346 *Jasch*, Das preußische Kultusministerium, Rn. 63.

347 Wilhelm Stuckart (* 16. November 1902 in Wiesbaden; † 15. November 1953 in Hannover) trat 1922 der NSDAP bei und war Mitglied des Freikorps Epp. Im selben Jahr begann er in München Rechtswissenschaften zu studieren und wurde schließlich

Haupt hatte somit durchaus Anteil am Verfahren der Ausschaltung rassisch oder politisch missliebiger Hochschullehrer. Um zu beurteilen, ob Haupt so auch Einfluss auf die „Säuberung“ des Lehrkörpers der Rechts- und Staatswissenschaftlichen Fakultät an der Christian-Albrechts-Universität und damit auf den ersten Schritt zur Bildung der Kieler „Stoßtruppfakultät“ hatte, müssen die Folgen der Regelungen des BBG auf die Fakultät dargestellt werden.

Das BBG hatte erhebliche Auswirkungen auf das Kollegium der Kieler Rechts- und Staatswissenschaftler. Die Professoren Schücking[348], Kantorowicz[349],

---

1928 in Frankfurt promoviert. Im Jahre 1930 schloss er seine Ausbildung mit dem zweiten Staatsexamen ab und trat eine Stelle als Richter an einem Amtsgericht an. Aus dem Richteramt schied er bereits 1931 aus, arbeitete fortan als Rechtsanwalt und trat 1932 erneut in die NSDAP ein. Im Mai 1933 wurde er als Staatssekretär ins PMWKV berufen. Nach Unstimmigkeiten mit Reichserziehungsminister Bernhard Rust wurde er jedoch bereits im November des Jahres 1934 durch diesen selbst aus dem Ministerium entfernt. Nach seiner Entlassung durch Rust wechselte Stuckart in das Reichsministerium des Inneren und wurde Mitglied der SS. Im Innenministerium war er an der Kommentierung der Nürnberger Rassegesetze beteiligt und nahm im Januar 1942 an der Wannseekonferenz teil. Nach Kriegsende wurde er verhaftet und interniert, in Nürnberg wurde er als hochrangiges Mitglied der SS zu vier Jahren Haft verurteilt, die er allerdings bereits durch die Internierung verbüßt hatte. Siehe zu Stuckart: *Grüttner*, Biographisches Lexikon zur nationalsozialistischen Wissenschaftspolitik, S. 171; *Jasch*, Das preußische Kultusministerium, Rn. 31; BArch, R 43II/1154.

348 Walther Adrian Schücking (* 6. Januar 1875 in Münster; † 25. August 1935 in Den Haag) übernahm 1926 das Institut für Internationales Recht in Kiel und wurde 1930 der erste deutsche Richter am Ständigen Internationalen Gerichtshof. Nachdem Schücking schon vor 1933 an der Universität vor allem durch Studenten angegriffen wurde, beurlaubte man ihn nach der Machtergreifung noch am 25. April 1933. Aus Rücksicht auf das Richteramt Schückings sah man davon ab, ihn sofort aus dem Amt zu drängen. Erst nachdem Deutschland aus dem Völkerbund ausgetreten war, oblag es dem PMWKV, Schücking aus dem Dienst zu entfernen. Am 24. November 1933 wurde er aus dem Staatsdienst entfernt. Zur Entlassung Schückings siehe: *Uhlig*, Vertriebene Wissenschaftler der CAU, S. 48 f.

349 Hermann Kantorowicz (* 18. November 1877 in Posen; † 12. Februar 1940 in Cambridge) wurde 1929 nach Kiel berufen. Er lehrte Strafrecht, Rechtsgeschichte und Rechtsphilosophie. Im Wintersemester 1932/33 befand sich Kantorowicz im Forschungsurlaub in Florenz. Im Frühjahr 1933 wandte sich der Universitätskurator der Christian-Albrechts-Universität wegen Bedenken bezüglich der Rückkehr Kantorowicz' nach Kiel an das PMWKV. Dieser war von 1923 bis 1929 Mitglied des Untersuchungsausschusses des Deutschen Reichstages gewesen. Die Universitätsleitung befürchtete Unruhen und Übergriffe durch die Studierenden, da diesen der

Husserl[350] und Rauch[351] wurden mit sofortiger Wirkung beurlaubt. Schücking und Kantorowicz wurden bis zum September 1933 nach § 4 BBG aus dem Staatsdienst entlassen. Im April wurde Opet[352] emeritiert und im November ebenfalls aus dem Staatsdienst gemäß § 4 BBG entlassen. Wedemeyer[353] wurde im Mai

---

Inhalt seines Gutachtens über die Kriegsschuldfrage und seine kritischen Ergebnisse zur Rolle des Deutschen Reiches sowie dessen Verbündeten bekannt geworden war. Kantorowicz wollte sich dem Konflikt zwar zunächst stellen, beantragte schließlich aber doch eine Urlaubsverlängerung für das folgende Sommersemester. Der Universitätskurator strengte darüber hinaus eine Beurlaubung von Amts wegen an. Noch am 14. April 1933 wurde Kantorowicz durch das PMWKV im Sinne des BBG beurlaubt. Im September des Jahres fiel letztlich die Entscheidung, Kantorowicz, der als Jude galt und zudem Mitglied des Republikanischen Richterbundes, des Reichsbanners und der Liga der Menschenrechte war, aus seinem Dienst zu entlassen. Zur Entlassung Kantorowicz' siehe: *Uhlig*, Vertriebene Wissenschaftler der CAU, S. 44 f.

350 Gerhart Husserl (* 22. Dezember 1893 in Halle; † 9. September 1973 in Freiburg) lehrte seit 1926 Römisches, Bürgerliches und Zivilprozessrecht sowie Rechtsphilosophie. Husserl galt zwar als Jude, war jedoch als Frontkämpfer von den Regelungen des § 3 BBG ausgenommen. Er gehörte dennoch zu den Professoren, die am 25. April 1933 mit sofortiger Wirkung und ohne Begründung beurlaubt wurden. Zum 1. Oktober 1933 wurde er nach § 5 BBG nach Göttingen versetzt. Da die dortige Fakultät bei der Berufung durch das PMWKV übergangen wurde, lehnte man eine Beschäftigung Husserls ab. Dieser wurde daraufhin zum 1. Mai 1934 nach Frankfurt versetzt, wo er umgehend auf den Rat des Rektors hin um seine Emeritierung ersuchte. Zu Husserl siehe: *Uhlig*, Vertriebene Wissenschaftler der CAU, S. 68 ff.

351 Karl Rauch (* 27. März 1880 in Graz; † 26. Februar 1953 in Bonn) war seit 1923 ordentlicher Professor für Rechtsgeschichte und Handelsrecht in Kiel. Rauch wurde gemeinsam mit einem großen Teil der Professoren am 25. April 1933 beurlaubt. Seine Beurlaubung wurde jedoch am 15. August 1933 wieder zurückgenommen und Rauch zum 1. Oktober 1933 an die Universität Bonn versetzt. Dabei handelte es sich um eine Art Lehrstuhl-Tausch. Rauch übernahm in Bonn auf ausdrücklichen Wunsch der Universität den Lehrstuhl von Karl August Eckhardt, dieser übernahm seinerseits den ehemaligen Kieler Lehrstuhl Rauchs. Zu Rauch siehe: *Uhlig*, Vertriebene Wissenschaftler der CAU, S. 71 f.

352 Otto Opet (* 1. April 1866 in Berlin; † 17. November 1941 in Hamburg) lehrte seit 1900 als Privatdozent und später als außerordentlicher Professor an der Universität Kiel. Opet galt nach der NS-Ideologie als „Rassejude" und war Mitglied der Liga für Menschenrechte. Er beantragte, im April 1933 von seinen Pflichten entbunden zu werden. Zu Opet siehe: *Uhlig*, Vertriebene Wissenschaftler der CAU, S. 46 f.

353 Werner Wedemeyer (* 17. September 1870 in Hameln; † 23. Mai 1934 in Kiel) war ab 1908 außerordentlicher und ab 1916 ordentlicher Professor für Bürgerliches, Römisches, Zivilprozess- und Arbeitsrecht in Kiel. Im Frühjahr 1933 forderte die FKSt die Beurlaubung Wedemeyers. Hintergrund war sein enger Kontakt zu jüdischen und

1933 entlassen. Husserl wurde im Oktober 1933 nach Göttingen und im Mai 1934 nach Frankfurt versetzt und dort auf eigenen Antrag emeritiert. Im Mai 1934 wurde Hoeniger[354] gemäß § 5 BBG nach Frankfurt versetzt und dort in den Ruhestand versetzt. Mit der Versetzung von Hentigs[355] nach Bonn im November 1934 war die Säuberung der Kieler Rechts- und Staatswissenschaftlichen Fakultät abgeschlossen. Von den Professoren der Weimarer Zeit verblieben lediglich Schoenborn und zunächst auch Poetzsch-Heffter in Kiel.[356]

Diese Aufstellung macht deutlich, dass die Maßnahmen nach dem BBG gegenüber dem Großteil der aus Kiel von der Rechts- und Staatswissenschaftlichen Fakultät vertriebenen Professoren bereits vor November 1933 abgeschlossen waren. Sie wurden somit noch bevor Haupt die Leitung der Universitätsabteilung des PMWKV übernahm unter dessen Vorgänger Gerullis durchgeführt.

Der Zeitrahmen, in dem Haupt das Amt innehatte, lässt lediglich eine Beteiligung an den Verfahren von Hoeniger und Hentig zu. Dass Haupt im Rahmen seines Amtes an der Überprüfung des Lehrkörpers der Christian-Albrechts-Universität beteiligt war, beweist sein Mitwirken am Verfahren des Philosophieprofessors Kroner[357]. Im Januar 1934 gab Achelis das von ihm verfasste Votum

---

republikfreundlichen Professoren. Wedemeyer beantragte auf diese Attacken hin seine Emeritierung im Mai 1933. Zu Wedemeyer siehe: *Hofer*, Werner Wedemeyer; *Uhlig*, Vertriebene Wissenschaftler der CAU, S. 74 f.

354 Heinrich Hoeniger (* 26. Dezember 1879 in Ratibor; † 14. April 1961 in Frankfurt am Main) wurde 1932 ordentlicher Professor für Bürgerliches Arbeits- und Handelsrecht in Kiel. Gegen Hoeniger hatte es insbesondere Aktionen der Studentenschaft gegeben, sodass der Dekan in einem Schreiben an den Kultusminister Rust dankbar feststellte, dass die Versetzung Hoenigers einige Spannungen zwischen der Fakultät und der Kieler Studentenschaft ausräumen würde. Siehe zu Hoeniger: *Uhlig*, Vertriebene Wissenschaftler der CAU, S. 37 ff.

355 Hans von Hentig (* 9. Juni 1887 in Berlin; † 6. Juli 1974 in Bad Tölz) habilitierte sich 1929 in Gießen und erhielt 1931 in Kiel ein Ordinariat für Strafrecht. 1933 wurde er Dekan der Rechts- und Staatswissenschaftlichen Fakultät. Hentig galt als politisch nicht zuverlässig, da er in den frühen 1920er Jahren einer der führenden Theoretiker des National-Bolschewismus war. Siehe zu Hentig: *Uhlig*, Vertriebene Wissenschaftler der CAU, S. 36 f.

356 Poetzsch-Heffter folgte im Jahr 1935 einem Ruf nach Leipzig und verließ so letztlich doch noch die Fakultät.

357 Richard Kroner (* 8. März 1884 in Breslau; † 2. November 1974 in Schloss Mammern) lehrte seit 1928 Philosophie in Kiel. Kroner galt nach der NS-Ideologie trotz seiner christlichen Konfession als „Rassejude", war jedoch als Frontkämpfer des Ersten Weltkrieges vor Maßnahmen nach dem BBG geschützt. Nachdem es im Januar 1934 zu Zwischenfällen kam, bei denen fakultätsfremde Studenten seine

bezüglich Kroner durch die Hände des ihm vorgesetzten Ministerialrats Haupt, der es nach eigener Stellungnahme an Stuckart weiterleitete.[358] Dass Haupt direkt oder wenigstens indirekt Einfluss auf die Verfahren von Hoeninger und Hentig Einfluss nahm, liegt anhand des zeitlichen Rahmens zwar nahe, lässt sich jedoch nicht anhand von Dokumenten belegen. Es bleibt festzuhalten, dass die Kieler Rechts- und Staatswissenschaftliche Fakultät schwer durch die Regelungen des BBG getroffen wurde. Haupts Anteil an der Säuberung des Lehrkörpers dieser speziellen Fakultät ist insgesamt jedoch nur als gering einzustufen. Eine Verbindung zwischen Haupt und der Entstehung der „Kieler Schule" lässt sich so letztlich kaum annehmen.

Haupt hatte das Amt des Leiters der Universitätsabteilung letzten Endes nur wenige Monate, von November 1933 bis April 1934, in kommissarischer Funktion inne. Spekulationen, nach denen Rust Gerullis in den Ruhestand versetzte, um das Amt des Leiters des Universitätsabteilung für seinen Günstling Haupt frei zu machen, muss also widersprochen werden. Nach Haupt übernahm der ihm bereits aus Greifswald bekannte Theodor Vahlen das Amt. Dieser war seit 1933 parallel zu seiner Lehrtätigkeit in Pommern im PMWKV beschäftigt und wurde am 26. April 1934 kommissarischer Leiter der Universitätsabteilung, welche kurz darauf in das neu geschaffene Amt für Wissenschaft des REM eingegliedert wurde.[359] Im Juni 1934 erhielt Vahlen eine planmäßige Stelle als Ministerialdirektor und Chef des Amtes für Wissenschaft des REM, welche er bis 1937 bekleiden sollte.[360]

2.) Inspekteur der Nationalpolitischen Erziehungsanstalten

Im Frühjahr 1933, anlässlich des Geburtstages Hitlers, erließ Reichserziehungsminister Rust folgende Verlautbarung:

Veranstaltungen störten und die sogar zu Handgreiflichkeiten führten, stellte Kroner seine Vorlesungstätigkeit ein. Im Februar beantragte er, wie vom PMWKV empfohlen, einen zweisemestrigen Forschungsurlaub im Ausland. Währenddessen erfolgte im April seine Versetzung nach Frankfurt. Dort wurde ihm schließlich im eigenen Interesse ein Antrag auf Emeritierung nahegelegt, den er am 13. Dezember 1934 auch stellte. Am 6. März 1935 wurde Kroner nach Kiel zurückversetzt und emeritiert. Siehe zu Kroner: *Asmus*, Richard Kroner; *Uhlig*, Vertriebene Wissenschaftler der CAU, S. 27 ff.

358 *Asmus*, Richard Kroner, S. 82.

359 *Jasch*, Das preußische Kultusministerium, Rn. 44.

360 *Jasch*, Das preußische Kultusministerium, Rn. 66.

„Die ehemaligen Kadettenanstalten in Plön, Köslin und Potsdam sind gemäß ihrer Tradition zu nationalpolitischen Erziehungsanstalten im Sinne der nationalen Revolution umzubilden. Bei Neuaufnahmen ist eine entsprechende Auslese zu treffen. Die Schülerkleidung ist die Hitleruniform. Die Durchführungsbestimmungen folgen."[361]

Für die Verwaltung dieser neu gebildeten Anstalten hatte er Haupt vorgesehen. Nachdem dieser die kommissarische Leitung der Universitätsabteilung an Vahlen abgegeben hatte, wurde er noch im April 1934 zum Inspekteur der Landesverwaltung der Nationalpolitischen Erziehungsanstalten ernannt.

a) Konzept der Nationalpolitischen Erziehungsanstalten

Die Entwicklung des Konzeptes der Nationalpolitischen Erziehungsanstalten (NPEA, im allgemeinen Sprachgebrauch auch NAPOLA) beanspruchten sowohl Hitler als auch Rust für sich. Eine Beteiligung Hitlers ist jedoch wenigstens unwahrscheinlich, eher noch gänzlich auszuschließen. Sicher ist, dass das Konzept der NPEA im PMWKV entwickelt wurde und somit eher dem Umfeld Rusts, speziell Haupt, zuzuordnen ist. Rust selbst gab während der offiziellen Einweihung der ersten NPEA auf Reichsebene in Plön am 28. April 1933 an, dass die Einrichtung der NPEA auf die Anregungen Haupts zurückging.[362]

Ziel und Zweck dieser neuen Schulform sei es, so Rust, die neuen Führer des Dritten Reiches heranzubilden. Sunkel führte dazu aus, dass die NPEA zwar in der Tradition der früheren Kadettenanstalten stünden, im Gegensatz zu diesen jedoch keine militärischen Einrichtungen, sondern rein politische sein sollten. Diese Einlassung sollte deutlich machen, dass mit der Einrichtung der Erziehungsanstalten dennoch, wenigstens dem Namen nach, weiterhin den Regelungen des Versailler Vertrages entsprochen werden sollte.[363] Bei der Einweihung der NPEA in Plön präzisierte Haupt diese noch ungreifbaren Aussagen wie folgt: Im Rahmen der NPEA sollten erstmalig nationalsozialistische Erziehungsprinzipien zur Geltung kommen. Der Hauptwert sollte dabei nicht auf eine schematische Wissensbildung, sondern vielmehr auf Körper- und Charakterbildung, auf gute Kameradschaft, Einordnungsvermögen und Treue, also die vermeintlichen vorbildhaften Grundsätze deutscher Erziehung gelegt werden.[364] Die

361 „Ostholsteinisches Tageblatt" 111. Jahrgang, Nr. 253 vom 3. Mai 1933, zitiert nach *Heggen*, Einweihung der Napola Plön, S. 49.

362 „Ostholsteinisches Tageblatt", 111. Jahrgang, Nr. 253 vom 3. Mai 1933, zitiert nach *Heggen*, Einweihung der Napola Plön, S. 58.

363 *Heggen*, Einweihung der Napola Plön, S. 51.

364 *Heggen*, Einweihung der Napola Plön, S. 56.

„Jungmannen“[365] sollten anders als normale Schüler keine reine Verstandeserziehung erfahren, sondern eine Erziehung des Menschen vom Leibe her. Sie sollten den Preußischen Tugenden gemäß zur Härtung des Willens und des Charakters mit Zucht und Ordnung erzogen werden. Ziel dieser Maßnahmen war es die Erfassung der nationalsozialistischen Staatsidee und die Bildung eines revolutionären Willens der Jugend zu erreichen.[366] Im Nationalsozialismus gelange der Starke an die Führung. Diese Stärke würde in den NPEA vermittelt. Der Typus Schüler der NPEA sei eben nicht der „streberhafte Stubenhocker“, sondern der Junge mit den „hellsten und lachendsten Augen, mit der sichersten Hand, dem kräftigsten Arm, der entschlossensten Faust und dem größten Herzen“.[367]

Dem Grunde nach handelte es sich bei den NPEA um staatliche Internatsschulen, die sich in der Regel am Lehrplan der deutschen Oberschulen orientierten und deren Schüler mit dem Abschlusszeugnis die Hochschulreife erlangen konnten.[368] Die Grundstruktur der NPEA lässt es zu, Parallelen zu drei anderen Arten von Erziehungseinrichtungen aufzuzeigen. Die wehrsportliche Ausbildung und das Prinzip der Subordination machte sie mit den klassischen Kadettenanstalten vergleichbar. Weitere Parallelen bestanden zu englischen Internatsschulen, den sogenannten „Public Schools“, mit diesen hatten die NPEA die, wenn auch durch das PMWKV beziehungsweise später das REM regulierte, Selbstverwaltung des Internatslebens sowie die unabhängige Position des Anstaltsleiters gemein. Dies umfasste ebenfalls eine Selbstverwaltung der „Jungmannen“, die sich jedoch letztlich auf bloß organisatorische Aufgaben der „Jungmann-Zugführer“ beschränkte. Ferner ergaben sich noch Ähnlichkeiten zu Landerziehungsheimen. Garten- und Landarbeit waren hier ebenso Mittel der Erziehung, auch mehrwöchige Einsätze im Landdienst waren nicht unüblich.[369]

Eine besondere Bedeutung kam der Personalstruktur der NPEA zu. Den Erziehungsanstalten stand nach dem Führerprinzip jeweils ein Anstaltsleiter vor. Bei diesen handelte es sich in der Regel um „alte Kämpfer“ der SA und SS ohne Unterrichtserfahrung.[370] Haupt selbst hatte diese ausgewählt und ohne Rücksicht auf die Zuständigkeit der Oberpräsidenten der jeweiligen Schulbehörden zur Führung der Erziehungsstätten eingesetzt. Den Anstaltsleitern oblag die Verantwortung für die Erziehung der Schüler sowie die allgemeine Verwaltung der

365 Schüler der NPEA im offiziellen Sprachgebrauch.
366 *Heggen*, Einweihung der Napola Plön, S. 56.
367 *Heggen*, Einweihung der Napola Plön, S. 56.
368 *Paustian*, Die Nationalpolitische Erziehungsanstalt Plön, S. 16.
369 *Paustian*, Die Nationalpolitische Erziehungsanstalt Plön, S. 16.
370 *Paustian*, Die Nationalpolitische Erziehungsanstalt Plön, S. 16.

Schule.[371] Zur eigentlichen Organisation der Lehre wurden ihnen als Unterrichtsleiter Oberstudienräte unterstellt, die regulär eine Lehrerausbildung durchlaufen hatten. Die restlichen Lehrkräfte und Erzieher des Internates waren Beamte, die ohne Mitwirkung der Partei und häufig ohne eigene Initiative durch die zuständigen Schulbehörden an die NPEA versetzt wurden. Um die Versorgung der Anstalten mit ausreichend Personal zu gewährleisten und die politische Zuverlässigkeit der Beamten zu forcieren, wurden die Hochschulen für Lehrerbildung ab 1938 verpflichtet, bereits während der Ausbildung eine Selektion durchzuführen und besonders für den Dienst an einer NPEA geeignete Studenten dem Erziehungsministerium zu melden.[372]

b) *Anstaltsalltag an der NPEA Plön*

Wie das Konzept der NPEA, mit der Realität des Bildungswesens konfrontiert, an den einzelnen Anstalten umgesetzt wurde, soll anhand der NPEA Plön aufgezeigt werden. Dazu soll in gebotener Kürze die Geschichte der Anstalt sowie ihrer Vorgängeranstalten umrissen werden.

Im Jahre 1867 ließ Wilhelm I. von Preußen im Plöner Schloss eine Kadettenvoranstalt, als sechste Anstalt dieser Art, einrichten. Bei diesen handelte es sich um Einrichtungen, die Schüler im Alter von 10–15 Jahren schulisch und militärisch auf den Besuch der Hauptkadettenanstalt in Berlin-Lichterfelde vorzubereiten hatten. Ihre volle Auslastung von 160 Kadettenschülern erreichte die Anstalt gegen 1910.[373] Die Schüler entstammten, wie für Kadetten üblich, hauptsächlich adligen, aber auch bürgerlichen Beamten- und Offiziersfamilien. Der Lehrplan orientierte sich an der Realschule 1. Ordnung, wobei dieser zu Gunsten der sportlichen und militärischen Ausbildung eingeschränkt wurde und recht oberflächlich blieb. Diktiert durch das Verbot der Fortführung des Preußischen Kadettenkorps des Versailler Vertrages vom 28. Juli 1919 wurde die Plöner Kadettenvoranstalt am 10. März 1920 aufgelöst.[374]

Noch im März 1920 wurden die meisten der geschlossenen Kadettenanstalten zu Stabila umgewandelt, so auch in Plön. Bei diesem Prozess handelte es sich nicht zuletzt um eine Notmaßnahme zur Linderung der Kriegsnot nach dem Ersten Weltkrieg. Berechtigt, diese Einrichtungen zu besuchen, waren neben den ehemaligen Kadetten insbesondere Schüler, deren Väter an der Front

371 *Scholtz*, NS-Ausleseschulen, S. 57.
372 *Paustian*, Die Nationalpolitische Erziehungsanstalt Plön, S. 16.
373 *Paustian*, Die Nationalpolitische Erziehungsanstalt Plön, S. 4.
374 *Paustian*, Die Nationalpolitische Erziehungsanstalt Plön, S. 6.

umgekommen oder schwer geschädigt worden waren sowie Söhne Heimatvertriebener aus den ehemals deutschen Gebieten.[375] Der Eile geboten, mit der die Anstalten nach Kriegsende umgewandelt wurden, lag den Einrichtungen anfangs noch kein einheitliches Bildungskonzept zugrunde. In starkem Kontrast zur ehemaligen Kadettenanstalt sah es der liberale Ansatz des Plöner Anstaltsleiters vor, einen geordneten Ablauf der Schulgeschäfte und den Gehorsam der Schüler durch Einsicht und Verständnis, anstatt durch bloße Befehlsgewalt, zu gewährleisten. Dieser Versuch der Auflockerung des Internatslebens traf insbesondere unter den ehemaligen Kadetten, aber auch unter den Erziehern auf starken Widerstand, da beide Gruppierungen eher nationalen Kreisen entstammten und den Umgang der Kadettenanstalten gewohnt waren.

Im Jahr 1922 wurde das humanistische Kaiserin-Auguste-Viktoria-Gymnasium, das bisher parallel zu der Kadettenanstalt in Plön bestand, in die Stabila eingegliedert. Die so geschaffene Doppelanstalt hatte eine gemeinsame Unterstufe sowie einen humanistischen gymnasialen Zweig in den Gebäuden des alten Gymnasiums und einen realgymnasialen Zweig im Plöner Schlossinternat.[376] Langsam formte sich ein pädagogisches Konzept. Nach dem Unterricht wechselten sich im Alumnat Zeitungs-, Spiel- und Vortragsabende mit Konzerten der Schüler und des Lehrpersonals ab. Ergänzt wurde das Internatsleben durch verschiedene Sport- sowie Handwerks- und Gartenbauvereine. Erstmals gab es in Plön eine bedingte Schülerselbstverwaltung, die durch den Alumnatsausschuss wahrgenommen wurde. Dieser bestand aus je zwei Vertretern jeder Erziehungsabteilung der Heimschüler, zwei Vertretern der Primaner sowie je einem Vertreter der Freizeitvereine.[377] Später erweiterte sich das Freizeitangebot noch um Kooperationen mit verschiedenen Pfadfinderbünden, einem Fotografie- und einem Radioverein sowie einer Theatergruppe. Der Umschwung der politischen und geistigen Gegebenheiten zu Beginn der 1930er Jahre hielt auch an der Stabila Plön Einzug. Unter den Schülern zeigten sich immer häufiger nationalsozialistische Tendenzen, die nach Einschätzung des zwischenzeitlichen Unterrichtsleiters Heinrich Riepers in ihrer Intensität über das normale Maß gesunder Meinungsdiversität hinausgingen.[378] Zeugnis der vor allem von den Primanern, aber auch von jüngeren Schülern, vertretenen nationalsozialistischen Ansichten ist nicht zuletzt die Solidarität, die die Schüler Haupt im Frühjahr 1931 nach seiner Entlassung aus dem Schuldienst entgegenbrachten,

375 *Paustian*, Die Nationalpolitische Erziehungsanstalt Plön, S. 6.
376 *Paustian*, Die Nationalpolitische Erziehungsanstalt Plön, S. 7.
377 *Paustian*, Die Nationalpolitische Erziehungsanstalt Plön, S. 7.
378 *Paustian*, Die Nationalpolitische Erziehungsanstalt Plön, S. 7.

als sie gegen die Anweisung der Schulleitung für ihren Lehrer im Karree des Schlosses antraten und ihn demonstrativ zum Bahnhof begleiteten. Bereits 1930 hatte man seitens der Preußischen Schulbehörden erkannt, dass es an vielen Schulen, insbesondere jedoch an den Stabila, zu politischen Unruhen kam. Um dem Prozess der fortschreitenden nationalsozialistischen Politisierung der Schüler entgegenzuwirken, untersagte man ihnen die Mitgliedschaft im nationalsozialistischen Schülerbund und das Tragen politischer Abzeichen.[379] Diese durchaus gebotenen Maßnahmen waren jedoch spätestens mit dem 30. Januar 1933 vergebens. Die Machtergreifung der Nationalsozialisten sollte das baldige Ende der Staatlichen Bildungsanstalten einläuten.

Die Umwandlung der Stabila Plön zur NPEA begann mit einem Erlass des PMWKV vom 21. April 1933, der eine institutionelle Neuordnung noch innerhalb der Osterferien vorsah, die zu diesem Zweck durch eine ministeriale Verfügung verlängert worden waren.[380] Dieser Prozess verlief in seinen Anfängen recht unstrukturiert, so übernahm zunächst Dr. Teichert, der Leiter der Stabila, die Leitung der Anstalt, wobei seinem bisherigen Stellvertreter die Unterrichtsleitung zuviel, da Haupt einen geeigneten Anstaltsleiter noch nicht ausgemacht hatte.[381] In Gänze unvorbereitet erhielt Teichert durch das PMWKV zudem nur unzureichende Auskünfte und Anweisungen, wie etwa die folgende: „Eine einheitliche Schulkleidung sei einzuführen, vorläufig die HJ-Uniform, Wehrsport sei sofort zu betreiben und besondere Nationalpolitische Stunden seien in den Lehrplan einzuarbeiten."[382] Am 1. Mai 1933 traf sich Haupt mit Herrmann Brunk und bot dem ehemaligen Frontoffizier und Polizeimajor die Führung der neu geschaffenen Anstalt an.[383] Dieser war im Jahre 1929 wegen seiner intensiven nationalsozialistischen Betätigung aus dem Polizeidienst entlassen worden und zwischenzeitlich innerhalb der Partei zum SA-Stabsführer der Gruppe Nordmark aufgestiegen.[384] Brunk nahm das Angebot Haupts an und wurde mit sofortiger Wirkung kommissarischer Leiter der NPEA Plön. Seine

379 *Paustian*, Die Nationalpolitische Erziehungsanstalt Plön, S. 8 f.

380 *Scholtz*, NS-Ausleseschulen, S. 57; *Paustian*, Die Nationalpolitische Erziehungsanstalt Plön, S. 9.

381 *Paustian*, Die Nationalpolitische Erziehungsanstalt Plön, S. 10.

382 *Paustian*, Die Nationalpolitische Erziehungsanstalt Plön, S. 9 f.

383 *Paustian*, Die Nationalpolitische Erziehungsanstalt Plön, S. 10. Brunk ließ sich auch als Anstaltsleiter von Jungmannen und Lehrkader weiterhin als Major ansprechen.

384 *Heggen*, Einweihung der Napola Plön, S. 49.

offizielle Einsetzung durch Rust erfolgte bereits am 27. Mai 1933.[385] Teichert hingegen musste von seiner Absetzung als Schul- und Internatsleiter aus der Zeitung erfahren.[386]

Die offizielle Einweihung der NPEA Plön fand am 28. Oktober 1933 im Beisein vieler Funktionäre verschiedenster NS-Organisationen statt.[387] Zentrale Figur der Einweihungsfeier war allerdings der Stabschef der SA, Ernst Röhm.[388] Denn Höhepunkt des Festaktes bildete die Taufe der Anstalt durch Reichserziehungsminister Rust, der Röhm zum Namenspatron der ersten nunmehr offiziell in Dienst gestellten NPEA machte.[389] Haupt griff derweil die Verlautbarung Rusts aus dem Frühjahr 1933 auf und hatte unterdessen das Konzept der NPEA dahingehend weiterentwickelt und ausgearbeitet, sodass dieses an der NPEA Plön umgesetzt werden konnte:

> „Nach den im Preuß. Kultusministerium bisher aufgestellten Richtlinien sind die drei ehemaligen Kadettenanstalten in Plön, Köslin und Potsdam gemäß ihrer Tradition zu nationalpolitischen Erziehungsanstalten im Sinne der nationalen Revolution umzubilden. Die Lehrkörper sind dementsprechend neu zusammenzusetzen. Bei Neuaufnahmen ist eine entsprechende Auslese zu treffen. Der Unterrichtsplan ist völlig neu zu gestalten. Die Schülerkleidung ist die Hitleruniform."[390]

Der erste Schritt war mit dem Wechsel der Anstaltsleitung bereits vollzogen und auch die Neuzusammensetzung des Lehrkörpers wurde in vollem Umfang betrieben. Von den 25 Lehrern und Erziehern, die der Stabila Plön im Halbjahr 1932/33 noch angehörten, verblieben bis 1935 lediglich sieben im Dienste der NPEA Plön.[391] Diese und die neu hinzugezogenen Pädagogen wurden in Plön darüber hinaus auch selbst nationalpolitisch weitergebildet. Die Themen derartiger Schulungsvorträge aus den Jahren 1933/34 lauteten etwa: „Die Ziele

---

385 *Paustian*, Die Nationalpolitische Erziehungsanstalt Plön, S. 10.

386 *Heggen*, Einweihung der Napola Plön, S. 49.

387 Der korrespondierende Artikel des „Ostholsteinischen Tageblatts" vom 28. Oktober 1933 berichtet, dass Haupt vormals Kadett in Plön war. Belege, dass Haupt die Vorkadettenanstalt besucht hat, liegen anderweitig jedoch nicht vor. Vielmehr scheint es sich um ein Missverständnis bezüglich Haupts Zeit als Lehrer und Erzieher in Plön zu handeln.

388 *Heggen*, Einweihung der Napola Plön, S. 50.

389 *Heggen*, Einweihung der Napola Plön, S. 58.
Anzumerken bleibt dabei, dass die Anstalt diesen Namen nur für wenige Monate trug und nach den Vorgängen des 30. Juni 1934 jegliche Hinweise auf eine Verbindung zu Ernst Röhm entfernt wurden.

390 *Haupt*, Neuordnung im Schulwesen und Hochschulwesen, S. 24.

391 *Paustian*, Die Nationalpolitische Erziehungsanstalt Plön, S. 10.

der nationalsozialistischen Partei", „Die Geschichte des Nationalsozialismus", „Das Programm des Nationalsozialismus", „Der Begriff positives Christentum in Punkt 24 des Parteiprogramms", „Germanische Religiosität", „Bedeutung der Rasse im Nationalsozialismus" und „Faschismus und Nationalsozialismus". Diese Schulungen wurden in der Regel durch Brunk selbst, aber auch durch speziell angeforderte Referenten durchgeführt.[392] Zur gleichen Zeit wurde die Umstrukturierung sowohl der Organisation als auch der Zusammensetzung der Schülerschaft vorangetrieben. Die Jungmannen wurden nach militärischem Vorbild in Stuben zu etwa zehn Jungen untergebracht, denen jeweils ein Stubenältester als „Gruppenführer" vorangestellt wurde. Vier dieser Gruppen bildeten einen „Zug", das Äquivalent einer Klasse, der wiederum einem Zugführer, meist einem älteren Jungmann, unterstellt wurde. Diesem Muster folgend, bildeten drei bis vier Züge die größte Einheit der NPEA, eine „Hundertschaft", die von einem „Hundertschaftsführer" geführt wurde.[393] Die Jungmannen wurden so in eine strikte schülerinterne Hierarchie eingebunden und die Gruppen- respektive Zugführer nahmen eine Stellung zwischen den Jungmannen und den Erziehern ein, wodurch der Lehrkörper entlastet werden konnte. Sie gewährleisteten ferner einen ruhigen und geordneten Ablauf des Anstaltsalltags, auch ohne ein Eingreifen des Lehr- und Erziehungspersonals. Zweck dieser Hierarchie war die Selektion und Heranbildung von Führungswillen und -vermögen. Des Weiteren wurde auf diese Weise die Etablierung eines ausgeprägten Korpsgeists innerhalb der Schülerschaft gefördert.

Nebenprodukt dieses Korpsgeistes war eine Art Ehrenkodex, nach dem sich die Schülerschaft selbst erzog und im Falle von Verstößen auch eigenständig disziplinarisch sanktionierte. Insbesondere dieser Aspekt muss kritisch betrachtet werden, denn diese Sanktionen wurden oft in beinahe ritualisierter Form durchgeführt. So berichteten ehemalige Plöner Jungmannen etwa vom „Blankputzen", welches sich die Jungmannen für leichtere Verstöße zugedachten. Hierbei weckten die Schüler mitten in der Nacht einen bestimmten Stubenkameraden und schwärzten diesen mit Schuhcreme, nur damit dieser dann in der Folge unsanft wieder „blankgeputzt" werden konnte.[394] Bei schwereren Verfehlungen setzten die Jungmannen auf die sogenannte „Koppelstrophe", dabei musste sich ein Schüler auf der Mitte des Ganges bücken, während der gesamte Zug an diesem vorbeizog und mit dem schweren Lederkoppel der Anstaltsuniform auf das

392 *Paustian*, Die Nationalpolitische Erziehungsanstalt Plön, S. 23.
393 *Paustian*, Die Nationalpolitische Erziehungsanstalt Plön, S. 30.
394 *Paustian*, Die Nationalpolitische Erziehungsanstalt Plön, S. 31.

Gesäß desselben schlug. Begleitet wurde dieser Vorgang vom Gesang der Jungmannen, wobei die Auswahl des Liedes die Dauer der Strafe bestimmte.[395] Dass diese Art von Erniedrigung von den Erziehern unbemerkt blieb, ist unwahrscheinlich, vielmehr ist davon auszugehen, dass diese die eigenmächtigen Handlungen der Schüler wenigstens billigten. Bestärkt wurde dieses Verhalten im Zweifel noch dadurch, dass man die Jungmannen zur Einhaltung bestimmter Prinzipien, wie etwa Ritterlichkeit, Ehrlichkeit und Treue erzog und so die Entwicklung und Bedeutung des schulischen Ehrenkodex noch forcierte. Dieses übersteigerte Ehrgefühl der Napolaner führte, wenn auch selten, so doch wiederholt zu tragischen Ereignissen. In der Nacht des 24. Januar 1935 etwa schlich sich ein Plöner Napolaner in den Schlosspark und nahm sich mit seinem NPEA-Seitengewehr[396] das Leben. Anstaltsleiter Brunk berichtete dazu, dass der Schüler sich in seiner Ehre gekränkt fühlte und lediglich im Suizid einen Ausweg erkannte.[397]

Wie von Haupt angestrebt, wurde mit der Umwandlung der Stabila in eine NPEA auch die Zusammensetzung der Schülerschaft grundlegend umstrukturiert. Neben Schülern jüdischer Abstammung mussten auch jene Jungen die Anstalten verlassen, die den körperlichen oder den ideologischen Anforderungen nicht genügten – im ersten NPEA-Schuljahr der Plöner Einrichtung 1933 waren davon etwa 50 Schüler betroffen.[398] Dagegen mussten sich diejenigen Kandidaten, die für eine Neuaufnahme in Frage kamen, einer rigiden Auslese unterziehen. An geeigneten Kandidaten mangelte es nicht, da sowohl bei Eltern als auch bei Schülern großes Interesse an den neu geschaffenen Anstalten bestand. Zum Schuljahr 1934 bewarben sich an der NPEA Plön 2.000 Schüler, von denen

---

395 *Paustian*, Die Nationalpolitische Erziehungsanstalt Plön, S. 31.

396 Bei dem NPEA-Seitengewehr handelte es sich um einen an die Schüler der NPEA ausgegeben Dienstdolch. Dieser ähnelte dem SA-Dienstdolch, ließ jedoch die typischen Einlagen im Griff vermissen. Auf der Klinge war das Motto der NPEA „Mehr sein als scheinen“ eingeätzt.

397 *Paustian*, Die Nationalpolitische Erziehungsanstalt Plön, S. 33 f.
Worin genau diese Kränkung im spezifischen Fall lag, lässt sich nicht mehr vollständig aufklären. Ein ehemaliger Schüler schilderte, dass auch in den nachfolgenden Jahren an der NPEA an den Selbstmord erinnert wurde. Als mögliche Ursache so massiver Ehrverletzungen kam etwa in Frage, als Dieb bezeichnet zu werden, ohne einen Gegenbeweis antreten zu können und so von den anderen Schülern verstoßen zu werden.

398 *Scholtz*, NS-Ausleseschulen, *S. 59; Paustian*, Die Nationalpolitische Erziehungsanstalt Plön, S. 10.

jedoch lediglich 120 zum Aufnahmetest zugelassen wurden.[399] Insbesondere die sogenannten „Alten Kämpfer" schickten ihre Söhne an die NPEA, wurden doch deren Nachkommen sowie die Kinder von im Ersten Weltkrieg gefallener oder schwer verwundeter Soldaten bevorzugt aufgenommen, sofern sie den körperlichen Anforderungen entsprachen.[400] Für viele Bewerber standen jedoch auch weniger ideologische Motive im Vordergrund, so war das Schulgeld der Anstalten, ähnlich wie bei den Stabila zuvor, relativ günstig, da dieses nach dem Einkommen des Elternhauses gestaffelt war. Darüber hinaus wurde ein Achtel der Plätze an den NPEA frei von Erziehungsbeiträgen vergeben.[401] Den Anstalten kam so, wenigstens teilweise, ein beinahe sozialer Charakter zu. Ferner besuchte das Personal der NPEA gezielt Schulen im Umland der Anstalten, um besonders geeignete Schüler ausfindig zu machen. Die Aufnahmeprüfung selbst bestand aus mehreren Teilen. So wurde zuerst eine rassische Überprüfung der Schüler vorgenommen, ab 1936 wurde diese durch die SS-Rassereferenten durchgeführt. Besondere Bedeutung kam dem wehrsportlichen Teil der Prüfung zu. Die Prüflinge mussten etwa schwimmen und einen Sprung ins Wasser absolvieren, gefolgt von wehrspezifischen Tests, wie Seh-, Hör- und Tarntests. In Plön bestand ein wichtiger Teil der Prüfung aus dem Überwinden einer Hindernisbahn. So mussten die Prüflinge unter Stacheldraht hindurch und über Palisadenwände hinweg klettern. Der Hindernislauf enthielt dabei auch entscheidende Charaktertests, so waren die Schüler gezwungen, aus vollem Lauf in eine Kuhle zu springen, ohne zu wissen, ob eine sichere Landung möglich war. Dabei beobachtete ein Erzieher das Verhalten der Jungen, ob diese etwa zögerten oder mutig die Gefahr in Kauf nahmen.[402] Ähnliche „Mutproben" gab es für Nichtschwimmer, von diesen wurde ebenfalls verlangt, von einem Turm in tiefes Wasser zu springen, wo diese dann durch einen Rettungsschwimmer geborgen wurden. Abgeschlossen wurde die Aufnahmeprüfung durch musische und wissenschaftliche Tests. Von den 120 zugelassenen Schülern bestanden lediglich 70 die zweitägige Prüfung.[403] Nach der Aufnahme in die Anstalt begann eine einjährige Probezeit. Sowohl mangelnde schulische als auch körperliche Leistungen waren ein Ausschlussgrund.[404] Langfristig an einer NPEA aufgenommen worden zu sein, bedeutete

---

399 *Paustian*, Die Nationalpolitische Erziehungsanstalt Plön, S. 28.
400 *Paustian*, Die Nationalpolitische Erziehungsanstalt Plön, S. 28.
401 *Paustian*, Die Nationalpolitische Erziehungsanstalt Plön, S. 27.
402 *Paustian*, Die Nationalpolitische Erziehungsanstalt Plön, S. 29f.
403 *Paustian*, Die Nationalpolitische Erziehungsanstalt Plön, S. 28.
404 *Paustian*, Die Nationalpolitische Erziehungsanstalt Plön, S. 28.

für die Schüler konstant geistig und körperlich überdurchschnittliche Leistungen erbringen zu müssen. Wer diesem Maß nicht auf Dauer entsprach, musste die Anstalt wieder verlassen. Brunk verkündete etwa im Vorfeld eines Reichsjugendwettkampfes[405], dass alle Schüler seiner Anstalt wenigstens 180 Punkte zu erreichen hätten.[406] Wer dies nicht schaffe, sei kein echter Jungmann und würde von seiner Anstalt entfernt. Dieses Beispiel macht deutlich, dass sich die Schüler einem konstanten Leistungsdruck ausgesetzt sahen. Defizite und Schwächen der Jungmannen wurden nicht toleriert, sie durch gesonderte Förderung auszugleichen, war nicht vorgesehen.

Der Fokus der NPEA Plön lag klar auf der körperlichen Ausbildung der Schülerschaft, wie sich auch dem Ausbildungsplan entnehmen lässt, der neben Leichtathletik, Turnen und Schwimmen auch Mannschaftssportarten wie Hand- und Fußball vorsah.[407] Parallel dazu spielte die wehrsportliche Ausbildung eine große Rolle. Diese sah neben Manöver- und Geländespielen ferner Märsche und eine ganze Bandbreite an Kampfsportarten wie etwa Ringen und Boxen vor. Die Leistung, die auch bereits sehr jungen Schülern abverlangt wurde, war enorm. So marschierten Jungen von neun bis elf Jahren, wenn auch ohne Marschgepäck, bis zu 23 Kilometer an einem Tag, die Primaner mit Gepäck bis zu 45 Kilometer.[408] Der Leistungsstand der Plöner Primaner war so hoch, dass sie einen Gepäckmarsch von 25 Kilometern in bloß drei Stunden und 32 Minuten absolvierten.[409] Generell kam der NPEA Plön bezüglich der wehrsportlichen Ausbildung eine Vorreiterrolle zu. Dies zeichnete sich vor allem auf den gemeinsamen NPEA-Herbstmanövern ab. Insbesondere in den frühen Jahren der Anstalten errang die schleswig-holsteinische Einrichtung öfter den Gesamtsieg und stellte dazu noch viele Einzelsieger. So etwa beim Herbstmanöver 1935, bei der die Plöner Jungmannen die Einzelwertung im Dreikampf in fünf Jahrgängen gewannen. Bemerkenswert ist dabei, dass die NPEA Plön ebenfalls die Durchschnittswertung in vier Jahrgängen erringen konnte, was veranschaulicht, dass es sich nicht bloß um wenige Ausnahmetalente handelte, sondern der Leistungsstand aller Plöner Jungmannen im Vergleich zu anderen NPEA überdurchschnittlich hoch war.[410] Diesen „Schliff" der Schüler zu erreichen, war nur durch hartes Training und

405 Eine den heutigen Bundesjugendspielen ähnelnder Leichtathletikwettkampf.
406 *Roche*, Surviving „Stunde Null", S. 579; *Paustian*, Die Nationalpolitische Erziehungsanstalt Plön, S. 28.
407 *Paustian*, Die Nationalpolitische Erziehungsanstalt Plön, S. 47.
408 *Paustian*, Die Nationalpolitische Erziehungsanstalt Plön, S. 51.
409 *Paustian*, Die Nationalpolitische Erziehungsanstalt Plön, S. 51.
410 *Paustian*, Die Nationalpolitische Erziehungsanstalt Plön, S. 51.

eine rigide Ausbildung zu gewährleisten. Der Begriff des „Schleifens" kam dabei besonders Übungen zu, die durch die Jungmannen als sinnlos erachtet wurden und die einzelne Jungen bis zum vollständigen körperlichen Zusammenbruch trieben. Auch hier setzte sich das Muster fort, nach dem der größte Druck wiederum weniger von den Erziehern als von vorgesetzten Jungmannen, wie etwa Zugführern, ausging. Ein weiteres Zeugnis der harten körperlichen Ausbildung gibt die große Zahl der Verletzungen und Krankheitsfälle an der NPEA Plön. Im Schuljahr 1934/35 kam es zu 1.971 krankheitsbedingten Ausfällen unter den Schülern. Etwa ein Drittel dieser Ausfälle war auf Sportverletzungen zurückzuführen, die sich die Schüler während der Ausbildung zuzogen. Hauptsächlich handelte es sich dabei um leichtere Verletzungen, wie Prellungen und Verstauchungen, zum Teil jedoch auch um Knochenbrüche.[411] Eine tragische Ausnahme bildete der schwere Unfall eines Schülers, der bei dem Versuch, einen Baum zu erklimmen, stürzte. Der Schüler brach sich das Genick und zog sich eine Lähmung der Beine zu und verstarb nur drei Wochen nach dem Sturz.[412] Zurückzuführen war der Unfall auf den Übermut des Jungen und dessen gesteigerten Willen, sportliche Risiken in Kauf zu nehmen – Attribute, die an den NPEA nicht nur geschätzt, vielmehr sogar gefördert wurden. Generell war man seitens der Anstalt bemüht, die Gesundheit der eigenen Schüler zu erhalten. Als Mittel dazu sah man jedoch auch eine größtmögliche Abhärtung der Jungen. So fanden selbst im November noch anstaltsinterne Schwimmwettkämpfe im 4° C kalten Plöner See statt. Zu anderen Begebenheiten schickten die Erzieher auch erkrankte Schüler ins Gelände, um die Krankheit durch körperliche Belastung zu kurieren.[413]

Das Konzept zur wehrsportlichen Ausbildung der Jungen machte die NPEA Plön in den Anfangsjahren zu einer Musteranstalt. Diese Tatsache darf aber nicht darüber hinwegtäuschen, dass die wissenschaftliche Ausbildung der Schüler ebenfalls anspruchsvoll gestaltet wurde. Schlechte intellektuelle Leistungen wurden ebenso wenig wie mangelhafte körperliche Leistung geduldet. Das Wiederholen einer Klasse war in der Regel nicht möglich. Wer auch hier den Ansprüchen nicht zu genügen vermochte, war gezwungen, die Anstalt zu verlassen. Ob das intellektuelle Niveau der NPEA gegenüber normalen Schulen, wie propagiert, tatsächlich überdurchschnittlich war, lässt sich nur noch schwer feststellen. Sicher ist jedoch, dass die Umstände und zusätzlichen Belastungen der

---

411 *Paustian*, Die Nationalpolitische Erziehungsanstalt Plön, S. 52.
412 *Paustian*, Die Nationalpolitische Erziehungsanstalt Plön, S. 52 ff.
413 *Paustian*, Die Nationalpolitische Erziehungsanstalt Plön, S. 52.

körperlichen Ausbildung an den Nachmittagen die schulische Leistung erheblich erschwerten. Auch diese Tatsache förderte letztlich wieder, wenn auch nur passiv, die Bestenauslese innerhalb der Anstalten, da nur begabtere Schüler in der Lage waren, adäquat mit dem Unterricht Schritt zu halten. In beinahe allen Anstalten orientierte sich der Lehrplan an der Deutschen Oberschule beziehungsweise dem Realgymnasium. Lediglich in den Anstalten in Schulpforta und Ihlfeld folgte man der jeweils langen Tradition des humanistischen Gymnasiums.[414] In Plön orientierte man sich am Lehrplan der Oberschule, unter besonderer Betonung der Fächer, die geeignet waren, die nationalpolitischen Ansichten besonders gut zu vermitteln. Dazu zählten vorrangig die Fächer Deutsch, Geschichte, Erdkunde und Biologie.[415] An vielen Anstalten wurde zusätzlich das Fach Nationalpolitik eingeführt. In Plön verfuhr man indes anders, der gesamte Lehr- und Stundenplan wurde nationalpolitisch ausgerichtet. Alle Fächer sollten die Weltanschauung des Nationalsozialismus gemeinsam vermitteln.[416] Zusätzlich bestand für die Jungmannen die Möglichkeit, am Nachmittag eine nationalpolitische Arbeitsgemeinschaft zu belegen. Um diese massive Umstrukturierung der Lehre an den Anstalten gewährleisten zu können, wurden vor allem nationalpolitisch weniger wertvolle Fächer wie Fremdsprachen, Mathematik und Religion gekürzt.[417] Die intellektuelle Ausbildung der Schüler wurde zum Instrument der ideologischen Beeinflussung. In allen Fächern wurden, soweit möglich, Themen behandelt, die die nationalsozialistische Ideologie propagierten. So befassten sich die Schüler im Deutschunterricht vermehrt mit Kriegsliteratur und Kriegsdichtung, während mathematische Fragestellungen in einen militärtechnischen Kontext gestellt wurden.[418] Beispielsweise hatten die Schüler Geschossflugbahnen und die Flugreichweite von Bombern zu berechnen. Im Fach Biologie wurde dagegen die Rassenfrage behandelt.[419] Ein besonders krasses Beispiel stellte etwa der Kunstunterricht dar, der, ganz im Zeichen der Propaganda, die Erstellung von Wahlkampfplakaten oder die Verzierung der Schülerstuben mit nationalsozialistischen Wahlsprüchen vorsah. Selbst ein militärischer Bezug wurde hergestellt, indem die Schüler taktische Geländeskizzen zu fertigen hatten.[420] Wo nur möglich,

414 *Paustian*, Die Nationalpolitische Erziehungsanstalt Plön, S. 17.
415 *Paustian*, Die Nationalpolitische Erziehungsanstalt Plön, S. 17.
416 *Paustian*, Die Nationalpolitische Erziehungsanstalt Plön, S. 43.
417 *Paustian*, Die Nationalpolitische Erziehungsanstalt Plön, S. 43.
418 *Paustian*, Die Nationalpolitische Erziehungsanstalt Plön, S. 46.
419 *Paustian*, Die Nationalpolitische Erziehungsanstalt Plön, S. 46.
420 *Paustian*, Die Nationalpolitische Erziehungsanstalt Plön, S. 47.

verkamen die Aufgaben- und Fragestellungen verschiedenster Fächer zum Vehikel der nationalsozialistischen Ideologie und Rassenlehre.

Zweck der NPEA war es, gemäß dem eigens dafür von Haupt entwickelten Konzept, die zukünftigen Führer des Dritten Reiches im Sinne des Nationalsozialismus zu erziehen. Zur Erreichung dieses Ziels unterwarf man die Schüler einer strengen Selektion. Nur wer rassisch, körperlich, intellektuell, ideologisch und insbesondere charakterlich den hohen Anforderungen entsprach, konnte hoffen, an den NPEA ausgebildet zu werden. Im Anstaltsalltag wurden die Jungmannen sowohl im Rahmen der stark übergeordneten körperlichen respektive wehrsportlichen Ausbildung als auch in der geistigen und wissenschaftlichen Bildung einem hohen Leistungsdruck ausgesetzt. Die Schülerschaft selbst fungierte dabei noch als eine Art Katalysator, indem sie sich einen strengen kultgleichen Ehrenkodex auferlegte, der diesen Druck zusätzlich noch erhöhte. Nicht wenige Schüler waren in diesem System rassisch-völkischer Bestenauslese letztlich nicht in der Lage, den Umständen auf Dauer Stand zu halten, und mussten die Anstalt verlassen. Durch strikten Gehorsam und allgegenwärtige ideologische Beeinflussung sollten die Jungmannen zu brennenden Nationalsozialisten erzogen werden, deren höchsten Ideale Volk, Nation und Führer sein sollten. Verschiedene NS-Institutionen, wie SS, SA, aber auch die Wehrmacht, sahen in den NPEA geeignete Ausbildungsstätten für den eigenen Führernachwuchs, weshalb die genannten Organisationen ihren Einfluss auf die Erziehungsanstalten auszudehnen versuchten. Wenigstens in den Anfangsjahren sollte es jedoch keiner dieser Gruppierungen gelingen, ihren Einfluss auf die NPEA erfolgreich auszuweiten. Das Konzept der NPEA sah vor, einen allgemeinen nationalsozialistischen Führertypus zu schaffen, um so für das gesamte Reich Führungskräfte vorzuhalten. Diese Tatsache grenzte die NPEA von anderen NS-Kaderschmieden ab, wie etwa den Adolf-Hitler-Schulen, an denen speziell die zukünftigen Führer der NSDAP herangezogen werden sollten.[421] Ein an einer NPEA ausgebildeter Jungmann musste für vielfältige berufliche Tätigkeiten geeignet sein, schließlich konnte er als Offizier, Staatsbeamter oder sogar als Führungskraft im zivilen Bereich infrage kommen. Insgesamt sollten die 46 zwischen 1933 und 1945 geschaffenen NPEA bis zum Ende der Anstalten im Jahre 1945 etwa 10.000 Jungmannen ausbilden.[422]

---

421 *Roche*, Surviving „Stunde Null", S. 572.

422 *Roche*, Sparta's German Children, S. 181.

3.) Netzwerke und Seilschaften in PMWKV und REM

Neben Haupt rekrutierte der preußische Kultusminister Bernhard Rust noch weitere, zumeist sehr junge Referenten für das PMWKV beziehungsweise das REM. Zu den Hauptakteuren der personellen Umstrukturierung zählen insbesondere die jeweiligen Leiter der Universitätsabteilung und die Personalreferenten, aber auch Sunkel, als Rusts Adjutant und späterer Leiter des Ministeramtes, sowie der Hilfsreferent Wilhelm Ahlmann.[423] Es ist daher sinnvoll und geboten, die neuen Ministerialbeamten, insbesondere hinsichtlich zwischen diesen bestehender Netzwerke, zu betrachten.

a) Haupts Freundschaft zu Sunkel

Die augenscheinlichste Verbindung unter den neuen Kräften des Ministeriums besteht zwischen Haupt und Sunkel, die im Frühjahr 1933 im Staatsdienst reüssierten. Beide verband eine jahrelange Freundschaft und Zusammenarbeit. Haupt hatte für Rust als Schriftleiter der „Niedersächsischen Tageszeitung" gearbeitet. Es ist wahrscheinlich, dass auch Sunkel Rust zwar aus der frühen Kampfzeit bekannt war, dessen Verbindung zu Haupt jedoch die eigentliche Bekanntschaft zwischen Sunkel und Rust begründete. Rust selbst berief Sunkel als Kommissar zur besonderen Verwendung, als seinen persönlichen Adjutanten in sein Ministerium. Bereits im Mai erfolgte seine Ernennung zum Ministerialrat.[424] Am 28. Juni 1934 schlug Rust ihn zur Beförderung zum Ministerialdirektor vor.[425] Bis zum 2. April 1936 stieg er zum Leiter des Ministeramtes auf.[426] Laut Rust hatte Sunkel neben seiner Tätigkeit als dessen Adjutant wesentlich an der Gestaltung der NPEA mitgearbeitet.[427] Sunkels Karriere im REM endete abrupt, als sich abzeichnete, dass seine Urgroßmutter nach den Nürnberger Rassegesetzen jüdischer Abstammung war und er als Mischling 2. Grades galt. In Sunkels Personalakte ist vermerkt, dass er am 8. April 1936 auf eigenen Antrag beurlaubt wurde.[428] Rust versuchte verschiedentlich und noch über Jahre hinweg, Sunkel an anderer Stelle im öffentlichen Dienst unterzubringen. So beabsichtigte er, Sunkel gemäß § 5 BBG unter Beibehaltung seiner bisherigen

423 *Jasch*, Das preußische Kultusministerium, Rn. 39.

424 BArch, R 4901/25523, Bekanntmachung vom 22. Mai 1933; BArch, R 43II/1154, Lebenslauf Sunkel.

425 BArch, R 43II/1154, Schreiben vom 28. Juni 1934.

426 *Jasch*, Das preußische Kultusministerium, Rn. 40.

427 BArch, R 43II/1153b, Schreiben vom 29. Juli 1934.

428 BArch, R 43II/1153b, Personalblatt Sunkel.

Amtsbezeichnung und Bezüge in das Amt des Kurators der Universität Berlin zu versetzen.[429] Rust holte dazu auch das Einverständnis Hitlers ein, dessen es an sich nicht bedurft hätte, da eine solche Versetzung innerhalb der Kompetenzen Rusts lag. Allerdings handelte es sich hierbei um eine bedeutungsvolle Stelle in der Reichshauptstadt, zudem war Sunkel dem Führer persönlich bekannt.[430] Hitler teilte mit, dass er darum bitten ließe, von der Übertragung des Amtes an Sunkel abzusehen. Eine andere Verwendung an geeigneterer Stelle sollte jedoch nicht ausgeschlossen sein.[431] Sunkel wurde daraufhin Mitte 1937 in den Wartestand versetzt.[432] Im Sommer des Folgejahres trat der Kurator der Universität Greifswald aus gesundheitlichen Gründen in den Ruhestand und Rust erbat abermals, Sunkel auf den nun vakanten Posten versetzen zu dürfen.[433] Wiederum versagte die Reichskanzlei die Verwendung Sunkels an einer Universität. Begründet wurde die Entscheidung damit, dass Sunkel für die Wahrnehmung einer solchen Stelle nicht die genügende wissenschaftliche Fundierung besäße.[434] Auch von einer der Reichskanzlei wohl ebenfalls angetragenen Verwendung Sunkels als Landrat sollte mit Rücksicht auf seine Abstammung abgesehen werden.[435] Hitler verlieh seiner Meinung dahingehend Ausdruck, dass er zwar keine Bedenken grundsätzlicher Art gegen eine Beschäftigung Sunkels im Öffentlichen Dienst habe, er jedoch der Ansicht sei, dass Sunkel einen Posten erhalten müsse, der in der Öffentlichkeit nicht besonders hervortrete.[436] Im Februar 1939 setzte sich auch der Gauleiter Schleswig-Holsteins, Hinrich Lohse, mit dem Sunkel seit seiner Zeit in Kiel verbunden war, für diesen ein. Lohse beabsichtigte, Sunkel als Landrat in die Verwaltung des Provinzialverbandes der Provinz Schleswig-Holstein zu übernehmen. Die Reichskanzlei ließ daraufhin mitteilen, dass Hitler sich nun doch mit einer derartigen Verwendung für Sunkel einverstanden erklärt habe.[437] Im Juli 1939 wurde Sunkel schließlich durch Lohse als Landrat berufen.[438] Ob Sunkel die Stelle tatsächlich antrat, lässt sich anhand der Akten

429 BArch, R 4901/14526, Schreiben vom 12. November 1936 und Schreiben vom 20. März 1937.
430 BArch, R 43II/1153b, Vermerk vom 29. April 1937.
431 BArch, R 43II/1153b, Schreiben der Reichskanzlei vom 4. Mai 1937.
432 BArch, R 43II/1153b, Schreiben der Reichskanzlei vom 10. August 1937.
433 BArch, R 4901/25523, Schreiben vom 5. Juli 1938.
434 BArch, R 4901/25523, Schreiben vom 2. November 1938.
435 BArch, R 4901/25523, Schreiben vom 2. November 1938.
436 BArch, R 4901/25523, Schreiben vom 2. November 1938.
437 BArch, R 4901/25523, Schreiben vom 11. Februar 1939.
438 BArch, R 4901/25523, Schreiben vom 31. Juli 1939.

nicht nachvollziehen. Zum Kriegsbeginn im September 1939 meldete er sich als Kriegsfreiwilliger.[439] Im April 1940 diente Sunkel als Feldwebel in der Wehrmacht.[440] Rust versuchte unterdessen, Sunkel weiterhin eine neue Dienststellung zu verschaffen. Wohl in Rücksprache mit Sunkel schlug Rust der Reichskanzlei vor, „[...] dass gerade bei den Aufgaben im Ostgebiet vielleicht die gegebene Gelegenheit ist, von den Leistungsqualitäten Sunkels Gebrauch zu machen."[441] Speziell schlug er vor, Sunkel für eine Verwendung in den Reichskommissariaten der neuerlich eroberten Ostgebiete vorzusehen.[442] Lammert, Reichsminister und Chef der Reichskanzlei, lehnte dies mit der Begründung ab, dass „[...] die Verwaltung dieser Gebiete nicht bloß eine ausgesprochen politische Seite, sondern weitgehend gerade auch Fragen zu behandeln hat, die mit dem starken jüdischen Bevölkerungsanteil dieser Gebiete in Zusammenhang stehen."[443] Da Lammert Hitler nicht erneut persönlich mit dem Fall Sunkel befassen wollte, beschied er die Anfrage Rusts selbst, nicht jedoch ohne sich im Vorfeld mit Reichsleiter Bormann abzustimmen.[444] Sunkel sollte letztlich den gesamten Krieg über in der Wehrmacht dienen und sich am 8. Mai 1945 in Liebau in Lettland das Leben nehmen.[445]

b) *Seilschaft ehemaliger Freyer-Schüler?*

Auffällig erscheint ebenfalls, dass mit Joachim Haupt, Georg Gerullis, Wilhelm Ahlmann[446] und Johann Daniel Achelis gleich mehrere junge Referenten aus dem

439 BArch, R 43II/1153b, Schreiben der Reichskanzlei vom 06. September 1941.

440 BArch, R 4901/25523, Schreiben vom 26. April 1940.
Grüttner berichtet, dass sich Sunkel an den Feldzügen gegen Polen, Dänemark, Frankreich und zuletzt Russland teilnahm. Siehe dazu: *Grüttner*, Biographisches Lexikon zur nationalsozialistischen Wissenschaftspolitik, S. 172.

441 BArch, R 43II/1153b, Schreiben Rust vom 29. Juli 1941.

442 BArch, R 43II/1153b, Schreiben Rust vom 29. Juli 1941.

443 BArch, R 43II/1153b, Schreiben der Reichskanzlei vom 6. September 1941.

444 BArch, R 43II/1153b, Schreiben der Reichskanzlei vom 6. September 1941; BArch, R 43II/1153b, Schreiben der Reichskanzlei vom [unleserlich] 1941.

445 *Grüttner*, Biographisches Lexikon zur nationalsozialistischen Wissenschaftspolitik, S. 172.

446 Wilhelm Ahlmann (* 17. April 1895 in Kiel; † 7. Dezember 1944 in Kiel) entstammte einer Kieler Bankiersfamilie. Er diente im Ersten Weltkrieg als Kriegsfreiwilliger und traf zu dieser Zeit bereits auf Hans Freyer. Im Verlauf seines Fronteinsatzes wurde Ahlmann schwer verwundet und erblindete. Ebenfalls wird spekuliert, dass er infolge eines versuchten Suizides sein Augenlicht verlor. Er betrieb ein Studium der Rechtswissenschaften und schloss dieses mit einer Promotion ab. Im Anschluss

Leipziger Schülerkreis Hans Freyers ihren Weg ins PMWKV beziehungsweise ins REM fanden. Haupt hatte in Kiel bei Freyer Philosophie gehört und wurde später bei ihm in Leipzig promoviert. Ahlmann lernte Freyer als Kameraden im Ersten Weltkrieg kennen, hatte Freyer ebenfalls in Kiel gehört und war diesem nach Leipzig gefolgt. Achelis begegnete Freyer in Leipzig und schloss sich dem Schülerkreis um den Neuhegelianer an.[447] Gerullis lehrte selbst in Leipzig, kann also weniger als Schüler Freyers bezeichnet werden, war aber dennoch über dessen Gesprächskreise mit diesem verbunden.[448] Bei genauer Betrachtung zeigt sich, dass es sich bei den Referenten aus dem Dunstkreis Freyers keineswegs um eine homogene Gruppe handelt. So entstammte Ahlmann einer großbürgerlichen Bankiersfamilie, sein Vater Ludwig Ahlmann war Mitglied der DNVP, und führte später in Berlin einen eher als nationalkonservativ einzuschätzenden

wurde er noch in Philosophie promoviert und folgte Freyer 1925 von Kiel aus nach Leipzig. Auch er gehört zu den jungen radikalen Kräften, die nach der „Machtergreifung" in das PMWKV wechseln sollten. Im Jahr 1933 nahm Ahlmann eine Stelle als „Hilfsreferent" an, dabei handelt es sich jedoch um eine Bezeichnung, die den wahren Einfluss Ahlmanns im Ministerium verschleiert und lediglich darin begründet ist, dass er, auf ein Gehalt nicht angewiesen, unentgeltlich arbeitete. Seine Tätigkeit im Ministerium endete bereits gegen Ende des Jahres 1933, galten seine Ansichten und seine Herkunft doch als nicht in Gänze mit dem Nationalsozialismus vereinbar. Nach 1933 blieb Ahlmann in Berlin und bildete einen nationalkonservativen Gesprächskreis. Aus diesem entwickelten sich immer wieder Anknüpfungspunkte zu Mitgliedern des späteren Widerstandskreises um Claus Schenk Graf von Stauffenberg. Dieser selbst suchte ihn noch wenige Tage vor dem 20. Juli 1944 auf. Der ehemalige Finanzminister Johannes Popitz erbat kurz nach seiner Verhaftung durch die Gestapo, von Ahlmann besucht zu werden. So mit den Attentätern in Verbindung gebracht, fiel der Fokus der ermittelnden Behörden auch auf Ahlmann, denen er, obwohl nicht direkt an dem gescheiterten Attentat beteiligt, nun wenigstens als Mitwisser galt. Ahlmann, der sich erst vor der Gestapo zu verbergen suchte, konnte sich der Verfolgung jedoch nicht auf Dauer entziehen. Derart in die Enge getrieben, wählte Ahlmann den Freitod und erschoss sich am 7. Dezember 1944 in den Büroräumen des Kieler Bankinstituts, um so einer ihm drohenden Verhaftung durch die Gestapo sowie den darauf folgenden Verhören und einer ebenso sicher anstehenden Verurteilung durch Freislers Volksgerichtshof zu entgehen. Zu Ahlmann siehe: *Meyer-Pritzl*, Die Kieler Rechts- und Staatswissenschaften, S. 161–163; *Freyer*, Wilhelm Ahlmann; *Wulf*, Vom Konservativen zum Widerständler.

447 *Meyer-Pritzl*, Die Kieler Rechts- und Staatswissenschaften, S. 161.

448 *Grüttner*, Biographisches Lexikon zur nationalsozialistischen Wissenschaftspolitik, S. 59.

Gesprächskreis.[449] Es offenbart sich bereits hier ein ideologischer Kontrast zu Haupt, der einen sehr völkisch orientierten nationalen Sozialismus vertrat. Die jungen Referenten teilten also keineswegs eine ähnliche Auffassung vom Nationalsozialismus. Es handelt sich so wohl weniger um eine Seilschaft der Schüler Freyers, sondern vielmehr um einen Zufall, der darauf beruhte, dass Freyer auch junge Nationalsozialisten um sich scharte, die aus dem Bildungsbereich beziehungsweise dem Hochschulwesen stammten und so ihren Weg selbstständig respektive über eigene Verbindungen in das PMWKV beziehungsweise das REM fanden. Eine Verbindung zwischen Rust und Freyer ist nicht ersichtlich, sodass es kaum Freyer gewesen sein kann, der seine Schüler im REM unterbrachte. Dagegen spricht ferner, dass Rust etwa Haupt selbst persönlich kannte. Eine Einflussnahme Freyers ist damit nicht ausgeschlossen, jedoch unwahrscheinlich, insbesondere da er keine direkte Verbindung zu Rust aufwies.

c) Verbindungen zu weiteren Ministerialbeamten

Zu den anderen Akteuren des Ministeriums gehörten Stuckart und Vahlen. Der Jurist Stuckart gelangte im Mai 1933 als kommissarischer Ministerialdirektor zum PMWKV und wurde bereits im Juni 1933 zum Staatssekretär ernannt.[450] Wegen persönlicher Konflikte mit Reichsminister Rust wurde er durch diesen bereits im September 1934 wegen „Ungehorsams" in den Ruhestand versetzt.[451] Stuckart weist keinerlei Verbindung zu den übrigen jungen Beamten auf. Vahlen arbeitete seit 1933 parallel zu seiner Greifswalder Lehrtätigkeit im Ministerium und sollte nach Haupt das Amt des Leiters der Universitätsabteilung, des späteren Amtes Wissenschaft, übernehmen.[452] Ob Haupt und Vahlen den Konflikt, der sich zwischen ihnen bereits in Greifswald gebildet hatte, überwunden hatten, lässt sich letztlich nicht mehr nachvollziehen, offene Anfeindungen zwischen beiden haben jedenfalls keinen Eingang in die Personalakten gefunden.

In die Zeit der Tätigkeit Haupts im PMWKV fällt auch ein Konflikt, der sich zwischen ihm und Jens Jessen[453] entzündete. Dieser warnte bereits vor 1933 vor

---

449 *Meyer-Pritzl*, Die Kieler Rechts- und Staatswissenschaften, S. 161 f.

450 BArch, R 43II/1154, Lebenslauf Stuckart.

451 *Jasch*, Das preußische Kultusministerium, Rn. 34.

452 *Jasch*, Das preußische Kultusministerium, Rn. 44 f.

453 Jens Jessen (* 11. Dezember 1895 in Stoltebüll; † 30. November 1944 in Berlin-Plötzensee) wuchs als fünftes von zehn Geschwistern einer Landwirtsfamilie auf. Er besuchte bis 1914 das alte Gymnasium in Flensburg und diente nach seiner Reifeprüfung als Kriegsfreiwilliger an der West- und der Ostfront, an der er so schwer verwundet wurde, dass er von der Front abgezogen wurde. Nach dem Krieg betrieb

der „Verbonzung" und Erstarrung der nationalsozialistischen Bewegung. Diese Gefahr sah er in der Praxis, politische Führerpositionen nicht nach Eignung

---

er in Kiel ein sowohl juristisches als auch volkswirtschaftlich ausgerichtetes Studium der Rechts- und Staatswissenschaften. Dort hörte er auch bei Bernhard Harms, dem Leiter des „Instituts für Weltwirtschaft und Seeverkehr", dessen Persönlichkeit ihn nachträglich prägte. 1920 wurde er mit einer Arbeit zur Schleswig-Holsteinischen Gutswirtschaft zum Doktor der wirtschaftlichen Staatswissenschaften promoviert. Zusätzlich schloss er im selben Jahr eine Promotion zum Doktor der Rechte mit einer Arbeit bezüglich des Rechtsvergleichs im Handelsrecht zwischen Deutschland und skandinavischen Staaten ab. Er folgte seinem Doktorvater Richard Passow nach Göttingen, wo er sich 1928 mit einer Arbeit über „Die Agrarprobleme in Argentinien" für wirtschaftliche Staatswissenschaften habilitierte. Noch im selben Jahr erhielt er in Göttingen eine Stelle als Privatdozent. Im Jahre 1932 wurde er an der Rechts- und Staatswissenschaftlichen Fakultät der Universität Göttingen zum außerordentlichen Professor ernannt. Harms, der 1933 erkannte, dass er die Leitung seines Instituts als Liberaler nicht würde halten können, setzte sich, durch den Preußischen Finanzminister Popitz unterstützt, massiv dafür ein, das Amt Jessen zu übertragen. Vonseiten der Nationalsozialisten wurde Jessen durch Bernhard Rust unterstützt, den er in seiner Zeit in Göttingen als Gauleiter Südhannover-Braunschweig kennengelernt hatte. Unterdessen vertrat Jessen im Sommersemester den Lehrstuhl für Volks-, Weltwirtschaftslehre und Finanzwissenschaften an der Christian-Albrechts-Universität. Im Mai 1933 wurde der Lehrstuhl endgültig mit ihm besetzt. Wenige Monate später bat Harms Rust um seine Absetzung und darum, Jessen zu seinem Nachfolger zu machen. Jessen gilt ferner als einer der einflussreichsten Aktivisten, die unmittelbar nach der nationalsozialistischen Machtübernahme an der Umgestaltung der Kieler Rechts- und Staatswissenschaftlichen Fakultät beteiligt waren. Er verfing sich jedoch im Jahre 1934 in Intrigen und ideologischen Konflikten innerhalb der nationalsozialistischen Bewegung und wurde im Wintersemester 1934/35 auf eigenen Antrag beurlaubt, an dessen Freiwilligkeit indes gezweifelt werden muss. In Zuge dessen wurde er nach Marburg versetzt, wechselte jedoch im Jahr 1935 an die Handelshochschule in Berlin und letztlich an die dortige Universität, an der er im Wintersemester 1936/37 die Lehre als Professor für Volkswirtschaftslehre aufnahm. Jessen blieb weiterhin mit Popitz verbunden und wurde so als Nachfolger des verstorbenen Harms in die „Mittwochsgesellschaft" in Berlin aufgenommen, einer elitären Gruppe von Wissenschaftlern, Literaten und Führungspersonen verschiedenster Organisationen, die sich regelmäßig in privatem Rahmen zu Vortrags- und Diskussionsabenden trafen. In einem engeren Sinne handelte es sich dabei nicht um eine Widerstandsgruppe, jedoch gehörten ihr eine Reihe späterer aktiver Widerstandsmitglieder, wie Ulrich von Hassell und Ludwig Beck, an. Jessen entfernte sich zusehends von seinen nationalsozialistischen Auffassungen und schloss sich mit Popitz dem nationalkonservativen Widerstand an. Später hatte er oft mit Claus Graf Schenk von Stauffenberg Umgang und machte diesen mit Popitz und von Hassell

und Leistung zu vergeben, sondern dass in vielen Fällen eine lange Parteimitgliedschaft und die richtigen Verbindungen über die Besetzung wichtiger Positionen entschieden. Generell bestanden zwischen Haupt und Jessen jedoch auch Streitigkeiten ideologischer Natur. So erklärte Jessen, dass die Auffassungen Haupts, die eines Nationalbolschewisten seien.[454] Abseits dieses politischen Konflikts erkannte Jessen in Haupt einen Repräsentanten, der von ihm beklagten „Verbonzung".[455] „Ein gescheiterter Studienrat von etwas mehr als zwanzig Jahren entschied jetzt, nur weil er altes Parteimitglied war, über die Besetzung von Professuren an den Universitäten."[456]

Anlass des Konfliktes war eine Rede Haupts, die dieser im November 1933 in einem neu aufgestellten Studentenschulungslager „Buchenhagen" in Kitzeberg bei Kiel gehalten hatte.[457] Jessen war über mehrere Mittelsmänner zugetragen worden, dass Haupt in seiner Rede Universitätsrektor Wolf und Reichsinnenminister Frick angegriffen hatte. Zwei Assistenten Jessens, die jedoch selbst nicht zugegen waren, ließen ihm einen entsprechenden Bericht der Veranstaltung zukommen. Ungeklärt ist, wie Haupt Kenntnis davon erhielt, dass Jessen im Besitz eines solchen Berichts war. Diese Tatsache ermöglichte es ihm jedoch, Gegenmaßnahmen einzuleiten und die von dem Bericht ausgehende Gefahr abzuwenden. Am 20. Januar 1934 forderte Reinhard Sunkel den Kieler Polizeipräsidenten

bekannt. Es gibt Hinweise, dass Jessen eine bedeutende Rolle für das Attentat vom 20. Juni innehatte und er direkt an der Planung der konkreten Ausführung des Anschlages beteiligt war. Trotz des Grades seiner Beteiligung wurde er nach Scheitern des Anschlages erst im Oktober 1944 festgenommen. Freislers Volksgerichtshof gelang es lediglich, ihm „Nichtanzeige einer hoch- und landesverräterischen Straftat in einem besonders schweren Fall" nachzuweisen. Dennoch reichte dieser, wohl den eigentlichen Grad seiner Beteiligung unterschätzender Vorwurf, Freisler, Jessen am 7. November 1944 zum Tod durch den Strang zu verurteilen. Das Urteil wurde am 30. November 1944 in Berlin-Plötzensee vollstreckt. Zu Jessen siehe: *Schlüter-Ahrens*, Der Volkswirt Jens Jessen, Leben und Werk; *Molzow*, Jens Peter Jessen, S. 235–243; *Wulf*, Jens Jessen und das „Institut für Weltwirtschaft und Seeverkehr" 1933/1934, S. 45–55; *Meyer-Pritzl*, Die Kieler Rechts- und Staatswissenschaften, S. 156ff.

454 *Wulf*, Jens Jessen und das „Institut für Weltwirtschaft und Seeverkehr" 1933/1934, S. 51.

455 *Wulf*, Jens Jessen und das „Institut für Weltwirtschaft und Seeverkehr" 1933/1934, S. 52.

456 *Wulf*, Jens Jessen und das „Institut für Weltwirtschaft und Seeverkehr" 1933/1934, S. 52.

457 Zum Schulungslager siehe *Göllnitz*, Der Student als Führer? (im Druck).

auf, die Angelegenheit aufzuklären.[458] Dieser kam dem Ersuchen bereits am 22. Januar 1934 nach. Alle Teilnehmer der Tagung in „Buchenhagen“ wurden hinsichtlich der Äußerungen Haupts befragt, was jedoch nicht zu einem Ergebnis führte. Jessen selbst, der sich seinerzeit im Krankenhaus befand, wurde durch Polizeibeamte aufgesucht und sein Krankenzimmer durchsucht. Dabei konnte auch der durch die Assistenten Jessens verfasste Bericht ermittelt werden. Unabhängig davon drangen am selben Tag Personen, die nicht der Polizei angehörten, in die Dienstzimmer Jessens im Institut für Weltwirtschaft und Seeverkehr ein und durchsuchten seine persönlichen Papiere und seine dienstliche sowie private Korrespondenz.[459] Jessens Privatwohnung wurde ebenfalls von unbekannten Personen durchsucht. Jessen selbst äußerte die naheliegende Vermutung, dass es sich um Mitglieder der NSDAP gehandelt habe. Ohlendorf und Peters, die beteiligten Assistenten Jessens, wurden vorübergehend in Schutzhaft verbracht.[460] Durch die noch nicht bewältigten Krankheitsfolgen und nicht zuletzt durch die nervliche Belastung der geschilderten Vorgänge sah sich Jessen dazu genötigt, am 20. Februar 1934 seine Beurlaubung bis zum Wintersemester 1934/35 zu beantragen. Jessen verpflichtete sich, wohl auf Druck aus dem Kultusministerium hin, in seinem Antrag, sich während der Zeit seiner Beurlaubung außerhalb Kiels aufzuhalten und lediglich die Zeit der Semesterferien mit seiner Familie in Kiel zu verbringen.

Am 9. Juni 1934 wurde Jessen jedoch am Kieler Hauptbahnhof gesichtet, was Haupt umgehend erfuhr. Der Kieler Polizeipräsident veranlasste daraufhin, wohl auf den Hinweis Haupts, Jessen festzunehmen und in Schutzhaft zu verbringen. Eine rechtliche Grundlage für dieses Handeln blieb man sich letztlich schuldig, weshalb das Oberpräsidium der Provinz Schleswig-Holstein, als es von der Verhaftung Jessens erfuhr, zeitnah dessen sofortige Freilassung anordnete.[461] Jessens Verwendung als Direktor des Instituts für Weltwirtschaft und Seeverkehr war damit faktisch beendet. Im Juli 1934 wurde sein bisher kommissarischer Nachfolger offiziell eingesetzt. Der Prozess, der zur Absetzung Jessens führte, hatte letztlich nur zehn Monate beansprucht.

---

458 *Wulf*, Jens Jessen und das „Institut für Weltwirtschaft und Seeverkehr“ 1933/1934, S. 52.

459 *Wulf*, Jens Jessen und das „Institut für Weltwirtschaft und Seeverkehr“ 1933/1934, S. 52.

460 *Wulf*, Jens Jessen und das „Institut für Weltwirtschaft und Seeverkehr“ 1933/1934, S. 52.

461 *Wulf*, Jens Jessen und das „Institut für Weltwirtschaft und Seeverkehr“ 1933/1934, S. 52 f.

Diese Vorgänge machen deutlich, mit welcher Willkür und mit welchem Tempo Fehden auf den unteren Ebenen der nationalsozialistischen Bewegung ausgetragen wurden, und zeigen, dass sich auch untere Parteifunktionäre die Aushöhlung des Rechtsstaates im Rahmen persönlicher Feindschaften zu Nutze machten und diese vorantrieben. In diesem Falle war es Haupt möglich, Jessen durch unrechtmäßige polizeiliche Maßnahmen ins Abseits und letztlich aus dem Amt zu drängen. Möglich machten dies seine und nicht zuletzt auch Sunkels auf die Kampfzeit in Kiel zurückgehenden Seilschaften und Verbindungen.

4.) Universitäts-Gesellschaft

Neben seinem Posten als Ministerialrat im PMWKV übernahm Haupt im Herbst 1933 zusätzlich den Vorsitz der Schleswig-Holsteinischen Universitäts-Gesellschaft (SHUG).[462]

Diese war im Juli des Jahres 1918, somit am Ende des Ersten Weltkrieges, in Kiel gegründet worden.[463] Die selbst auferlegte Aufgabe der Gesellschaft sollte es sein, die Universität zu fördern und die Verbindung zwischen Land und Hochschule zu bestärken. Aufgerufen Anteil zu nehmen, waren nicht nur jene, die mit der Christian-Albrechts-Universität als Lehrer oder Schüler verbunden waren, sondern darüber hinaus auch all jene, die aus Hingebung zu ihrem Land oder wissend um die immense Bedeutung der Universität, diese zu fördern und zu unterstützen suchten.[464] Die SHUG unterstützte die Universität und die Studierenden auf vielfältige Weise. So förderte sie neben einzelnen Instituten, Seminaren und Bibliotheken bei besonderen Anschaffungen auch konkrete Belange der Studentinnen und Studenten, etwa durch die Bezuschussung von Forschungsreisen. Im Rahmen der Studentenwohlfahrt unterstützte die SHUG darüber hinaus die „Deutsch-Nordische Burse", ein vor allem für nordische Austauschstudenten vorgesehenes Studentenwohnheim.[465] Insbesondere dieser spezielle Förderaspekt ist wohl auf die selbstgewählte Rolle einer Grenzlanduniversität zurückzuführen.

---

462 *Jessen-Klingenberg*, Geschichte der Schleswig-Holsteinischen Universitätsgesellschaft 1918–1993, S. 62.

463 *Jessen-Klingenberg*, Geschichte der Schleswig-Holsteinischen Universitätsgesellschaft 1918–1993, S. 11.

464 *Jessen-Klingenberg*, Geschichte der Schleswig-Holsteinischen Universitätsgesellschaft 1918–1993, S. 11.

465 *Jessen-Klingenberg*, Geschichte der Schleswig-Holsteinischen Universitätsgesellschaft 1918–1993, S. 50.

Die politischen Umwälzungen im Nachgang der nationalsozialistischen Machtübernahme im Frühjahr 1933 erfassten auch die Universitätsgesellschaft. Anton Schifferer, der über lange Jahre den Vorsitz der Gesellschaft innehatte und der ein entschiedener Gegner der NSDAP war, zog sich am 13. Mai 1933 aus alles Geschäften und von allen Ämtern zurück. Schifferer verließ mit seinem Rücktritt nach zehn Jahren als erster Vorsitzender die SHUG, für deren Auf- und Ausbau er vorrangig verantwortlich zeichnete.[466] Bereits am 5. August 1933 erließ die Gesellschaft eine neue Satzung, mit der die Gleichschaltung vollzogen werden sollte.[467] Nachdem die Geschäfte kurze Zeit kommissarisch geführt wurden, war es an der NSDAP, einen neuen Vorsitzenden zu bestimmen. Diese Aufgabe wurde durch den Gauleiter Hinrich Lohse wahrgenommen. Im Oktober schließlich traf Lohse seine Entscheidung, die Wahl fiel auf Joachim Haupt.[468]

Haupt selbst hatte im Vorfeld, trotz seiner langjährigen Agitation in Kiel, keine wesentlichen Anknüpfungspunkte zur SHUG. So mag es verwundern, dass ausgerechnet ihm das Amt des Vorsitzenden zuteil wurde. Dieser Eindruck verstärkt sich außerdem dadurch, dass Haupt von Berlin aus die alltäglichen Geschäfte der Gesellschaft kaum wahrnehmen konnte. Geführt wurde sie in diesen Jahren faktisch durch den Rektor der Christian-Albrechts-Universität Lothar Wolf[469] und den außerplanmäßigen Professor für Neuere Geschichte, Carl Petersen[470].[471] Es ist anzunehmen, dass sich hier ein Prozess widerspiegelt, der bezeichnend für den Zeitraum der universitären (Selbst-)Gleichschaltung ist. Die in diesem

---

466 *Jessen-Klingenberg*, Geschichte der Schleswig-Holsteinischen Universitätsgesellschaft 1918–1993, S. 55.

467 *Jessen-Klingenberg*, Geschichte der Schleswig-Holsteinischen Universitätsgesellschaft 1918–1993, S. 59.

468 *Jessen-Klingenberg*, Geschichte der Schleswig-Holsteinischen Universitätsgesellschaft 1918–1993, S. 62.

469 Karl Ludwig Lothar Wolf (* 14. Februar 1901 in Kirchheimbolanden; † 3. Februar 1969 in Marienthal) betrieb seit 1920 ein Studium der Chemie und der Physik, unter anderem in Bonn und München. 1930 erhielt er den Lehrstuhl für Physikalische Chemie in Kiel. Ab 1933 war er Rektor der CAU. Vgl. dazu *Grüttner*, Biographisches Lexikon zur nationalsozialistischen Wissenschaftspolitik, S. 185 f.

470 Carl Ernst Johann Petersen (* 5. März 1885 in Hvidding; † 26. Januar 1942 in Berlin) war Historiker und ab 1922 außerplanmäßiger Professor am Lehrstuhl für Neuere Geschichte am Historischen Seminar der Christian-Albrechts-Universität. Vgl. dazu: *Cornelißen*, Das Kieler Historische Seminar in den NS-Jahren, in: Wissenschaft an der Grenze – Die Universität Kiel im Nationalsozialismus, S. 229 f.

471 *Jessen-Klingenberg*, Geschichte der Schleswig-Holsteinischen Universitätsgesellschaft 1918–1993, S. 66.

Zusammenhang neu geschaffenen sowie bereits bestehenden, aber nunmehr vakanten „Führerpositionen" wurden alsbald mit politisch zuverlässigen „Alten Kämpfern" besetzt. Letztlich drängt sich der Eindruck auf, dass Haupt den Posten des ersten Vorsitzenden der SHUG nur aufgrund seiner Seilschaft zum schleswig-holsteinischen Gauleiter Hinrich Lohse erhielt.

V.) Entlassung und Parteiprozess

1.) Festnahme und Vernehmung

Am 19. Oktober 1935 wurde Haupt durch Beamte der Geheimen Staatspolizei (Gestapo) festgenommen und in deren Berliner Zentrale in der Prinz-Albrecht-Straße verbracht.[472] Aus dem Einschreiben der Gestapo vom 19. November 1935 an das Oberste Parteigericht der NSDAP in München geht hervor, dass die Festnahme auf Weisung des Preußischen Ministerpräsidenten und des Chefs der Geheimen Staatspolizei durchgeführt wurde.[473] Bei diesem Vermerk handelt es sich indes nur um eine Phrase, die stets zur Legitimation von Schreiben dieser Art vorangesetzt wurde. Dass Göring respektive Heydrich zu diesem Zeitpunkt persönlich um die Umstände von Haupts Verhaftung wussten und mit einem Mehr als bloßer Kenntnisnahme involviert waren, scheint zumindest zweifelhaft. Noch am 19. Oktober 1935 wurde Haupt durch zwei Beamte der Gestapo, unter Beisein einer Stenografin, verhört.[474] Das Verhör wurde bis in die späten Abendstunden geführt und am Folgetag fortgeführt. Aus dem Vernehmungsprotokoll geht hervor, dass Haupt an diesem Tag erneut vorgeführt wurde, es steht somit zu vermuten, dass er wenigstens eine Nacht in den berüchtigten Zellen der Prinz-Albrecht-Straße 8 unter Arrest verbracht hat.[475]

Haupt wurde beschuldigt „[...] schwere sittliche Verfehlungen homosexueller Art begangen zu haben."[476] Den Anlass für die Untersuchung Haupts bot eine im Jahr 1935 durchgeführte Durchsuchung wegen Vergehen gegen den § 175

---

472 BArch, OPG: 3403|0036|41, Gestapo Mitteilung über Festnahme vom 19. November 1935.

473 BArch, OPG: 3403|0036|41, Gestapo Mitteilung über Festnahme vom 19. November 1935.

474 BArch, OPG: 3403|0036|41, Vernehmungsprotokoll Joachim Haupt vom 19. Oktober 1935, Abschnitt 1, S. 1.

475 BArch, OPG: 3403|0036|41, Vernehmungsprotokoll Joachim Haupt vom 19. Oktober 1935, Abschnitt 2, S. 1.

476 BArch, OPG: 3403|0036|41, Gestapo Mitteilung über Festnahme vom 19. November 1935.

Reichsstrafgesetzbuch (RStGB) der Landesschule in Schulpforta. Im Frühjahr des Jahres 1935 erhielten die Behörden Kenntnis davon, dass sich in Schulpforta über Jahre Ausschweifungen homosexueller Natur zwischen Lehrkräften sowie Schülern abgespielt hätten. Die Staatsanwaltschaft beim Landgericht Naumburg ermittelte gegen drei Lehrer sowie fünf Schüler, welche die Lehranstalt zum Teil bereits verlassen hatten. Das Verfahren endete mit einem Urteil der Großen Strafkammer des Landgerichts Naumburg (1 K 15/35).[477] Das Gericht sprach gegen zwei der angeklagten Lehrer mehrjährige Zuchthausstrafen aus. Drei der betroffenen Schüler, zu denen auch Hanfried Dietrich gehörte, verurteilte das Gericht wegen widernatürlicher Unzucht zu geringen Gefängnisstrafen.[478] Bei der Durchsuchung der Schule fielen den Ermittlern mehrere Briefe Haupts in die Hände, die sich vorher im Besitz des Primaners Dietrich befunden hatten und an diesen adressiert waren.[479] Im Laufe der Ermittlungen gelangten die Briefe in die Hände von Reinhard Höhn, dem Leiter des SS-Kulturamtes und späteren Abteilungsleiter im Reichssicherheitshauptamt.[480]

Haupt gab während der Vernehmung insgesamt 17 persönliche von ihm unterhaltene Verbindungen preis, die er zu aktiven wie auch ehemaligen Schülern pflegte oder in der Vergangenheit gepflegt hatte. Diese „Häuptlinge“, wie diese sich unter anderem selbst bezeichneten, entstammten zum Großteil den ihm unterstellten Nationalpolitischen Erziehungsanstalten, aber auch anderen Schulen.[481] Aus dem Protokoll geht hervor, dass ihm im Vorfeld keinerlei Vorhaltungen von Ermittlungsergebnissen gemacht wurden, jedoch wurde er während seiner Ausführungen wiederholt durch die Beamten mit ermittlungsrelevanten Tatsachen konfrontiert.

---

477 BArch, OPG: 3403|0036|41, Beschluss vom 28. Januar 1938, S. 2.

478 BArch, OPG: 3403|0036|41, Beschluss vom 28. Januar 1938, S. 3.

479 BArch, OPG: 3403|0036|41, Gestapo Mitteilung über Festnahme vom 19. November 1935, S. 1.
Die genannten Briefe liegen dem Verhörprotokoll Haupts nicht bei. Zitate und Textpassagen können somit nicht an den Originalen, sondern lediglich an den Vorhaltungen der Gestapo-Beamten aus dem Verhör belegt werden. Gleiches gilt für die Vernehmungen der Schüler auf die wiederholt Bezug genommen wird. Auch diese liegen dem Protokoll nicht bei.

480 *Scholtz*, NS-Ausleseschulen, S. 89.

481 BArch, OPG: 3403|0036|41, Gestapo Mitteilung über Festnahme vom 19. November 1935, S. 3.

a) Haupts Verbindungen zu Schülern

Der Fall um den Primaner Hanfried Dietrich aus Schulpforta kam als erster zur Sprache. In seinem Amt als Inspekteur der Nationalpolitischen Erziehungsanstalten besuchte Haupt das in Landesträgerschaft stehende humanistische Internat in Schulpforta. Sein Ziel war es, sich in seiner fortwährenden Auseinandersetzung mit der Bildungsidee des Humanismus einen Eindruck des Schulbetriebs in Schulpforta, einem der ältesten Schulinternate Deutschlands, zu verschaffen. Auf dem Schulbesuch wurde er von den Ministerialbeamten Benze und Thies begleitet. Aussagen des Schülers Gotthelf von Osterroht, nach denen auch Sunkel an der Besichtigung teilnahm, scheinen sich nicht bestätigen zu lassen.[482] Fraglich ist hier, ob Sunkel dem Schüler persönlich bekannt war oder dieser ihn bloß verwechselte. Denkbar ist jedoch ebenfalls, dass die Vernehmungsbeamten dem Jungen suggerierten, jener sei als enger Vertrauter Haupts ebenfalls anwesend gewesen.

Bei der Besichtigung einer Griechisch Unterrichtsstunde sei Haupt ein Schüler durch rege Teilnahme aufgefallen. Dieser habe jedoch auf eine Frage des Lehrers nicht antworten können, da er zu Haupt hinüber sah. Kurz vor der Abfahrt aus Schulpforta habe er den Schüler am Tor des Geländes wiederentdeckt und diesen unter Beisein der anderen Beamten gebeten, ihm ins Ministerium in Berlin zu schreiben, um ihm weiter von Schulpforta zu berichten. Dieser Bitte sei Dietrich dann auch nachgekommen. Die von ihm erhaltenen Briefe habe Haupt allerdings ohne besonderen Anlass vernichtet, so halte er es mit seiner gesamten Korrespondenz.[483] Weiter erklärte Haupt, dass er die von ihm an den Schüler gerichteten Antworten für sachlich sowie inhaltlich angemessen halte.[484] Aus dem Protokoll lässt sich rekonstruieren, dass ihm auf diese Aussage hin mehrere bei Dietrich aufgefundene und beschlagnahmte Briefe vorgelegt und ihm spezifische Textpassagen vorgehalten wurden.

So wird Haupt auf folgende Zeilen aus Brief Nr. 2 hingewiesen: „Wir Verworfenen sind hinter Akten verbannt und nicht abgeneigt einen Blick in die Freiheit

482 BArch, OPG: 3403|0036|41, Vernehmungsprotokoll Joachim Haupt vom 19. Oktober 1935, Abschnitt 2, S. 2f.

483 BArch, OPG: 3403|0036|41, Vernehmungsprotokoll Joachim Haupt vom 19. Oktober 1935, Abschnitt 1, S. 2f.

484 BArch, OPG: 3403|0036|41, Vernehmungsprotokoll Joachim Haupt vom 19. Oktober 1935, Abschnitt 1, S. 3.

und in Hanfrieds blaue Augen zu tun".[485] Die Augen Dietrichs greift Haupt wiederholt im Rahmen der Briefe auf. So auch in Brief Nr. 5: „[...] so wie ich sehr gern und vielleicht zu lange in die stillen Augen eines Pförtnerjünglings sah".[486] Haupt wendet darauf ein, dass er diese Passagen als Ausdruck von Sympathie und persönlicher Freundschaft verstanden wissen möchte und räumt ein, dass die von ihm gewählte Ausdrucksweise die professionelle Distanz nicht wahrt, die ihm sein Amt gebieten würde.[487] Neben einzelnen Begriffen und Formulierungen wurden Haupt auch längere Auszüge vorgehalten, so schrieb er in Brief Nr. 10:

> „Vor Weihnachten komme ich doch wahrscheinlich in die Nähe Deiner Insel und kann dich vielleicht besuchen, ich bin froh in der Stille und im Dunkel von Herbst und Winter und freue mich auf das kommende Frühjahr, wenn Freundschaft und Liebe reicher blühen. Dich grüsst herzlich Dein Joachim Haupt. Und ich glaube, dass man mehrere Freunde haben kann."[488]

Haupt führt dazu ferner aus, dass er, wenn er in den Briefen „[...] von den schlanken Jungen, den griechischen und den deutschen Jungen [...]" in Schulpforta schreibt, dass er eine starke Zuneigung zur griechischen Kultur hege.[489] Die Attribute dieser hohen Kultur erkenne er in den Schülern Schulpfortas und insbesondere in dem Schüler Dietrich wieder.[490] Gerade die Manifestation eben jener von ihm so geschätzten Werte in Form des Schülers Dietrich habe ihn dazu veranlasst, seiner „[...] schwärmerischen Zuneigung zum Menschen und zur Kultur das Griechentums [...]" diesem gegenüber in zu starker Weise Ausdruck verliehen zu haben.[491] Mit diesen belastenden Passagen konfrontiert, erklärte Haupt, dass diese Zuneigung, wie von ihm beschrieben, durchaus als erotisch

485 BArch, OPG: 3403|0036|41, Vernehmungsprotokoll Joachim Haupt vom 19. Oktober 1935, Abschnitt 1, S. 5f.

486 BArch, OPG: 3403|0036|41, Vernehmungsprotokoll Joachim Haupt vom 19. Oktober 1935, Abschnitt 1, S. 3.

487 BArch, OPG: 3403|0036|41, Vernehmungsprotokoll Joachim Haupt vom 19. Oktober 1935, Abschnitt 1, S. 4.

488 BArch, OPG: 3403|0036|41, Vernehmungsprotokoll Joachim Haupt vom 19. Oktober 1935, Abschnitt 1, S. 6.

489 BArch, OPG: 3403|0036|41, Vernehmungsprotokoll Joachim Haupt vom 19. Oktober 1935, Abschnitt 1, S. 6.

490 BArch, OPG: 3403|0036|41, Vernehmungsprotokoll Joachim Haupt vom 19. Oktober 1935, Abschnitt 1, S. 7.

491 BArch, OPG: 3403|0036|41, Vernehmungsprotokoll Joachim Haupt vom 19. Oktober 1935, Abschnitt 1, S. 7.

zu bezeichnen sei, jedoch nur dann, wenn man die körperlichen sowie sexuellen Aspekte der Erotik dabei ausklammere.[492] Die Vorhaltungen der Vernehmungsbeamten beschränkten sich jedoch nicht nur auf die inhaltlichen Aspekte der Korrespondenz, so wurde ebenfalls Formalia als belastend angesehen, etwa dass Haupt es vermied, einen Großteil der privaten Briefe mit dem Hitlergruß zu schließen.[493]

Nachdem das Verhör bezüglich Dietrich den gesamten 19. Oktober 1935 bis in die späten Nachtstunden vereinnahmt hatte, wurde Haupt am Folgetag wieder vorgeführt und die Vernehmung fortgesetzt. Gotthilf von Osterroht war ebenfalls Schüler der Landesschule in Schulpforta und Haupt lernte auch ihn bei seinem Besuch dort kennen.[494] Er sei ihm im Rahmen des Deutschunterrichts aufgefallen und habe wohl auch teilweise der Führung durch die Schule beigewohnt.[495] Aus einem Gespräch habe sich ergeben, dass der Junge auf seinen Ferienfahrten über Berlin fahre, da er im Osten wohne. Bei dieser Gelegenheit habe Haupt ihm vorgeschlagen, in Berlin Halt zu machen und ihn im Ministerium einen Besuch abzustatten.[496]

Zweck dieses Kontaktes sei auch diesmal gewesen, mehr über den Schulbetrieb des Internates in Schulpforta in Erfahrung zu bringen. Dieser Einladung kam der Schüler bei mehreren Gelegenheiten nach und brachte teilweise seinen jüngeren Bruder Clemens von Osterroht mit.[497] Bei dem dritten Besuch der Brüder fuhren sie gemeinsam an den Wandlitzsee, um dort zu baden. Bemerkenswert ist, dass Haupt für die Reise auf einen Wagen der Landesverwaltung der NPEA sowie einen Dienstkraftfahrer zurückgriff. Neben dem Fahrer nahm auch der Kultusministerialbeamte Schulrat Thies an dem Ausflug teil.[498] Gotthilf von Osterroht, der bereits im April 1935 zu diesen Vorkommnissen vernommen

492 BArch, OPG: 3403|0036|41, Vernehmungsprotokoll Joachim Haupt vom 19. Oktober 1935, Abschnitt 1, S. 7.

493 BArch, OPG: 3403|0036|41, Vernehmungsprotokoll Joachim Haupt vom 19. Oktober 1935, Abschnitt 1, S. 5.

494 BArch, OPG: 3403|0036|41, Vernehmungsprotokoll Joachim Haupt vom 19. Oktober 1935, Abschnitt 2, S. 1.

495 BArch, OPG: 3403|0036|41, Vernehmungsprotokoll Joachim Haupt vom 19. Oktober 1935, Abschnitt 2, S. 2.

496 BArch, OPG: 3403|0036|41, Vernehmungsprotokoll Joachim Haupt vom 19. Oktober 1935, Abschnitt 2, S. 3.

497 BArch, OPG: 3403|0036|41, Vernehmungsprotokoll Joachim Haupt vom 19. Oktober 1935, Abschnitt 2, S. 3.

498 BArch, OPG: 3403|0036|41, Vernehmungsprotokoll Joachim Haupt vom 19. Oktober 1935, Abschnitt 2, S. 3.

worden war, soll im Nachgang dazu seine Aussage dahingehend erweitert haben, dass Haupt sich in der Gegenwart der Jungen vollkommen nackt gezeigt habe, wofür sich die beiden arg geschämt hätten.[499] Ferner soll sich Haupt im weiteren Verlauf des Ausflugs noch einmal auf einem Boot beim Rudern entkleidet haben. Mit diesen Vorhaltungen konfrontiert, äußerte sich Haupt dahingehend, dass man zwar gebadet habe, dieses aber bekleidet getan habe. Er bestritt, sich nackt gezeigt zu haben. Alle Beteiligten hätten sich lediglich in einem großen gemeinsamen Umkleideraum umgezogen.[500]

Abseits dieser Ausflüge, erklärt Haupt weiter, hätten die Geschwister Osterroht mehrfach bei ihm in Berlin übernachtet, er hatte ihnen diese Möglichkeit eröffnet, nachdem ihm bekannt wurde, dass sie nur ungern bei ihrer Mutter in Potsdam wohnten.[501] Ebenso wie bei Dietrich wurden auch bei Gotthilf von Osterroht Briefe Haupts aufgefunden und beschlagnahmt. Aus dieser Korrespondenz wurden Haupt keine spezifischen Passagen vorgehalten. Ihm wurde jedoch vorgeworfen, dass die Briefe nach Form und Inhalt insgesamt für das Verhältnis zwischen einem Schüler und einem höheren Schulaufsichtsbeamten inadäquat seien.[502]

Haupt gibt an, den jüngeren Bruder Gotthilf von Osterrohts durch ihren Vater kennengelernt zu haben. Der Vater der Schüler Gotthilf und Clemens von Osterroht, der Oberst-Feldmeister und Leiter des Arbeitsdienstes in Landsberg/Warthe, war Haupt schon länger namentlich bekannt.[503] Dieser habe seinen jüngeren Sohn bei einem dienstlichen Besuch mitgebracht. In Anwesenheit des Vaters habe Haupt dem Jungen dann vorgeschlagen, ihn doch gelegentlich zu besuchen.[504] Haupt bemerkt ferner dazu, dass wie Gotthilf auch Clemens ihn mehrmals besuchte und über kürzere Zeiträume bei ihm wohnte. Er bestreitet auch im Fall der Gebrüder jedwede unzulässige Handlung. Straftatbestände habe er in keinem

499 BArch, OPG: 3403|0036|41, Vernehmungsprotokoll Joachim Haupt vom 19. Oktober 1935, Abschnitt 2, S. 4.
500 BArch, OPG: 3403|0036|41, Vernehmungsprotokoll Joachim Haupt vom 19. Oktober 1935, Abschnitt 2, S. 4.
501 BArch, OPG: 3403|0036|41, Vernehmungsprotokoll Joachim Haupt vom 19. Oktober 1935, Abschnitt 2, S. 5.
502 BArch, OPG: 3403|0036|41, Vernehmungsprotokoll Joachim Haupt vom 19. Oktober 1935, Abschnitt 2, S. 6.
503 BArch, OPG: 3403|0036|41, Vernehmungsprotokoll Joachim Haupt vom 19. Oktober 1935, Abschnitt 2, S. 1.
504 BArch, OPG: 3403|0036|41, Vernehmungsprotokoll Joachim Haupt vom 19. Oktober 1935, Abschnitt 2, S. 6.

Falle erfüllt. Letztmalig habe er die Geschwister von Osterroht im Beisein ihres Vaters im September 1935 in Berlin gesehen.[505] Das Treffen kam zustande, um Haupt zu informieren, dass die beiden Jungen zu den möglichen Verfehlungen Haupts vernommen worden seien.[506] Die konkreten Einzelheiten der Vernehmungen habe man jedoch nicht besprochen. Der Vater indes habe ihm ferner mitgeteilt, dass er eine Beschwerde wegen der Verhöre und der seines Erachtens unzulässigen Einwirkung durch die Beamten auf die Jungen eingereicht habe.[507] Das Verhalten des Vaters der Brüder von Osterroht spricht dafür, dass er Joachim Haupt nicht als Bedrohung für seine Söhne angesehen haben kann. Vielmehr hat er augenscheinlich versucht, Haupt beizustehen, diesen zu unterstützen und letztlich sogar zu entlasten.

Den Tertianer Möllendorf lernte Haupt durch dessen Mutter kennen. Diese hatte Haupt aufgesucht, um ihren Sohn in einer der NPEA unterzubringen. Haupt kam dieser persönlichen Bitte nach, indem er den Schüler an die NPEA Oranienburg überwies.[508] Von dort aus besuchte der Tertianer Haupt im Rahmen einer Ferienreise in Berlin, als auch gerade die Geschwister Osterroht zugegen waren. Der Junge habe jedoch nicht bei Haupt übernachtet, sondern bei Verwandten in Berlin gewohnt.[509] Auf die Frage der Beamten hin, aus welchen Beweggründen Haupt gerade diesen „[…] äusserlich recht vorteilhaft aussehenden […]“[510] Schüler aufgefordert hatte, ihn zu besuchen, führte Haupt aus, dass er einen gewissen Wert darauf lege, mit Schülern der ihm unterstellten Nationalpolitischen Erziehungsanstalten anzuknüpfen. Dass die Wahl Haupts gerade Möllendorf traf, sei reiner Zufall gewesen und hätte vielmehr daran gelegen, dass dieser Haupt durch den Besuch mit seiner Mutter bereits im Vorfeld persönlich bekannt war.[511]

505 BArch, OPG: 3403|0036|41, Vernehmungsprotokoll Joachim Haupt vom 19. Oktober 1935, Abschnitt 2, S. 6.

506 BArch, OPG: 3403|0036|41, Vernehmungsprotokoll Joachim Haupt vom 19. Oktober 1935, Abschnitt 2, S. 6.

507 BArch, OPG: 3403|0036|41, Vernehmungsprotokoll Joachim Haupt vom 19. Oktober 1935, Abschnitt 2, S. 6.

508 BArch, OPG: 3403|0036|41, Vernehmungsprotokoll Joachim Haupt vom 19. Oktober 1935, Abschnitt 2, S. 8.

509 BArch, OPG: 3403|0036|41, Vernehmungsprotokoll Joachim Haupt vom 19. Oktober 1935, Abschnitt 2, S. 8.

510 BArch, OPG: 3403|0036|41, Vernehmungsprotokoll Joachim Haupt vom 19. Oktober 1935, Abschnitt 2, S. 8.

511 BArch, OPG: 3403|0036|41, Vernehmungsprotokoll Joachim Haupt vom 19. Oktober 1935, Abschnitt 2, S. 8.

Der Sekundaner Klein-Grothaus war ursprünglich Schüler der NPEA Plön, musste diese jedoch im Rahmen disziplinarischer Maßnahmen verlassen. Er wurde in Absprache mit den jeweiligen Anstaltsleitern und mit der Genehmigung Haupts auf die Anstalt in Oranienstein verlegt. Worin genau die Verfehlung des Schülers bestand, wurde von Haupt nicht weiter ausgeführt. Er erwähnt jedoch in diesem Zusammenhang, dass noch ein weiterer Schüler, mit dem er in der Vergangenheit ebenfalls korrespondierte, der Plöner Sekundaner Gerd Jord, ebenfalls daran beteiligt war und auch nach Oranienstein überstellt wurde.[512]

Im Gegensatz zu den anderen von Haupt unterhaltenen Anknüpfungen, bei denen jeweils nur Briefe Haupts bei den jeweiligen Schülern aufgefunden wurden, rührt von Klein-Grothaus der einzige Brief her, der durch die Gestapo-Beamten bei Haupt sichergestellt werden konnte.[513] Auf eine besondere Bedeutung gerade dieses Schülers für Haupt lässt diese Tatsache jedoch weniger schließen. Weder der Inhalt des Briefes noch die daraus zu rekonstruierende Beziehung zu Haupt scheinen wenigstens in dieser Hinsicht bemerkenswert. Es scheint vielmehr dem Zufall, präziser noch der Aktualität des Briefes geschuldet zu sein, dass Haupt eben diesen Brief noch nicht vernichtet hatte. Dieser stammte vom 5. Oktober 1935 und war damit zum Zeitpunkt seiner Verhaftung lediglich zwei Wochen alt[514], sodass Haupt sich des Briefes entgegen seiner üblichen Praxis noch nicht entledigt hatte.

Haupts Verhältnis zu Klein-Grothaus scheint sich jedoch in einem Aspekt von seinen anderen Anknüpfungen zu unterscheiden. Aus dem Brief des Schülers wurde Haupt vorgehalten, dass der Junge von dem Verlust von Geld schreibe, das Haupt ihm gegeben habe.[515] Haupt führte daraufhin aus, dass der Junge aus schlichten Verhältnissen entstamme und somit „[…] im Interesse seines

512 BArch, OPG: 3403|0036|41, Vernehmungsprotokoll Joachim Haupt vom 19. Oktober 1935, Abschnitt 3, S. 2.

513 Allein diese Konversation mag also einen Eindruck davon vermitteln, wie das beidseitige Verhältnis zwischen Haupt und einem seiner Schüler ausgeprägt war. Jedoch liegen auch diese Briefe dem Protokoll nicht bei, sodass aus den knappen Vorhaltungen der Beamten nur ein sehr grobes Bild entstehen kann. Darüber hinaus bleibt es reine Spekulation, ob eben grade diese Beziehung beispielhaft für die zahlreichen Anknüpfungen Haupts ist.

514 BArch, OPG: 3403|0036|41, Vernehmungsprotokoll Joachim Haupt vom 19. Oktober 1935, Abschnitt 3, S. 2.

515 BArch, OPG: 3403|0036|41, Vernehmungsprotokoll Joachim Haupt vom 19. Oktober 1935, Abschnitt 3, S. 2.

Fortkommens auf eine Art […] persönlicher Freundschaft angewiesen […]"[516] war.[517] Eine solche Verbindung habe sich zwischen ihm und dem Jungen entwickelt. Er ließ jedoch offen, von wem dieses Verhältnis ausgegangen ist. Ferner führte Haupt dazu aus, dass darüber hinaus die Beziehung zu Klein-Grothaus in keiner Weise anders geprägt war als etwa das Verhältnis zu den Brüdern Osterroht. Das von dem Schüler erwähnte Geld habe Haupt ihm lediglich für die Heimreise gegeben, nachdem dieser von Plön nach Oranienstein überstellt wurde und ihn in Berlin besucht hatte.[518] Im Oktober 1935 habe Haupt zudem mit Klein-Grothaus einen viertägigen Segeltörn auf der Ostsee von Sassnitz aus nach Kolberg unternommen. Ebenfalls anwesend waren zudem der Ministerialrat im Kultusministerium Ernst Bargheer[519] sowie der Student Fritz Meyerhold.[520]

Die Verbindung zu Klein-Grothaus ist insofern besonders, als sie sich, wie auch von Haupt selbst bemerkt, durch einen erheblichen Grad an Abhängigkeit des Jungen auszeichnet. Haupt scheint aus Interesse an ihm übermäßig in die Geschicke des Schülers involviert. Er revidierte in seinem Amt als Inspekteur

516 BArch, OPG: 3403|0036|41, Vernehmungsprotokoll Joachim Haupt vom 19. Oktober 1935, Abschnitt 3, S. 2.

517 Auffällig ist, dass anstelle des Begriffs der „persönlichen Freundschaft" erst der Begriff „Berufsberatung" geschrieben steht, jedoch gestrichen wurde. Es scheint somit, als habe Haupt anfänglich versucht dem Verhältnis zu Klein-Grothaus einen professionellen Anschein zu verleihen.

518 BArch, OPG: 3403|0036|41, Vernehmungsprotokoll Joachim Haupt vom 19. Oktober 1935, Abschnitt 3, S. 3.

519 Ernst Bargheer (* 19. Mai 1892 in Finkenwerder; † 14. Februar 1974 in Kiel) diente von 1914 bis 1918 als Kriegsfreiwilliger, zuletzt im Dienstgrad eines Hauptmanns. Er betrieb ein Studium der Volkskunde, Germanistik und Geschichte. 1919 bis 1929 arbeitete er in Hamburg als Volksschullehrer. Er promovierte im Jahr 1927. 1929 wurde er Privatdozent und 1930 Ordinarius an der Pädagogischen Akademie Hannover. Im Jahr 1933 wurde er als Ministerialrat ins PMWKV berufen, jedoch schon 1936 aus ungeklärter Ursache auf die Stelle eines Bibliotheksrats nach Halle strafversetzt. Denkbar ist, dass er wegen seiner Beteiligung an der bereits erwähnten Segelfahrt im Zuge der Affäre um Haupt ebenfalls in Ungnade fiel. Im Zweiten Weltkrieg diente er als Wehrmachtsfürsorgeoffizier, den Einsatz an der Front soll er wegen des Traumas durch den Ersten Weltkrieg abgelehnt haben. Er geriet 1945 in britische Gefangenschaft und wurde bis 1947 interniert. Zwischenzeitlich schlug sich Bargheer als Reisevertreter für Haushaltsgegenstände durch, bis er 1954 eine Privatschule in Kiel gründete, die er bis 1963 betrieb. Zu Bargheer siehe: *Weiß*, Pädagogik und Nationalsozialismus, S. 45 ff.

520 BArch, OPG: 3403|0036|41, Vernehmungsprotokoll Joachim Haupt vom 19. Oktober 1935, Abschnitt 3, S. 3.

der Nationalpolitischen Erziehungsanstalten den Verweis des Jungen von einer der ihm unterstehenden Anstalten und ermöglichte diesem weiterhin von der Bildung und Erziehung und nicht zuletzt dem damit einhergehenden Prestige der Anstalten zu profitieren. Dies ist insofern bemerkenswert, als man ein solches Engagement zwar für einen Schüler mit hochrangigen Parteiverbindungen erwarten würde, weniger jedoch für einen Jungen aus einem eher einfachen Umfeld. Haupt überstimmte letztendlich einen seiner Anstaltsleiter und zwang den Delinquenten Klein-Grothaus einer anderen NPEA auf, ohne in objektiver Art und Weise davon zu profitieren.

Haupt selbst gibt in seinem Verhör an, dass der Junge auf ihn als Gönner angewiesen sei und konstatierte damit, dass der Schüler zuletzt Haupts Wohlwollen ausgeliefert und damit nicht unerheblich von diesem abhängig war. Da ein offensichtlicher Vorteil für Haupt nicht augenscheinlich hervortritt, bleibt es der Spekulation überlassen, ob Haupt aus altruistischen Motiven handelte oder den Jungen in seine Hand bringen wollte. Gegen eine solche Unterstellung spricht jedoch, dass ein solches Muster generell nicht zu erkennen ist. Haupts Anknüpfungen beschränkten sich keineswegs auf diesen Typus Schüler, vielmehr stellt die Verbindung zu Klein-Grothaus die Ausnahme dar.

Im Laufe der Vernehmung gab Haupt noch sieben weitere Verbindungen preis, die er zu ehemaligen Schülern, die sich selbst als „Häuptlinge" bezeichneten,[521] unterhielt. Bei diesen handelte es sich allesamt um Schüler, die er während seiner Zeit als Erzieher und Lehrer in Plön kennengelernt hatte.[522] Hauptsächlich beschränkten sich diese Anknüpfungen auf Briefkorrespondenz, vereinzelt besuchten ihn jedoch auch einige dieser Schüler.[523]

b) Anonyme Anzeigen gegen Haupt und Abschlussbefragung

Haupt wurde während der Vernehmung Kenntnis davon gegeben, dass auch von anonymer Seite her bei der Gestapo eine Anzeige gegen ihn gestellt wurde. In dieser wurden ihm verschiedenste homosexuelle sowie sonstige Verfehlungen in Plön und auch andernorts vorgeworfen.[524] Haupt erklärte dazu unverzüglich, dass

521 BArch, OPG: 3403|0036|41, Gestapo Mitteilung über Festnahme vom 19. November 1935, S. 3.

522 BArch, OPG: 3403|0036|41, Vernehmungsprotokoll Joachim Haupt vom 19. Oktober 1935, Abschnitt 3, S. 3f.

523 BArch, OPG: 3403|0036|41, Vernehmungsprotokoll Joachim Haupt vom 19. Oktober 1935, Abschnitt 3, S. 3f.

524 BArch, OPG: 3403|0036|41, Vernehmungsprotokoll Joachim Haupt vom 19. Oktober 1935, Abschnitt 3, S. 4.

er eine gesicherte Vermutung habe, von wem diese Anzeige herrühren dürfte. Es handele sich wohl um Hans-Hermann Duve, den geschiedenen Mann von Haupts Ehefrau. Dieser habe bereits mehrere Anzeigen gegen ihn erstattet und habe ihn ferner in mehreren Briefen persönlich bedroht. Diese Briefe habe er auch in seinem Büro aufgehoben.[525]

Obwohl es sich um eine anonyme Anzeige handelte und diese den Akten nicht beigefügt ist, scheint Haupts Vermutung wohl dennoch berechtigt gewesen zu sein. Innerhalb der Akten zum Parteigerichtsverfahren Haupts finden sich mehrere kurze Schriftstücke, die aus der Feder Duves stammen. In einem Schreiben an das Kreisgericht der NSDAP in Lübeck vom 22. November 1935 nimmt Duve auf eine von ihm herrührende Klagschrift Bezug. Er habe lange gezögert, diese abzuschicken, da er befürchtet habe, Schikanen Haupts ausgesetzt zu sein, sollte dieser von der Anzeige erfahren.[526]

Ferner geht aus der Anzeige hervor, dass Haupt sich lediglich als Reaktion auf die politischen Ereignisse des 30. Juni 1934 mit einer Hausdame aus Plön verheiratet habe.[527] Haupt erwiderte dahingehend, dass er seine Frau schon von seiner

---

525 Diese Briefe könnten Haupt von einigen Verdachtsmomenten entlasten und die Anzeige eventuell zu Teilen relativieren, liegen dem Protokoll jedoch ebenfalls nicht bei.

526 BArch, OPG: 3403|0036|41, Schreiben von H. Duve an das NSDAP Kreisgericht Lübeck vom 22. November 1935.
Darüber hinaus enthalten die Akten noch ein weiteres Schreiben vom 17. Dezember 1936 von Duve an das NSDAP Gaugericht Groß-Berlin. In diesem bittet er um Auskunft bezüglich des Standes des Verfahrens gegen Haupt, da er nunmehr seit seinem Schreiben aus dem Vorjahr nichts weiter gehört habe. Gerüchteweise habe er lediglich in Erfahrung gebracht, dass Haupt seines Amtes enthoben wurde und dass er in einem Konzentrationslager untergebracht wurde, aus diesem jedoch „unter merkwürdigen Begleitumständen" entlassen worden sei. Duves laienhafte Kenntnis der Umstände, die zum größten Teil auf Gerüchten zu beruhen scheint, wecken nicht zuletzt Zweifel an der Ernsthaftigkeit seiner Vorwürfe. Es drängt sich vielmehr der Eindruck auf, dass Duve eine private Fehde mit Haupt führte und diese auf dem Rücken der Gerichte auszutragen versuchte, um dem neuen Ehemann seiner geschiedenen Frau zu schaden. Dass die Anzeige Duves dennoch den Anlass oder wenigstens Vorwand für die Untersuchung gegen Haupt darstellte, lässt sich indes nicht ausschließen.
Siehe dazu: Schreiben von H. Duve an das NSDAP Gaugericht Groß-Berlin vom 17. Dezember 1936.

527 BArch, OPG: 3403|0036|41, Gestapo Mitteilung über Festnahme vom 19. November 1935, S. 3.

Studienzeit in Kiel her kannte.[528] Zu diesem Zeitpunkt bereits habe er mit dem Gedanken gespielt, sich mit ihr zu verloben, jedoch sei er dann in der Tageszeitung auf eine Verlobungsanzeige gestoßen und habe daher von seinem Vorhaben Abstand nehmen müssen.[529] Während ihrer ersten, fünf Jahre andauernden Ehe habe man keinen Kontakt gehabt und sich aus den Augen verloren. Sie habe sich jedoch nach ihrer Scheidung an Haupt gewandt, woraufhin er ihr eine Stellung als Hausdame in der Anstalt in Plön verschafft habe. Haupt heiratete sie, sobald ihre Scheidung von Duve rechtskräftig festgestellt wurde.[530] Haupt führte weiter aus, dass es „[…] sich um eine reine Neigungsehe […]" und keinesfalls um eine Scheinehe handele, die in Verbindung mit irgendwelchen politischen Ereignissen stünde. Einige seiner ehemaligen Schüler stünden ferner auch mit Haupts Frau in Briefkontakt, er habe aber weder Einfluss darauf noch habe er genauere Kenntnis davon.[531]

Zum Abschluss der Vernehmung befragte man Haupt noch einmal hinsichtlich dessen, was er selbst als homo-erotische Neigung bezeichnet hatte. Solche Neigungen seinerseits haben zu dem Primaner Dietrich aus Schulpforta, zu Klein-Grothaus aus Plön sowie vielleicht auch zu den Brüdern Osterroht aus Schulpforta bestanden.[532] Körperlich habe sich dies jedoch nur bei Klein-Grothaus manifestiert. Nur mit diesem sei es vereinzelt zu Umarmungen, aber auch zu Kusshandlungen gekommen, diese seien jedoch nur als rein erotische Geste, auf keinen Fall aber als sexuelle Handlungen zu verstehen.[533] Zu homosexuellen Geschlechtshandlungen sei es nicht, auch nicht versuchsweise, in irgendeiner Form gekommen. Haupt erklärte auf die eindringliche Befragung der Beamten hin weiter, dass er weder in seiner dienstlichen Funktion noch in seinem privaten Umfeld von, wie auch immer gearteten, homosexuellen Verfehlungen Kenntnis

528 BArch, OPG: 3403|0036|41, Vernehmungsprotokoll Joachim Haupt vom 19. Oktober 1935, Abschnitt 3, S. 5.
529 BArch, OPG: 3403|0036|41, Vernehmungsprotokoll Joachim Haupt vom 19. Oktober 1935, Abschnitt 3, S. 5.
530 BArch, OPG: 3403|0036|41, Vernehmungsprotokoll Joachim Haupt vom 19. Oktober 1935, Abschnitt 3, S. 6.
531 BArch, OPG: 3403|0036|41, Vernehmungsprotokoll Joachim Haupt vom 19. Oktober 1935, Abschnitt 3, S. 6.
532 BArch, OPG: 3403|0036|41, Vernehmungsprotokoll Joachim Haupt vom 19. Oktober 1935, Abschnitt 3, S. 6.
533 BArch, OPG: 3403|0036|41, Vernehmungsprotokoll Joachim Haupt vom 19. Oktober 1935, Abschnitt 3, S. 6.

erhalten habe.[534] Im Folgenden wurde Haupt gefragt, ob er seiner eigenen Auffassung nach geeignet sei, weiterhin das Amt Inspekteur der Nationalpolitischen Erziehungsanstalten zu bekleiden. Haupt gab zu Protokoll, dass er seine Person bisher für vollumfänglich geeignet gehalten habe, diese wichtige Position zu repräsentieren. Dies sei nun jedoch nicht mehr der Fall, unter Berücksichtigung des gesamten Sachverhaltes und im Hinblick auf das zusammengetragene Beweismaterial sehe er ein, dass er unter diesen Umständen das Amt des Inspekteurs der NPEA nicht mehr versehen könne.[535]

2.) Verteidigungsschrift Haupts

Der Vernehmungsniederschrift der Gestapo steht eine Verteidigungsschrift Haupts vom 11. September 1937 gegenüber.[536] Haupt erklärte darin, dass er kaum die Hälfte des Protokolltextes unmittelbar diktiert habe. Das Übrige entstamme sinngemäß der Feder der Beamten, welche einzelne Textpassagen einfach geschrieben hätten.[537] Zur Unterschrift dieses maßgeblich unrichtigen Protokolls will Haupt „[...] mehr oder weniger gedrückt worden sein [...].“[538] Ferner entstamme der im Protokoll häufig Verwendung findende Begriff „homo-erotisch“ nicht Haupts eigenen Gedanken und Sprachgebrauch, vielmehr sei dieser Haupt plausibel gemacht worden, um sein Verhältnis zu den Schülern adäquat zu beschreiben.[539]

Zu den in seiner Verteidigungsschrift von Haupt aufgeworfenen Anschuldigungen nahm die Gestapo noch im Jahre 1937 Stellung. Zu der Sache äußerten sich der vernehmende Beamte sowie seine direkten Vorgesetzten. Aus der dienstlichen Äußerung des Vernehmungsbeamten, des Kriminalkommissars

534 BArch, OPG: 3403|0036|41, Vernehmungsprotokoll Joachim Haupt vom 19. Oktober 1935, Abschnitt 3, S. 6.

535 BArch, OPG: 3403|0036|41, Vernehmungsprotokoll Joachim Haupt vom 19. Oktober 1935, Abschnitt 3, S. 7.

536 Auch dieses Dokument, das als Blatt 176 der Akte gekennzeichnet sein sollte, liegt der Bundesarchivakte zu Haupts Parteikorrespondenz nicht bei. Lediglich ein Schreiben der Obersten SA-Führung an das Gaugericht Groß-Berlin vom 20. Oktober 1937 nimmt auf dieses Bezug.

537 BArch, OPG: 3403|0036|41, Schreiben der Obersten SA-Führung vom 20. Oktober 1937.

538 BArch, OPG: 3403|0036|41, Schreiben der Obersten SA-Führung vom 20. Oktober 1937.

539 BArch, OPG: 3403|0036|41, Schreiben der Obersten SA-Führung vom 20. Oktober 1937.

Kanthack, geht hervor, dass es durchaus zutreffend sei, dass Haupt den Text des Protokolls nicht eigenständig diktiert habe. Die Vernehmungsniederschriften würden regelmäßig vom vernehmenden Beamten im Beisein des Vernommenen diktiert.[540] Andernfalls wäre eine Vernehmung wenig sinnvoll und man könnte sich mit der bloßen schriftlichen Äußerung des zu Vernehmenden begnügen. Potenzielle Übertragungsfehler beziehungsweise unrichtige Darstellungen würden aber dadurch ausgeschlossen, dass die Niederschrift dem Vernommenen nach Abschluss der Vernehmung nochmals vorgelesen würde.[541] Haupt hingegen wurde darüber hinaus das Protokoll selbst noch übergeben, damit er es persönlich in aller Ruhe habe durchlesen und auf Fehler überprüfen konnte. Auch der direkte Vorgesetzte Kanthacks, der Polizeihauptmann Häusserer, bestätigte, dass nichts festgehalten wurde, das Haupt nicht selbst im Laufe der Vernehmung selbst vorgetragen habe.[542] Ferner sei es so gewesen, dass er an einzelnen Formulierungen und Passagen des Textes bereits während des Diktierens solange korrigiert und verbessert habe, bis das für Haupt unter den gegebenen Umständen günstigste Ergebnis niedergeschrieben worden sei.[543] Darüber hinaus sei es, da Haupt ein promovierter Akademiker sei und Wert darauf gelegt habe als solcher aufzutreten, nicht erforderlich gewesen, ihn hinsichtlich der Bedeutung des Begriffs eines homoerotischen Verhältnisses näher zu belehren.[544] Er habe den Begriff sehr gewandt und des Öfteren zur Anwendung gebracht, womit ihm die Bedeutung des Begriffes absolut nicht fremd gewesen sei.[545]

Auf keinen Fall habe man gegen Haupt unzulässige Druckmittel jeglicher Art verwendet. Das Erpressen von Geständnissen stelle ein schweres Amtsverbrechen dar. Eine Misshandlung des Vernommenen sei schon von praktischen Gesichtspunkten her nicht möglich gewesen, da, wie bei allen Vernehmungen

---

540 BArch, OPG: 3403|0036|41, Dienstliche Äußerung Kanthack vom 2. Oktober 1937, S. 3.

541 BArch, OPG: 3403|0036|41, Dienstliche Äußerung Kanthack vom 2. Oktober 1937, S. 3.

542 BArch, OPG: 3403|0036|41, Dienstliche Äußerung Häusserer vom 29. September 1937, S. 1.

543 BArch, OPG: 3403|0036|41, Dienstliche Äußerung Häusserer vom 29. September 1937, S. 2.

544 BArch, OPG: 3403|0036|41, Dienstliche Äußerung Kanthack vom 2. Oktober 1937, S. 2.

545 BArch, OPG: 3403|0036|41, Dienstliches Schreiben Meisinger vom 22. Oktober 1937, S. 1.

üblich, die gesamte Zeit über eine Stenotypistin anwesend gewesen sei.[546] Abgesehen davon habe überhaupt keine Notwendigkeit bestanden, ein Geständnis von Haupt herbeizuführen. Die beschlagnahmte Korrespondenz sowie die Aussagen der Schüler hätten Haupt bereits soweit überführt, dass ein Geständnis für die Ermittlung von keinem besonderen Wert gewesen wäre.[547] Zum Nachweis seiner homoerotischen Anknüpfungen mit Schülern unter Ausnutzung seiner Autorität als Inspekteur der Nationalpolitischen Erziehungsanstalten habe es einer Aussage Haupts ohnehin nicht mehr bedurft.[548]

Generell fiel Haupt den Beamten dahingehend unangenehm auf, dass er anfänglich die Vernehmung nicht ernst nahm und nur in sehr ironischer Art und Weise antwortete. Von diesem herablassenden Verhalten habe er erst abgesehen, als ihm klar geworden sei, dass sich die gegen ihn erhobenen Vorwürfe auf Tatsachen stützten, die er trotz all seiner geschickten Dialektik nicht einfach abzutun im Stande gewesen sei.[549] Haupt ließ sich darüber hinaus jedoch dazu hinreißen, die Beamten der Gestapo noch weiter zu reizen. So erklärte er bereits zu Beginn der Vernehmung dem Beamten Kanthack gegenüber, dass es in der Gestapo keine echten Nationalsozialisten gebe und ferner die gesamte Behörde, um überhaupt eine Existenzberechtigung nachweisen zu können, insbesondere gegen „Alte Kämpfer" scharf vorginge.[550] Diese Aussage war in jedem Falle dazu geeignet, den Vernehmungsbeamten aufs Schwerste zu beleidigen, dieser gab zu Protokoll, dass er eine derart ungeheure Behauptung auch nicht annähernd von einem der mehreren hundert von ihm verhörten Verdächtigen vernommen habe.[551] „Selbst die frechsten Strichjungen hatten es nicht gewagt, derart beleidigende Äußerungen zu machen."[552] Dennoch habe der Beamte besonnen gehandelt und sich nicht zu unsachlichem Verhalten seinerseits veranlassen lassen. Der Vorgesetzte

546 BArch, OPG: 3403|0036|41, Dienstliche Äußerung Kanthack vom 2. Oktober 1937, S. 3.

547 BArch, OPG: 3403|0036|41, Dienstliche Äußerung Kanthack vom 2. Oktober 1937, S. 3.

548 BArch, OPG: 3403|0036|41, Dienstliche Äußerung Kanthack vom 2. Oktober 1937, S. 3.

549 BArch, OPG: 3403|0036|41, Dienstliche Äußerung Häusserer vom 29. September 1937, S. 1.

550 BArch, OPG: 3403|0036|41, Dienstliche Äußerung Kanthack vom 2. Oktober 1937, S. 1.

551 BArch, OPG: 3403|0036|41, Dienstliche Äußerung Kanthack vom 2. Oktober 1937, S. 1.

552 BArch, OPG: 3403|0036|41, Dienstliche Äußerung Kanthack vom 2. Oktober 1937, S. 1.

der Vernehmungsbeamten, Gestapo-Kriminalrat und SS-Obersturmbannführer Meisinger, der dem Verhör wenigstens zu diesem Zeitpunkt beiwohnte, nahm diese Aussage Haupts jedoch zum Anlass, diesen scharf zurechtzuweisen.[553] Meisinger selbst war Träger des Blutordens und wies sich somit selbst als „Alten Parteigenosse" aus.[554]

Ferner erklärte Haupt, dass er darum wüsste, dass der Kriminalkommissar Kanthack seinerzeit mit besonderer Schärfe gegen verdiente SA-Mitglieder in Göttingen vorgegangen sei.[555] Dieser erklärte dazu, dass er auch zu seiner Dienstzeit in Hannover noch nie in Göttingen ermittelt habe und dort keinesfalls in einer SA-Sache dienstlich tätig geworden sei.[556] Kanthack habe sich ohnehin darüber gewundert, dass er Haupt mit Namen sowie Dienstgrad bekannt war, da er sich weder bei der Durchführung der Verhaftung vorgestellt habe noch sein Name in irgendeiner Weise an seinem zeitweise für die Vernehmung genutzten Dienstzimmer angebracht gewesen sei.[557] Haupt müsse sich also bereits im Vorfeld mit der Person Kanthacks als Angehörigem des Dezernats für homosexuelle Verfehlungen beschäftigt haben. Kanthack erläuterte weiter, dass gegen ihn eine Beschwerde anhängig sei. Diese sei vom Vater zweier von ihm gegen Haupt vernommener Jungen angestrengt worden.[558] Er schlussfolgerte richtig, dass Haupt dem Oberst-Feldmeister von Osterroht und damit auch der Beschwerde gegen ihn nahestand und wohl auf diesem Wege seine Personalien erfahren hat.

---

553 BArch, OPG: 3403|0036|41, Dienstliches Schreiben Meisinger vom 22. Oktober 1937, S. 2.

554 Der sogenannte Blutorden, offiziell Ehrenzeichen des 9. November 1923, wurde von Hitler im Jahre 1933 anlässlich des zehnten Jahrestages des Hitlerputsches gestiftet. Die inoffizielle Bezeichnung Blutorden leitet sich vom Begriff der Blutfahne ab, ebenso wie diese sollte der Blutorden weiter zur Glorifizierung der anfänglichen NS-Bewegung sowie des Hitlerputsches selbst beitragen. Verliehen wurde das Ehrenzeichen anfangs lediglich an tatsächliche Teilnehmer des Putsches. Später wurde der Empfängerkreis dahingehend erweitert, dass auch sonstige „Alte Kämpfer", d.h. besonders verdiente Parteigenossen, die lange vor 1933 der Partei angehörten, mit dieser Auszeichnung geehrt werden konnten.

555 BArch, OPG: 3403|0036|41, Dienstliche Äußerung Kanthack vom 2. Oktober 1937, S. 2.

556 BArch, OPG: 3403|0036|41, Dienstliche Äußerung Kanthack vom 4. Januar 1938, S. 1.

557 BArch, OPG: 3403|0036|41, Dienstliche Äußerung Kanthack vom 4. Januar 1938, S. 2.

558 BArch, OPG: 3403|0036|41, Dienstliche Äußerung Kanthack vom 4. Januar 1938, S. 2.

Haupts Beschwerde bezüglich der Umstände seiner Verhaftung respektive Vernehmung rückten seine Aussagen während dieser Vorgänge selbst in den Fokus der Parteirichter. Diese sahen sich durch Haupts despektierliches Verhalten den Beamten der Gestapo gegenüber veranlasst, im Rahmen des später eröffneten Parteigerichtsverfahrens einen ergänzenden Eröffnungsbeschluss zu erlassen, in dem Haupt auch seine Äußerungen gegenüber den Gestapo-Beamten Kanthack und Meisinger vorgeworfen wurden.[559] Haupt versuchte daraufhin, die von ihm getroffenen Aussagen zu relativieren. Er habe lediglich erklären wollen, dass es in der Gestapo Nichtnationalsozialisten gäbe, die besonders gegen „Alte Kämpfer" vorgingen. Damit habe er speziell den ihn vernehmenden Beamten Kanthack gemeint, da er über diesen bereits im Jahre 1933 gehört habe, dass dieser mit besonderer Härte gegen SA-Leute vorginge. Nachdem dieser ihn aufgeklärt habe, dass es sich dabei nur um einen Irrtum handeln könne, habe er seine Erklärung ausdrücklich zurückgenommen.[560] An der Notwendigkeit der Gestapo habe er keine Zweifel äußern wollen. Auch an der nationalsozialistischen Gesinnung der Leitung der Behörde habe er keine Zweifel.

3.) Strafprozess und Exkurs zur Widernatürlichen Unzucht

Für einen Strafprozess gegen Haupt wegen eines Verstoßes gegen den § 175 RStGB liegen keine Anhaltspunkte vor. Einem Schreiben der Gestapo an das Gaugericht Pommern vom 16. Dezember 1936 lässt sich entnehmen, dass wenigstens von Seiten der Gestapo aus eine Strafanzeige bei der Staatsanwaltschaft nicht angestrengt wurde.[561] Das Gaugericht Berlin berichtete der Gauleitung Berlin dazu, dass es seinerzeit zu keiner strafrechtlichen Verfolgung gekommen sei, da die Novelle des § 175 RStGB noch nicht in Kraft getreten war.[562] Bezüglich einer Beschwerde Haupts gegen das gegen ihn laufende Parteiverfahren stellte das Gaugericht Berlin fest, dass bereits die Voruntersuchung im Anfangsstadium der Ermittlungen gegen Haupt habe erkennen lassen, dass man ihm strafrechtlich

559 BArch, OPG: 3403|0036|41, Schreiben Gaugericht Groß-Berlin vom 2. Dezember 1937, S. 1; Ergänzender Eröffnungsbeschluss vom 2. Dezember 1937.

560 BArch, OPG: 3403|0036|41, Schreiben Gaugericht Groß-Berlin vom 2. Dezember 1937, S. 2.

561 BArch, OPG: 3403|0036|41, Schreiben Gestapo an das Gaugericht Pommern vom 16. Dezember 1936.

562 BArch, OPG: 3403|0036|41, Schreiben Gaugericht Berlin an die Gauleitung Berlin vom 27. Juli 1937.

relevantes homosexuelles Verhalten nicht nachweisen konnte.[563] Um die Haupt gegenüber gemachten Vorwürfe strafrechtlich einordnen zu können, sollen die Entwicklung und die Anwendung des § 175 Reichsstrafgesetzbuches (RStGB) knapp dargestellt werden.[564]

a) Entwicklung des § 175 RStGB im 19. Jahrhundert

Auch wenn die Ächtung und Sanktionierung homosexuellen Verhaltens unter Männern noch Jahrhunderte weiter zurückgeht, soll diese Übersicht erst im 19. Jahrhundert ansetzen. Am 14. April 1851 trat der § 143 des Preußischen Strafgesetzbuches (PreußStGB) in Kraft und führte damit den gesetzlichen Terminus der „widernatürlichen Unzucht" ein. Dieser behielt bis zur Kodifizierung des Strafgesetzbuches des Norddeutschen Bundes im Jahre 1870 seine Gültigkeit. Der § 143 PreußStGB wurde weitgehend als § 175 des Strafgesetzbuches des Norddeutschen Bundes (StGB NdB) übernommen, man reduzierte jedoch den Strafrahmen des Tatbestandes auf zwei Jahre Freiheitsstrafe, ergänzte ihn wiederum um die Möglichkeit des Verlustes aller bürgerlichen Ehrenrechte.[565] Am 15. Mai 1871 mit Verkündung des Reichsstrafgesetzbuches wurde die Norm unverändert und unter Einhaltung der bestehenden Nummerierung in dieses übernommen und trat am 1. Januar 1872 in folgender Fassung in Kraft:

> § 175 RStGB
>
> „Die widernatürliche Unzucht, welche zwischen Personen männlichen Geschlechts oder von Menschen mit Tieren begangen wird, ist mit Gefängnis zu bestrafen; auch kann auf Verlust der bürgerlichen Ehrenrechte erkannt werden."

Bereits kurze Zeit nach Inkrafttreten des RStGB entwickelte das Reichsgericht eine feste Rechtsprechung, bei der es dem Begriff der „Widernatürlichkeit" besonderes Gewicht zumaß. Der Tatbestand wurde dahingehend restriktiv ausgelegt, dass „Widernatürlichkeit" nicht bei jeder unzüchtigen Handlung anzunehmen war, sondern nur bei solchen, die beischlafähnlichen Charakter besaßen.[566] Dieser wurde nur dann angenommen, wenn durch Penetration der naturgemäße heterosexuelle Geschlechtsakt imitiert wurde.[567] Eine gegenseitige Masturbation

---

563 BArch, OPG: 3403|0036|41, Schreiben Gaugericht Berlin an das Oberste NSDAP Parteigericht vom 23. Mai 1938.

564 Zum Ganzen vgl. *Schäfer*, „Widernatürliche Unzucht", S. 17 ff.

565 *Schäfer*, „Widernatürliche Unzucht", S. 28.

566 *Burgi*, Rehabilitierung, S. 17.

567 RGSt 1, 395.

etwa wurde somit nicht vom Tatbestand mit umfasst. Das Tatbestandsmerkmal der Beischlafähnlichkeit als strafbarkeitsbeschränkendes Regulativ hatte so lange Bestand, wie auch die Fassung des § 175 RStGB vom 15. Mai 1871 gültig war.[568] Die Liberalisierungstendenzen, die unter der Weimarer Republik in der Gesellschaft Einzug hielten, sollten sich auch im Gesetzgebungsprozess der 1920er Jahre niederschlagen. Der Entwurf zum Allgemeinen Deutschen Strafrecht, der vom Kieler Strafrechtsprofessor und Justizminister Gustav Radbruch im Jahr 1922 formuliert worden war, sah für homosexuelles Verhalten unter Männern nur dann noch eine Strafe vor, wenn „[...] ein Jugendlicher missbraucht, eine Abhängigkeit ausgenutzt oder ein Gewerbe daraus gemacht würde."[569]

b) Novellierungsprozess ab 1933

Diese Strömungen konnten sich jedoch letztlich nicht durchsetzen und erfuhren im Jahre 1933 mit der Machtübernahme der Nationalsozialisten eine scharfe Zäsur. Noch gegen Ende desselben Jahres trat die Amtliche Deutsche Strafrechtskommission um Reichsjustizminister Franz Gürtner zusammen, um ein neues nationalsozialistisches Strafgesetzbuch zu konzipieren.[570] Diese empfahl bezüglich des Tatbestandes der widernatürlichen Unzucht keine Beschränkung, sondern eine erhebliche Ausweitung der Unzuchtsdelikte. So sollte im Sinne der Bekämpfung der Homosexualität das bis dahin elementare restriktive Tatbestandsmerkmal der Beischlafähnlichkeit aufgegeben werden, um so den damit verbundenen Beweisschwierigkeiten entgegen zu wirken und eine lückenlose Sanktionierung gewährleisten zu können.[571] Noch bevor die Strafrechtskommission ihre Arbeit formal abschließen konnte, wurden die Beratungen durch das Strafrechtsänderungsgesetz vom 28. Juni 1935 unterbrochen und letztlich obsolet. Diese vorzeitige Gesetzesänderung wurde von offizieller Seite mit den Vorkommnissen um den Führer der SA, Ernst Röhm, welcher sich faktisch in aller Öffentlichkeit zu seiner Homosexualität bekannte, begründet.[572] Neben den primären gesetzgeberischen Zwecken sollte so wohl auch ein entschlossenes Durchgreifen der nationalsozialistischen Führung gegenüber

568 *Schäfer*, „Widernatürliche Unzucht", S. 33.
569 *Schäfer*, „Widernatürliche Unzucht", S. 34.
570 *Burgi*, Rehabilitierung, S. 17.
571 *Schäfer*, „Widernatürliche Unzucht", S. 39.
572 Die homosexuelle Neigung innerhalb der obersten SA-Führung wurde im Vorfeld durch eine Kampagne der sozialdemokratischen Presse offengelegt, um die NSDAP politisch zu schwächen; ferner dazu: *Schäfer*, „Widernatürliche Unzucht", S. 39.

unsittlicher Umtriebe in der Öffentlichkeit demonstriert und einem sittlichen Verfall entgegengewirkt werden.[573]

Der legislative Zweck des nationalsozialistischen Regimes bestand darin, die Zeugungskraft des Mannes auf die „[...] Sicherung und Erhaltung der gesunden Volkskraft zu konzentrieren".[574] Ziel der Nationalsozialisten war es im Rahmen ihrer bevölkerungspolitischen Ziele die Vermehrung und den Erhalt der arischen Rasse zu fördern. So sollte durch die, auch sittliche, Gesunderhaltung des deutschen Volkes die „Schaffung einer regimestabilisierenden heterosexuellen Gesellschaftsstruktur [...]" gewährleistet werden.[575] Es lässt sich somit konstatieren, dass die Verschärfung der §§ 175 ff. RStGB in hohem Maße durch die nationalsozialistische Weltanschauung geprägt war und dass die Nationalsozialisten sie für ihre Zwecke instrumentalisierten.

Als erhebliche Diskontinuität zu den liberalen Bemühungen während der Weimarer Republik traten am 1. September 1935, erlassen durch die nationalsozialistische Legislative, welche sich auf Grundlage des Gesetzes zur Behebung der Not von Volk und Reich vom 24. Mai 1933 selbst „ermächtigt" hatte, die §§ 175 ff. RStGB in folgender Fassung in Kraft:

§ 175.

(1) Ein Mann, der mit einem anderen Mann Unzucht treibt oder sich von ihm zur Unzucht mißbrauchen läßt, wird mit Gefängnis bestraft.

(2) Bei einem Beteiligten, der zur Zeit der Tat noch nicht einundzwanzig Jahre alt war, kann das Gericht in besonders leichten Fällen von Strafe absehen.

§ 175a. Mit Zuchthaus bis zu zehn Jahren, bei mildernden Umständen mit Gefängnis nicht unter drei Monaten wird bestraft:

1. ein Mann, der einen anderen Mann mit Gewalt oder durch Drohung mit gegenwärtiger Gefahr für Leib oder Leben nötigt, mit ihm Unzucht zu treiben oder sich von ihm zur Unzucht mißbrauchen zu lassen;
2. ein Mann, der einen anderen Mann unter Mißbrauch einer durch ein Dienst-, Arbeits- oder Unterordnungsverhältnis begründeten Abhängigkeit bestimmt, mit ihm Unzucht zu treiben oder sich von ihm zur Unzucht mißbrauchen zu lassen;
3. ein Mann über einundzwanzig Jahre, der eine männliche Person unter einundzwanzig Jahren verführt, mit ihm Unzucht zu treiben oder sich von ihm zur Unzucht mißbrauchen zu lassen;

573 *Schäfer*, „Widernatürliche Unzucht", S. 40; *Olshausen*, Kommentar RStGB, S. 745.

574 *Burgi*, Rehabilitierung, S. 18.

575 *Burgi*, Rehabilitierung, S. 18; *Olshausen*, Kommentar RStGB, S. 745.

4. ein Mann, der gewerbsmäßig mit Männern Unzucht treibt oder von Männern sich zur Unzucht mißbrauchen läßt oder sich dazu anbietet.

175b. Die widernatürliche Unzucht, welche von Menschen mit Thieren begangen wird, ist mit Gefängniß zu bestrafen; auch kann auf Verlust der bürgerlichen Ehrenrechte erkannt werden.

Die Unzuchttatbestände wurden mit Inkrafttreten der Norm systematisch neu strukturiert und erfuhren im Zuge dessen eine erhebliche Ausweitung. Durch das Streichen der „Widernatürlichkeit" umfasste der vormals enge Tatbestand des § 175 RStGB nunmehr jede Art von Unzucht unter Männern. Dieser Grundtatbestand wurde noch um den Qualifikationstatbestand des § 175a RStGB erweitert, welcher besonders schwere Fälle der Unzucht erfassen sollte. Ferner wurden die Unzucht unter Männern und die Sodomie mit Tieren getrennt. Diese wurde in den neuen § 175b RStGB ausgelagert, wobei das Regulativ der Widernatürlichkeit hier erhalten blieb.

Durch die Streichung des Merkmals der Widernatürlichkeit im Grundtatbestand des § 175 RStGB erfasste dieser von nun an alle Handlungen zwischen Männern, die „objektiv nach gesunder Anschauung des sittlich empfindenden deutschen Menschen das Schamgefühl in geschlechtlicher Beziehung zu verletzen mochte und subjektiv in wollüstiger, libidinöser Absicht vorgenommen" wurden.[576] Das Reichsgericht änderte auf die Verkündung der Strafrechtsnovelle hin, in einem Akt vorauseilenden Gehorsams noch vor dem eigentlichen Inkrafttreten, die bisherige Rechtsprechung.[577] Die Tatbestandsvoraussetzung der Beischlafähnlichkeit wurde aufgegeben, sodass fortan lediglich auf eine auf Erregung oder Befriedigung des Täters gerichtete Handlung, die geeignet war, das allgemeine Scham- und Sittlichkeitsgefühl in geschlechtlicher Beziehung zu verletzen, abgestellt wurde und dass dabei der Täter den Körper des anderen als Mittel benutzte, um Wollust zu erregen oder zu befriedigen.[578] So nunmehr bereits eine Umarmung in wollüstiger Absicht aus, um den Tatbestand zu erfüllen.[579] Als Konsequenz der Änderung der bisher ständigen Rechtsprechung wurde der Straftatbestand des § 175 RStGB aber auch dahingehend ausgeweitet, dass er selbst unzüchtige Handlungen erfasste, bei denen es zu einer körperlichen Berührung gar nicht erst kam.[580] Vormals nicht

576 Amtliche Begründung zum Gesetz zur Änderung des Strafgesetzbuches, S. 39 (RGBl. S. 839); *Burgi*, Rehabilitierung, S. 20.

577 *Schäfer*, „Widernatürliche Unzucht", S. 41.

578 RGSt 70, 224f.; *Burgi*, Rehabilitierung, S. 20.

579 *Burgi*, Rehabilitierung, S. 20.

580 *Olshausen*, Kommentar RStGB, S. 745; RGSt 73, 78.

strafbewehrte Handlungen, wie Berührungen oberhalb der Oberbekleidung, ein Zungenkuss, aber auch die wechselseitige oder das bloße Beobachten eigenhändiger Masturbation zwischen Männern konnten nun eine Gefängnisstrafe nach sich ziehen.

Neu hinzu trat die Qualifikation des § 175a RStGB, diese umfasste mithin homosexuelle Handlungen, die unter der Anwendung von Gewalt, unter Ausnutzung eines Abhängigkeitsverhältnisses, an unter 21-Jährigen oder gewerbsmäßig vorgenommen wurden. Der Strafrahmen betrug nicht unter drei Monaten und bis zu zehn Jahren Zuchthaus. Ferner trat durch die Trennung der einzelnen Tatbestände der ursprünglichen Norm noch der § 175b RStGB hinzu, der von da an die Unzucht mit Tieren regelte.

c) Einordnung des Verhaltens Haupts

Festzuhalten bleibt, dass nach der qualitativen Verschärfung der Normen eine Verurteilung Haupts wegen eines Verstoßes gegen die §§ 175 ff. RStGB wohl nicht unwahrscheinlich gewesen wäre. Dies gilt vorrangig für den Grundtatbestand des § 175 RStGB. Ferner kommen jedoch auch straferhöhende Umstände gemäß der Qualifikation des § 175a RStGB in Betracht. Zum einen knüpfte Haupt, nach den Vorhaltungen der Beamten, mit Jugendlichen an, zum anderen handelte es sich bei nicht wenigen dieser Jugendlichen, wie zum Beispiel dem Sekundaner Klein-Grothaus, um Schüler der ihm unterstellten NPEA, sodass sein Verhalten auch die Tatbestände der Nr. 2 und Nr. 3 des § 175a RStGB erfüllt haben könnte. Die Rechtsprechung verlangte im Rahmen des § 175a Nr. 2 RStGB neben einer tatsächlichen Abhängigkeit auch ein rechtlich begründetes Verhältnis, aus dem diese resultierte.[581] Angeführt werden etwa die Beziehung zwischen Vorgesetzten und Untergebenen bei der Wehrmacht oder zwischen Führern und Gefolgschaft anderer nationalsozialistischer Institutionen. Dieses Tatbestandsmerkmal galt es jedoch möglichst weit zu verstehen, sodass sich die tatbestandsmäßigen Unterordnungsverhältnisse in dieser Aufzählung nicht erschöpften.[582] Auch die Beziehung zwischen einem hohen Kultusministerialbeamten und Inspekteur der betreffenden Anstalten und einem Schüler ebenjener Schulen ließe sich wohl ebenfalls darunter subsumieren.

Letztlich lässt sich feststellen, dass das Ausbleiben einer strafrechtlichen Verfolgung Haupts nicht etwa geringer Erfolgsaussichten eines etwaigen Verfahrens nach den novellierten §§ 175 ff. RStGB geschuldet war. Vielmehr beruhte

---

581 *Olshausen*, Kommentar RStGB, S. 748.
582 *Olshausen*, Kommentar RStGB, S. 748.

diese Tatsache lediglich auf dem Umstand, dass die Haupt angelasteten Taten in den Zeitraum vor der Neuregelung der §§ 175 ff. RStGB fielen und somit dem Rückwirkungsgebot gemäß schlicht und einfach nicht unter die neue Form der §§ 175 ff. RStGB zu subsumieren waren.

In den folgenden Jahren trat zu der qualitativen Verschärfung der Vorschriften auch eine quantitative hinzu. In den Jahren 1935 bis 1938 vervierfachte sich die Zahl der nach den §§ 175 ff. RStGB rechtskräftig verurteilten Männer. Dies ergab sich aus der insgesamt nicht unerheblichen Intensivierung der polizeilichen Verfolgung Homosexueller. Verstärkt wurden insbesondere Razzien bekannter Szenetreffpunkte wie etwa bestimmter Lokale und einschlägig bekannter Stundenhotels durchgeführt.[583] Die Folgen einer Verurteilung waren für viele Verurteilte jedoch noch weitaus gravierender als eine nach den §§ 175 ff. RStGB gesetzmäßige mehrjährige Zuchthausstrafe. Nicht wenige mussten die Kennzeichnung mit dem rosa Winkel erdulden und wurden ihrer Neigungen wegen in Konzentrationslager eingewiesen.[584] Aktuellen Schätzungen zufolge beläuft sich die Zahl der in den folgenden Jahren in Konzentrationslagern internierten Homosexuellen auf 5.000 bis 15.000.[585]

4.) Parteiausschlussverfahren

Eine strafrechtliche Verfolgung und damit auch eine ebensolche Sanktionierung Haupts blieb letztlich aus, dies hatte jedoch keinesfalls zur Folge, dass er sich in Gänze schadlos halten konnte. Am 3. Dezember 1935 wurde gegen den Parteigenossen Ministerialrat Dr. Joachim Haupt aufgrund der in einem Schreiben der Gestapo vom 19. November 1935 erhobenen Vorwürfe beim Gaugericht des Gaues Groß-Berlin ein Parteigerichtsverfahren beantragt.[586]

583 *Burgi*, Rehabilitierung, S. 21.

584 *Schäfer*, „Widernatürliche Unzucht", S. 44.

585 *Burgi*, Rehabilitierung, S. 22; *Schäfer*, „Widernatürliche Unzucht", S. 44; Festzuhalten ist jedoch, dass eine exakte Rekonstruktion und somit eine genaue Feststellung anhand der Quellenlage nur noch schwer möglich ist, sodass die eigentliche Anzahl der KZ-Häftlinge heute kaum mehr wissenschaftlich fundiert angegeben werden kann.

586 BArch, OPG: 3403|0036|41, Antrag Parteigerichtsverfahren 3. Dezember 1935. In der Anlage zu diesem Schreiben findet sich ebenfalls ein Schreiben an das Geheime Staatspolizeiamt, in dem mitgeteilt wird, dass unter Bezugnahme des vorbezeichneten Schreibens das Gaugericht um Einleitung eines Parteigerichtsverfahrens gegen Haupt ersucht wurde.

Neben diesem Antrag ersuchte am 19. Dezember 1935 die Leitung der NSDAP Ortsgruppe Berlin-Frohnau das NSDAP-Kreisgericht IV B in Berlin-Reinickendorf um die Eröffnung eines Untersuchungs- und Schlichtungsausschuss-Verfahrens[587] gegen Haupt.[588] Zur Begründung wurde durch den Ortsgruppenleiter ausgeführt, dass aus den ihm überlassenen Akten seiner Ansicht nach eindeutig hervorginge, dass Haupt sich Handlungen im Sinne der §§ 175 ff. RStGB habe zu Schulden kommen lassen und somit unwürdig sei, weiterhin Parteigenosse zu sein.[589] Es muss dem Inhalt der Dokumente gemäß davon ausgegangen werden, dass es sich auch bei diesen nicht näher bezeichneten Akten um die Ermittlungsakten der Gestapo gehandelt haben muss. Dies legt wiederum die Vermutung nahe, dass es im Geheimen Staatspolizeiamt Bestrebungen gab, Haupt auch außerhalb des strafrechtlich relevanten Rahmens weiter zu verfolgen. Denkbar ist ebenfalls, dass man die Ermittlungsergebnisse aus diesem Grund verschiedenen NS-Gruppierungen auch außerhalb des offiziellen Dienstweges zugänglich machte bzw. dies bereits im Vorfeld der Untersuchungen in Schulpforta der Fall war.

a) Anzweiflung der Parteimitgliedschaft

Das beantragte Parteigerichtsverfahren wurde sodann im Frühjahr 1936 vom Gaugericht Groß-Berlin eröffnet. Im Rahmen der Vernehmung Haupts gab dieser dem Richter gegenüber zu Protokoll, dass er zwar 1927 seinen Wiedereintritt in die NSDAP in Kiel beantragt und auch stets seine Beiträge bezahlt habe, ihm jedoch zu keinem Zeitpunkt ein Mitgliedsausweis ausgehändigt worden sei.[590] Sollte dies zutreffen, wäre Haupt im Sinne der NSDAP-Parteigerichtsbarkeit nicht als Parteigenosse anzusehen und ein Parteiausschlussverfahren wäre vollends hinfällig gewesen. In der Annahme, dass es sich bei der Aussage Haupts um eine Schutzbehauptung handelte, um einen Parteiprozess wenigstens hinauszuzögern, holte das Gaugericht Groß-Berlin in der Reichskartei der Reichsleitung der NSDAP eine Stellungnahme ein, wie es sich mit der unklaren Parteimitgliedschaft Haupts verhalte.[591] Es sei kaum anzunehmen, dass, sollte Haupts Aufnahme tatsächlich 1927 in Kiel erfolgt sein, dieser in den folgenden neun Jahren nicht

587 Der Begriff des Untersuchungs- und Schlichtungsausschuss-Verfahrens oder kurz USchlA-Verfahrens umfasste alle Aufnahme- und Ausschlussverfahren sowie innerparteilichen Streitfälle der NSDAP.

588 BArch, OPG: 3403|0036|41, Antrag USchlA-Verfahren 19. Dezember 1935.

589 BArch, OPG: 3403|0036|41, Antrag USchlA-Verfahren 19. Dezember 1935.

590 BArch, OPG: 3403|0036|41, Auskunftsanfrage 23. März 1936.

591 BArch, OPG: 3403|0036|41, Auskunftsanfrage 23. März 1936.

in den Besitz eines Mitgliedsausweises gekommen sei. Haupt stellte seinerseits ebenfalls Untersuchungen an, ob respektive wo er als Parteimitglied geführt wurde.[592] Letztlich ist nicht mehr zu klären, ob Haupt selbst nicht genau um seinen Parteistatus wusste oder nur diesen Eindruck bestärken wollte.

Am 8. Mai 1936 stellte das Gaugericht vorbehaltlich, da eine genaue Klärung des Sachverhaltes nicht möglich war, dem Obersten Parteigericht der NSDAP in München gegenüber fest, dass die von Haupt gemachten Angaben glaubhaft seien.[593] Formal sei Haupt damit 1927 nicht wieder Parteigenosse geworden und ein Parteigerichtsverfahren gegen ihn damit unzulässig.[594] Das Gaugericht ordnete nunmehr ein Ablehnungsverfahren gegen den formal immer noch nicht abgeschlossenen Aufnahmeprozess Haupts an.[595]

Parallel dazu hatte es das Gaugericht dennoch nicht aufgegeben, den Sachverhält weiterhin aufzuklären und holte bei verschiedenen Stellen der NSDAP zusätzliche Erkundigungen ein. So war etwa das NSDAP-Zentralamt in der Lage, Haupts Parteihistorie vom Jahre 1927 an nachzuvollziehen. So sei Haupt am 25. Februar 1927 in Kiel aufgenommen worden. Im Juni des Jahres 1931 wurde er nach Frankfurt/Oder überwiesen. 1932 erfolgte eine Überweisung an die NSDAP-Ortsgruppe in Hannover und am 12. Juli des Jahres, im Rahmen seines Einzuges in den Preußischen Landtag, wurde Haupt der Sektion Reichsleitung der NSDAP zugeteilt. Im April 1934 erfolgte dann die erneute Überweisung an die Ortsgruppe Hannover.[596] Das Zentralamt bestätigte, dass Haupt in diesen neun Jahren stets seine Parteibeiträge gezahlt hatte. Es sei mehr als befremdlich, dass Haupt in dieser Zeit weder die Mitgliedskarte noch das Mitgliedsbuch erhalten haben und somit nicht vollends Parteigenosse geworden sein will. Auch im Hinblick auf die erhobenen Anschuldigungen ersuchte das Zentralamt das Gaugericht nochmals Feststellungen zu treffen und daraufhin ein parteigerichtliches Verfahren durchzuführen.[597]

---

592 BArch, OPG: 3403|0036|41, Auskunft Gaugeschäftsführung Gau Süd-Hannover-Braunschweig vom 16. Januar 1935, Auskunft Reichsschatzmeister vom 5. Februar 1935.

593 BArch, OPG: 3403|0036|41, Stellungnahme an das Oberste Parteigericht vom 8. Mai 1936.

594 Gemäß § 3 Abs. 3 der Satzung der NSDAP erfolgte eine Aufnahme erst mit Erlangung eines Ausweises in Form eines Mitgliedsausweises oder Buches.

595 BArch, OPG: 3403|0036|41, Stellungnahme an das Oberste Parteigericht vom 8. Mai 1936.

596 BArch, OPG: 3403|0036|41, Auskunft NSDAP Zentralamt 13. Mai. 1936.

597 BArch, OPG: 3403|0036|41, Auskunft NSDAP Zentralamt 13. Mai. 1936.

Am 19. August 1936 erschien Haupt abermals zu einer Vernehmung bezüglich seiner Parteimitgliedschaft vor dem NSDAP-Kreisgericht Greifswald, welches dem Gaugericht Pommern nachgeordnet war. Mittlerweile war dieses aufgrund eines erneuten Umzuges Haupts, diesmal von Berlin nach Greifswald, zuständig. Die Äußerungen Haupts deckten sich weitgehend mit seinen bisherigen Aussagen und der vom Gaugericht Groß-Berlin ermittelten Aktenlage. Haupt ergänzte diese jedoch noch um seinen erstmaligen Parteibeitritt im Jahr 1922 in Greifswald und die Überweisung nach Kiel im Jahr 1924.[598] Ferner äußerte sich Haupt nun jedoch auch dahingehend, dass er sowohl im Jahr 1927 in Kiel als auch darauf folgend in Greifswald jeweils in den Besitz einer vorläufigen roten Mitgliedskarte gelangt sei.[599] Haupt ersuchte weiterhin um die Anerkennung seiner Mitgliedschaft, zwar habe er seit, diese angezweifelt worden sei, keine Beiträge mehr bezahlt, bat aber im Falle einer positiven Bescheidung um die Festsetzung der noch ausstehenden Beiträge.[600]

Die neuerliche Erkenntnis, dass Haupt sehr wohl zumindest einen vorläufigen Mitgliedsausweis erhalten hatte, veranlasste nunmehr das Gaugericht Pommern, das Gaugericht Groß-Berlin zu ersuchen, das dort bereits von einem untergeordneten Kreisgericht durchgeführte Ablehnungsverfahren durch Beschluss wieder aufzuheben, um so die Voraussetzung für ein parteigerichtliches Ausschlussverfahren zu schaffen.[601] Dieses sollte dann am Gaugericht Pommern durchgeführt werden. Bereits am 23. Oktober 1936 erging durch das Gaugericht Groß-Berlin ein dies ermöglichender Beschluss.[602] Am 24. November 1936 erstattete das Gaugericht Pommern dem Obersten Parteigericht in München Bericht bezüglich der neuerlich gewonnenen Erkenntnis, dass Haupt sehr wohl als Parteigenosse anzusehen sei und ein Ausschlussverfahren somit zulässig und damit letztlich auch geboten erschien. Alle hierzu zu treffenden Veranlassungen seien bereits durchgeführt, sodass der Durchführung des parteigerichtlichen Strafverfahrens nichts mehr im Wege stünde und dieses nun vor dem Parteigericht Pommern aufgenommen würde.[603] Ferner holte das Gaugericht Pommern

598 Die NSDAP war in diesem Zeitraum noch verboten und wurde erst 1925 neu gegründet. Wie genau Haupt zu diesem Ergebnis kam, ist nicht ersichtlich.

599 BArch, OPG: 3403|0036|41, Aussage Haupt, Greifswald 19. August 1936.

600 BArch, OPG: 3403|0036|41, Aussage Haupt, Greifswald 19. August 1936.

601 BArch, OPG: 3403|0036|41, Vermerk vom 23. Oktober 1936.

602 BArch, OPG: 3403|0036|41, Aufhebungsbeschluss vom 23. Oktober 1936.

603 BArch, OPG: 3403|0036|41, Schreiben Gaugericht Pommern vom 24. November 1936.

erneut Erkundigungen bei der Gestapo ein. Diese teilte auf Anfrage mit, dass sich weitere Belastungen gegen Haupt seit 1935 nicht ergeben hätten.[604]

Der Fortgang des Verfahrens gegen Haupt war jedoch bereits im Frühjahr des Jahres 1937 aus formalen Gründen ungewiss. Haupt verzog von Greifswald nach Sternberg in Mecklenburg, sodass das Gaugericht Pommern dem Grunde nach nicht mehr als zuständig anzusehen war. Als Anschrift gab Haupt lediglich „postlagernd" an.[605] Das Gericht sah sich gezwungen, das laufende Verfahren nach Feststellung des endgültigen Aufenthaltsortes Haupts an das örtlich zuständige Gaugericht abzugeben. Dem Obersten Parteigericht gegenüber meldete das Gaugericht Pommern zusätzlich den Verdacht, dass Haupt mit seinen fortwährenden Aufenthaltswechseln die Durchführung des Verfahrens zu hintertreiben versuchte.[606]

Haupt gelang es auf diese Weise, sein Verfahren nochmals um ein halbes Jahr hinauszuzögern. Das Verfahren in Pommern wurde letzten Endes eingestellt, da eine zeitgerechte Abgabe an ein zuständiges Gaugericht nicht möglich war. Das Verfahren musste daher in Gänze von Neuem aufgerollt werden. Aufgrund der ständigen Wohnortswechsel Haupts bestimmte das Oberste NSDAP-Parteigericht in München, dass das strafrechtliche Parteiverfahren gegen Haupt unabhängig von dessen Wohnsitz in Berlin durchgeführt werden sollte.[607] Im Juli des Jahres 1937 schließlich ersuchte nunmehr das Gaugericht Groß-Berlin die Gauleitung Groß-Berlin um Stellung eines erneuten Antrages auf Parteiausschluss des Parteigenossen Haupt.[608] Ein direkter Antrag durch die Gauleitung war nötig, da Haupt dem Stabe der Obersten SA-Führung angehörte und ein einfacher Antrag, wie er etwa durch die Ortsgruppe Berlin-Frohnau gestellt wurde, aufgrund seiner Stellung für die Eröffnung des Verfahrens nicht ausreichte.[609] Die Gauleitung kam diesem Ersuchen nach, sodass am 26. August schließlich ein neuerlicher Eröffnungsbeschluss erging[610]

---

604 BArch, OPG: 3403|0036|41, Auskunft Geheime Staatspolizei vom 17. Dezember 1936.

605 BArch, OPG: 3403|0036|41, Schreiben Gaugericht Pommern vom 11. Februar 1937.

606 BArch, OPG: 3403|0036|41, Schreiben Gaugericht Pommern vom 11. Februar 1937.

607 BArch, OPG: 3403|0036|41, Schreiben Gaugericht Berlin vom 27. Juli 1937.

608 BArch, OPG: 3403|0036|41, Schreiben Gaugericht Berlin vom 27. Juli 1937.

609 Diese formale Voraussetzung schien man im ersten Versuch, das Verfahren durchzuführen, außer Acht gelassen zu haben, was den ersten Anlauf des Verfahrens zwangsläufig aus prozessualen Gründen angreifbar gemacht hätte, sodass es eines erneuten, formal richtigen Antrages bedurfte.

610 BArch, OPG: 3403|0036|41, Eröffnungsbeschluss vom 26. August 1937.

b) *Position in der Obersten SA-Führung*

Bemerkenswert ist insbesondere auch die Position Haupts in der Obersten SA-Führung, deren Stab er seit mehreren Jahren angehörte. Bereits am 30. Oktober 1936 erreichte die SA-Führung eine erste Anfrage des Gaugerichts Pommern bezüglich des Parteigenossen SA-Sturmbannführer.[611] Im Zuge der Anfrage setzte das Gaugericht die Oberste SA-Führung von den gegen Haupt erhobenen Vorwürfen in Kenntnis, um in Erfahrung zu bringen, ob seitens der SA-Gerichtsbarkeit bereits ein Verfahren durchgeführt wurde bzw. sich noch in der Schwebe befinde. Eine Stellungnahme der Obersten SA-Führung erfolgte nur wenige Tage später. Von dem gegen Haupt geäußerten Verdacht war diese noch nicht informiert, sodass seitens der SA ein Verfahren nicht eingeleitet wurde.[612] Ferner bat sie, sollte ein Parteigerichtsprozess eingeleitet werden, um Zusendung der Akten und Mitteilung von Ort und Zeit der Hauptverhandlung, damit ein Vertreter des zuständigen SA-Führers entsandt werden konnte.[613] Auf die Zusendung des Eröffnungsbeschlusses vom 26. August 1937 durch das Gaugericht Groß-Berlin erklärte sich die SA-Führung zum zuständigen SA-Führer Haupts und beantragte die Übersendung der diesbezüglichen Akten zum Zwecke einer Stellungnahme in der Hauptverhandlung.[614] Das Gaugericht entgegnete daraufhin, dass eine Hauptverhandlung nicht stattfände, da der Angeschuldigte einem schriftlichen Verfahren zugestimmt hätte. Ferner teile man die Ansicht, dass der SA-Führung ein Antragsrecht zustände, nicht, sodass man davon absehe, die betreffenden Akten vor einer Entscheidung der Sache zu übersenden.[615] Das Gaugericht ersuchte die SA-Führung dennoch um eine möglichst baldige Beurteilung Haupts.

Am 24. September 1937 erörterte die SA-Führung, dass eine solche Beurteilung Haupts nicht vorgenommen werde könne, da hierzu seitens der SA-Führung alle Voraussetzungen fehlten. Haupt gehörte während der Kampfzeit nicht der SA an. „Er wurde im September 1933 quasi ehrenhalber mit dem Dienstgrad

---

611 BArch, OPG: 3403|0036|41, Schreiben Gaugericht Pommern vom 30. Oktober 1936.

612 BArch, OPG: 3403|0036|41, Schreiben der Obersten SA-Führung vom 5. November 1936.

613 BArch, OPG: 3403|0036|41, Schreiben der Obersten SA-Führung vom 5. November 1936.

614 BArch, OPG: 3403|0036|41, Schreiben der Obersten SA-Führung vom 5. November 1936.

615 BArch, OPG: 3403|0036|41, Schreiben des Gaugerichts Berlin vom 21. September 1937.

„Sturmbannführer“ in ein Verhältnis zur SA gebracht […]“.[616] Haupt würde zwar listenmäßig bei der Obersten SA-Führung geführt, einen Dienst oder eine Tätigkeit führe Haupt dort jedoch nicht aus. Haupt sei persönlich nicht bekannt, sodass man eine Beurteilung nicht würde vornehmen können.[617] Dennoch wies die SA-Führung die Ausführungen des Gaugerichts dahingehend zurück, dass die Mitwirkung eines zuständigen SA-Führers in den Parteirichtlinien bestimmt sei und es eines Antrages zur Akteneinsicht gar nicht bedürfe. Ferner seien bei der bisherigen Zusammenarbeit der SA mit den zuständigen Gaugerichten sowie dem obersten Parteigericht, auch bei bloß schriftlichen Verfahren, stets die Akten zugeleitet worden.[618]

Das Gaugericht, welches dieser Argumentation letztlich nichts entgegenzusetzen hatte, kam dieser erneuten Bitte um Zusendung der Akte am 4. Oktober 1937 schließlich nach. Die wiederum erbetene Stellungnahme war die SA-Führung jedoch wieder nicht willens abzugeben. Diesmal aus dem Grunde, dass Haupt in seiner Verteidigungsschrift vom 11. September 1937 das Verhör durch die Berliner Gestapo sowie dessen Umstände angriff. Eine Stellungnahme seitens der SA-Führung könne nicht ergehen, solange eine Erwiderung der Gestapo auf diese in keinem Fall unerhebliche Einwendung Haupts noch nicht vorläge.[619] Sollte eine Antwort bereits vorliegen, sei diese jedenfalls nicht der übersandten Akte beigefügt worden. Das Verfahren ließe sich so auf keinen Fall abschließen, zumal es sich bei Haupt um einen „alten“ Parteigenossen handle.[620]

Die Position der Obersten SA-Führung im Parteiverfahren Haupts zeichnet sich mitunter durch eine bemerkenswerte Ambivalenz aus. Zum einen distanzierte man sich von Haupt und seiner Person sowie den Umständen, unter denen er in die SA aufgenommen wurde, und bestritt somit jegliche faktische Verbindung zu Haupt. Zum anderen bemühte sich die SA-Führung jedoch auch um eine, so auch durch die Parteirichtlinien bestimmte, Beteiligung am Parteigerichtsverfahren Haupts. Der Schriftverkehr zwischen dem Gaugericht Groß-Berlin sowie

616 BArch, OPG: 3403|0036|41, Schreiben der Obersten SA-Führung vom 24. September 1937.

617 BArch, OPG: 3403|0036|41, Schreiben der Obersten SA-Führung vom 24. September 1937.

618 BArch, OPG: 3403|0036|41, Schreiben der Obersten SA-Führung vom 24. September 1937.

619 BArch, OPG: 3403|0036|41, Schreiben der Obersten SA-Führung vom 20. Oktober 1937.

620 BArch, OPG: 3403|0036|41, Schreiben der Obersten SA-Führung vom 20. Oktober 1937.

der Obersten SA-Führung erweckt in seiner Gesamtheit mitunter den Anschein, dass man eine Stellungnahme gegenüber dem Gaugericht und somit letztlich das gesamte Verfahren, unter Angabe verschiedenster prozessualer sowie materieller Gründe, bewusst verzögerte, um Haupt wenigstens temporär zu schützen. Ein größeres Engagement wagte man vermutlich nicht, da die Position der SA im Machtgefüge der NSDAP wenige Jahre zuvor durch den sogenannten „Röhm-Putsch“ und die darauf folgenden Säuberungsaktionen erheblich geschwächt worden war und die gesamte Organisation faktisch jegliche machtpolitische Relevanz eingebüßt hatte.

Das Gaugericht bestätigte, dass die Erwiderungen der Beamten der Gestapo fälschlicherweise den übersandten Akten noch nicht beigefügt war. Der Bericht der Gestapo sei jedoch mittlerweile eingetroffen und wurde der SA-Führung am 27. Oktober 1937 zugänglich gemacht.[621] Das Gaugericht war indes nicht mehr willens eine weitere Verschleppung des Verfahrens hinzunehmen und forderte erneut dazu auf, bezüglich Haupt Stellung zu nehmen. Besonderes Interesse bestand für das Gaugericht immer noch an einer näheren Darstellung, wie es Haupt gelungen sei, in den Stab der Obersten SA-Führung aufgenommen zu werden. Der Ton des Vorsitzenden Gaurichters Franke gegenüber der Obersten SA-Führung verschärfte sich zusehends. So sei es „[…] nach Ansicht des Gaugerichts, nachdem die Geheime Staatspolizei den Sachverhalt eindeutig klar gestellt hat, aller höchste Zeit […], dass Haupt aus der Partei verschwindet.“[622]

Franke schloss das Schreiben vom 27. Oktober 1927 mit der wenig subtilen Aussage: „Das Gaugericht kann sich des Eindrucks nicht erwehren, dass der Angeschuldigte am 30. Juni 1934 vergessen worden ist.“[623] Haupt habe bezeichnender Weise noch in der auf diese Vorfälle folgenden Woche seine Haushälterin geheiratet, wohl um jeglichen Verdacht homosexueller Art von sich abzuwenden.[624] Ein solcher Hinweis auf den „Röhm-Putsch“ gegenüber der SA, hier gegenüber dem Chef des SA-Rechts- und Gerichtsamtes im Range eines SA-Obergruppenführers, somit einem General der SA, kann unter Beachtung aller Umstände nur als Drohung und Zurechtweisung aufgefasst werden.

Die Erwiderung der SA-Führung vom 3. November 1937 viel auffällig knapp aus. Der Chef des Amtes SA-Gerichtsbarkeit teilte in dieser mit, dass gegen ein

---

621 BArch, OPG: 3403|0036|41, Schreiben Gaugericht Berlin vom 27. Oktober 1927.
622 BArch, OPG: 3403|0036|41, Schreiben Gaugericht Berlin vom 27. Oktober 1927.
623 BArch, OPG: 3403|0036|41, Schreiben Gaugericht Berlin vom 27. Oktober 1927.
624 BArch, OPG: 3403|0036|41, Schreiben Gaugericht Berlin vom 27. Oktober 1927.

Parteigerichtsverfahren keine Einwendungen vorlägen.[625] Ferner sei Haupt am 17. September 1933 unter Ernennung zum Sturmbannführer, wegen besonderer Verdienste, in die SA aufgenommen worden. Aus diesem Grunde sei, wie bereits im Schreiben vom 24. September 1937 erläutert, eine Beurteilung der Person Haupts nicht möglich, da jegliche Voraussetzungen dazu seitens der aktuellen Obersten SA-Führung fehlten.[626] Die SA-Führung wies lediglich noch einmal darauf hin, dass hinsichtlich der Verhängung einer Strafe gegen Haupt zu berücksichtigen sei, dass dieser bereits in der Kampfzeit der Partei angehört habe.[627] Ein ernstliches Engagement, für Haupt einzustehen, ist ab diesem Zeitpunkt nicht mehr zu erkennen. Die SA-Führung stellte daraufhin ihre Mitwirkung am Parteiprozess Haupts ein und beschränkte sich lediglich noch darauf, eine rechtskräftige Urteilsabschrift zu erbitten, sollte das Verfahren letztlich durchgeführt sein.[628]

Am 2. Dezember 1937 erging der bereits erwähnte ergänzende Eröffnungsbeschluss bezüglich Haupts Aussagen, dass es im Geheimen Staatspolizeiamt keine echten Nationalsozialisten gäbe und dass die Behörde besonders gegen „Alte Kämpfer", wie Haupt selbst, vorginge, um überhaupt eine Existenzberechtigung nachweisen zu können.[629] Diesem Umstand ist es geschuldet, dass sich die Durchführung des Verfahrens wiederum verzögerte. Auf eine Anfrage bezüglich einer rechtskräftigen Urteilsabschrift durch die Oberste SA-Führung vom 11. Januar 1938 hin teilte das Gaugericht Groß-Berlin mit, dass ein Verfahren in der Sache Haupt noch nicht durchgeführt worden sei. Diese neuerliche Verzögerung beruhte darauf, dass die Vernehmungsbeamten SS-Obersturmbannführer Kriminalrat Meisinger und der Kriminalkommissar Kanthack noch nicht zur Sache angehört werden konnten.[630] Ein erstmaliger Beschluss erging schließlich am 28. Januar 1938.

---

625 BArch, OPG: 3403|0036|41, Schreiben der Obersten SA-Führung vom 3. November 1937.

626 BArch, OPG: 3403|0036|41, Schreiben der Obersten SA-Führung vom 3. November 1937.

627 BArch, OPG: 3403|0036|41, Schreiben der Obersten SA-Führung vom 3. November 1937.

628 BArch, OPG: 3403|0036|41, Schreiben der Obersten SA-Führung vom 3. November 1937.

629 BArch, OPG: 3403|0036|41, Ergänzender Eröffnungsbeschluss Gaugericht Berlin vom 2. Dezember 1937.

630 BArch, OPG: 3403|0036|41, Schreiben Gaugericht Berlin vom 14. Januar 1938.

c) Beschluss des NSDAP-Gaugerichts Groß-Berlin

Auf Beschluss des NSDAP-Gaugerichts Groß-Berlin wurde Haupt am 28. Januar 1938 aus der NSDAP ausgeschlossen.

> „Der Parteigenosse Sturmbannführer im Stabe des Obersten SA.-Führers, Dr. Joachim Haupt, jetzt wohnhaft in Sternberg/Mecklenburg – Mitgliedsnummer 57087, Parteieintritt 25. Februar 1927, ist schuldig des Verstoßes gegen § 4 Absatz a, b und c der Satzung.[631]

Die Satzung der NSDAP lautete dabei wie folgt:

> Satzung der NSDAP § 4 II
>
> „Mitglieder können ausgeschlossen werden:
>
> a) die innerhalb der Ortsgruppe oder des Gauverbandes wiederholt Anlass zu Streit und Zwist gegeben haben,
> b) die trotz Aufforderung mit ihrer Beitragsleistung ohne Entschuldigung 3 Monate im Verzug geblieben sind und
> c) wegen Interessenlosigkeit am Verein."

Das Gaugericht fasste den Sachverhalt, der Haupt in dem Eröffnungsbeschluss vom 26. August 1937 und dem ergänzenden Eröffnungsbeschluss vom 2. Dezember 1937 zur Last gelegt wurde, wie folgt zusammen:

In den Jahren 1933 bis 1935 habe er als Inspekteur der Nationalpolitischen Erziehungsanstalten und als Beamter des Kultusministeriums homo-erotische Beziehungen zu minderjährigen Schülern, unter anderem der ihm unterstellten Anstalten, unterhalten. Unter den Schülern, zu denen Haupt Kontakt pflegte, wurden insbesondere der Primaner Hanfried Dietrich von der Landesschule Schulpforta, die Obersekundaner Gotthelf von Osterroht aus Schulpforta und Dietrich Klein-Grothaus von der NPEA Plön, später Oranienstein, sowie der Untertertianer Clemens von Osterroht aus Schulpforta hervorgehoben.[632] Darüber hinaus brachte man gegen Haupt dessen Äußerungen während seiner Vernehmung gegenüber den Gestapo-Beamten Meisinger und Kanthack vor.

Das Gericht zog zur Begründung des Beschlusses hauptsächlich die im Rahmen der polizeilichen Ermittlung bei den Schülern aufgefundene Korrespondenz mit Haupt heran. Einen besonderen Fokus legte das Gaugericht auf den Schriftwechsel zwischen Haupt und Dietrich. Textpassagen, die vom Gaugericht als besonders belastend angesehen wurden, ließ es als Zitate direkt in den

---

631 BArch, OPG: 3403|0036|41, Beschluss Gaugericht Berlin vom 28. Januar 1938, S. 1.
632 BArch, OPG: 3403|0036|41, Beschluss Gaugericht Berlin vom 28. Januar 1938, S. 1.

Beschluss einfließen. Neben inhaltlichen Punkten galten auch eher formale Aspekte bereits als belastend. So wurde bereits kritisch bemerkt, dass Haupt Dietrich unförmlich stets mit „Lieber Hanfried“ anredete und er es vermied, die Briefe mit dem Hitlergruß zu schließen. Haupt schreibt in einem der frühen Briefe eingangs, dass er nicht sicher wisse, ob er Dietrich überhaupt so fest wie einen Freund anreden dürfe, er wolle es aber dennoch versuchen, da dessen schöner Brief ihn froh und erwartungsvoll habe werden lassen.[633] Weiter schreibt Haupt wörtlich:

> „So muss ich zu den Pförtnern sagen: Ihr habet einen anderen Geist als wir. Nur dass ich in diesem Falle das Gebot, den Feind zu lieben, mit einer Art von Sehnsucht erfüllen kann – so wie ich sehr gern und vielleicht zu lange in die stillen blauen Augen eines Pförtners Epheben sah.“[634]

Für Haupt sei das Zusammenleben von Jung und Alt, wie für die Griechen einst, ein „Hauptpunkt“ und er wäre froh, sollten er und Dietrich auf diese Weise zusammenfinden.[635] In einem weiteren Brief dankt Haupt dem Primaner für die Übersendung eines kleinen Fahrtenbildes und bedauert, dass der Junge ihn auf dem Rückweg nicht in Berlin besucht habe. Er sei hinter Akten verbannt, aber nicht abgeneigt, einen Blick in die Freiheit und die blauen Augen Hanfrieds zu werfen.[636] Wiederholt erwähnt Haupt, dass er plane, Schulpforta zu besuchen, „als Privatmann natürlich“.[637] In einem auf den 3. November 1934 datierten Brief schreibt er, dass er noch vor Weihnachten nach Schulpforta kommen werde, dennoch freue er sich auf das Frühjahr, „wenn Freundschaft und Liebe reicher blühen.“[638] Postskriptum ergänzt Haupt noch, dass er glaube, dass man durchaus mehrere Freunde haben könne.

In seiner Vernehmung durch die Gestapo gab Haupt an, dass die Korrespondenz mit Dietrich denselben Zweck verfolgte, wie seinerzeit auch sein erster Besuch der Landesschule, auf diesem Wege mehr über den Betrieb in Schulpforta für seine dienstliche Verwendung zu erfahren. Von der Verurteilung Dietrichs habe er erst später erfahren. Ferner habe er mit bestimmten von ihm genutzten Begrifflichkeiten seine Zuneigung zur griechischen Kultur ausdrücken wollen. Wenn seinerseits von den „schlanken griechischen und deutschen

633 BArch, OPG: 3403|0036|41, Beschluss Gaugericht Berlin vom 28. Januar 1938, S. 3.
634 BArch, OPG: 3403|0036|41, Beschluss Gaugericht Berlin vom 28. Januar 1938, S. 3.
635 BArch, OPG: 3403|0036|41, Beschluss Gaugericht Berlin vom 28. Januar 1938, S. 3.
636 BArch, OPG: 3403|0036|41, Beschluss Gaugericht Berlin vom 28. Januar 1938, S. 4.
637 BArch, OPG: 3403|0036|41, Beschluss Gaugericht Berlin vom 28. Januar 1938, S. 5.
638 BArch, OPG: 3403|0036|41, Beschluss Gaugericht Berlin vom 28. Januar 1938, S. 5.

Jungen Schulpfortas“ die Rede war, dann deshalb, weil er in Dietrich eine Art Verkörperung dieses Typus, des militärpflichtigen Jungmannes, gesehen habe. Seine Zuneigung zum Griechentum sei durchaus erotisch, sexuelle oder körperliche Momente meine er damit aber nicht, vielmehr eine innere Sympathie der Ästhetik des griechischen Bildes gegenüber.[639]

Als belastend galt dem Gaugericht ebenfalls ein Brief des damals 16-jährigen ehemaligen Obersekundaners Klein-Grothaus. Dieser redete Haupt mit „Lieber Jochen“ an und berichtete, dass er Haupt nicht besuchen könne, da er das Geld verloren habe, das Haupt ihm überlassen habe. Auch das Gaugericht stellte fest, dass sich das Verhältnis zu Klein-Grothaus durch dessen unglücklichen Familienverhältnisse und die daraus resultierende Abhängigkeit von Haupt für das Fortkommen des Schülers von den anderen Beziehungen abhob und maß dieser deshalb besondere Schwere bei.

Ebenfalls als negativ hielt das Gaugericht fest, dass Haupt mit den Gebrüdern Osterroht verkehrte. Diese besuchten ihn auf seine Aufforderung hin mehrmals in Berlin und übernachteten in seiner Wohnung.[640] Schwer gewichtete man seitens des Gerichts darüber hinaus den gemeinsam unternommenen Badeausflug. Die Jungen berichteten, dass Haupt sich mehrmals vor ihnen umgezogen habe und sie diesen Moment als anstößig empfunden hätten. Neben diesen vier Jugendlichen bestand noch mit acht weiteren Schülern ein freundschaftlicher Briefverkehr. Diese gesamte Korrespondenz, die nach den Angaben Haupts vor allem den Zweck verfolgen sollte, einen persönlichen Eindruck von den Abläufen innerhalb verschiedener Anstalten zu gewinnen, wurde durch Haupt vernichtet. Dieses Verhalten des Angeschuldigten nahm das Gaugericht zum Anlass, eine dienstliche Verwendung der Briefe nicht anzuerkennen.[641] Auch die Besuche der Schüler in Haupts Privatwohnung in Berlin konnten nach Ansicht des Gerichts keinen dienstlichen Zweck gehabt haben.[642]

Laut den Aussagen Haupts entsprachen die meisten der Jungen dem von ihm bewunderten antiken griechischen Bilde. So habe sich die Zuneigung der griechischen Kultur gegenüber auch auf diese Jungen übertragen. Haupt gab während der Vernehmung im Geheimen Staatspolizeiamt zu, dass zu den Schülern Dietrich, Klein-Grothaus und eventuell auch zu den Brüdern Osterroth seinerseits „homo-erotische“ Neigungen bestanden hätten.[643] Kusshandlungen und

639 BArch, OPG: 3403|0036|41, Beschluss Gaugericht Berlin vom 28. Januar 1938, S. 6.
640 BArch, OPG: 3403|0036|41, Gaugericht Berlin vom 28. Januar 1938, S. 7.
641 BArch, OPG: 3403|0036|41, Beschluss Gaugericht Berlin vom 28. Januar 1938, S. 8.
642 BArch, OPG: 3403|0036|41, Beschluss Gaugericht Berlin vom 28. Januar 1938, S. 8.
643 BArch, OPG: 3403|0036|41, Beschluss Gaugericht Berlin vom 28. Januar 1938, S. 8.

Umarmungen habe es nur mit dem Schüler Klein-Grothaus gegeben, diese seien aber als rein erotische, nicht aber als sexuelle Handlungen zu verstehen.

Das Gaugericht merkte ferner an, dass nicht unberücksichtigt bleiben dürfe, dass Haupt bei seiner Vernehmung eingangs mit der Wahrheit stark zurückhielt und nur zugab, was ihm ohnehin durch die Beamten nachgewiesen werden konnte. Die Hauptverteidigungsstrategie des Angeschuldigten habe darin bestanden, geltend zu machen, dass er überhaupt kein Parteigenosse sei, wodurch es ihm gelungen sei, das Verfahren über Jahre zu verzögern.[644] Dieser Sachverhalt, der sich aus den Briefen sowie aus der Aussage des Angeschuldigten ergebe, reiche vollkommen aus, um den Tatbestand eines Verstoßes gegen § 4 Absatz 2 b und c der Satzung als erfüllt anzusehen. Einer erneuten Vernehmung der jugendlichen Zeugen habe es damit nicht mehr bedurft. Ferner würde so ein durch das Wiederaufrollen der mittlerweile Jahre zurückliegenden Ereignisse bedingter weiterer Schaden in seelischer und sittlicher Beziehung vermieden.[645]

Als Schuldfeststellung ergebe sich gemäß dem Sachverhalt, dass Haupt „[...] als Beamter des Kultusministeriums, dem die Bewegung besonderes Vertrauen entgegengebracht hatte, fortgesetzt mit mehreren, mindestens vier Schülern, nationalsozialistischer Erziehungsanstalten homo-erotische Beziehungen unterhalten hat."[646] Durch sein Verhalten habe er als Jugenderzieher und hoher Staatsbeamter unübersehbaren Schaden bei leicht beeinflussbaren Jugendlichen angerichtet.[647] Haupt habe seine unsittlichen Absichten gegenüber den Schülern in weibische Schwärmereien gehüllt, um diese deutschen Jungen vom ordentlichen Wege abzubringen. Haupts Denken sei noch um ein vielfaches verwerflicher und er habe in seinen Gedanken noch ganz andere Befriedigungen gesucht, als dieser notgedrungen habe eingestehen müssen. Dafür spräche alleine bereits die Tatsache, dass er mit dem Primaner Dietrich angeknüpft habe, welcher auf dem Gebiete der widernatürlichen Unzucht unter Männern kein unbeschriebenes Blatt mehr gewesen sei.[648] Die rechtskräftige Verurteilung des Schülers könne dem Angeschuldigten, bei dem engen und langfristen Verhältnis, welches er mit Dietrich pflegte, nicht entgangen sein. Die Richter stellten ferner fest, dass ihnen die altgriechische Geschichte, ihre Schriftsteller sowie ihre wahren Ideale durchaus bekannt waren, sodass das Gericht einzuschätzen vermochte, was der Angeschuldigte wirklich beabsichtige, als dieser den Schüler bat, ihm vom „wahren

644 BArch, OPG: 3403|0036|41, Beschluss Gaugericht Berlin vom 28. Januar 1938, S. 9.
645 BArch, OPG: 3403|0036|41, Beschluss Gaugericht Berlin vom 28. Januar 1938, S. 9.
646 BArch, OPG: 3403|0036|41, Beschluss Gaugericht Berlin vom 28. Januar 1938, S. 9.
647 BArch, OPG: 3403|0036|41, Beschluss Gaugericht Berlin vom 28. Januar 1938, S. 9.
648 BArch, OPG: 3403|0036|41, Beschluss Gaugericht Berlin vom 28. Januar 1938, S. 10.

Homer“ zu schreiben. Das verwerfliche Trachten Haupts, welches dieser hinter lediglich harmlos scheinenden Phrasen zu verbergen suchte, bleibe dem Gericht nicht verborgen. Die wirklichen griechischen Ideale, etwa der Heldengeist der Spartaner, lägen fernab von Haupts homo-erotischer Traumlandschaft und hätten mit dieser nichts gemein.[649] Die Kammer sah Haupts Verhalten als in höchstem Maße unsittlich und verwerflich an. Für einen Mann seines Alters und insbesondere seiner Stellung seien die von ihm in den Briefen verwandten üblen Redewendungen und zweideutigen Äußerungen sowie sein keinesfalls einwandfreier persönlicher Umgang mit jüngeren und jüngsten Schülern nicht mit der sittlichen Auffassung eines Nationalsozialisten vereinbar.[650] Laut dem Gericht könne es nicht darauf ankommen, ob dem Angeschuldigten homosexuelle Handlungen nachgewiesen werden konnten oder nicht. Von Belang seien bereits die vom ihm eingestandenen homoerotischen Gedanken. Noch erschwerend komme hinzu, dass diese Taten nicht von einem einfachen, bedeutungslosen Mann, sondern einem sehr gebildeten, mit großem Vertrauen versehenen, in der Öffentlichkeit herausgestellten Beamten bewusst begangen worden seien.

Die von Haupt auf Zusendung des Eröffnungsbeschlusses vorgebrachte Einlassung, er sei zur Abgabe wenigstens eines Teilgeständnisses genötigt worden, erkannte die Kammer nicht an. Nach Ansicht der Richter wurde diese durch die Gegenbekundungen der Kriminalbeamten Kanthack und Meisinger voll widerlegt.[651] Die Beschwerde Haupts wurde diesem vielmehr noch negativ ausgelegt, da man daraus einen Angriff auf die Integrität und die Diffamierung des Blutordenträgers und SS-Obersturmbannführers Meisinger zum Zwecke der eigenen Entlastung konstruierte.[652] Der Aussagen der Beamten habe es überdies ohnehin nicht bedurft. Der Angeschuldigte hätte bereits bei seiner ersten Vernehmung vor dem Gaugericht die Gelegenheit wahrnehmen können, um die Beschuldigungen gegen die Beamten vorzubringen. Dies habe er nicht getan, vielmehr noch habe er ausgesagt: „Meine vor der Staatspolizei gemachten Aussagen sind mir erinnerlich. Ich hab diesen nichts hinzuzufügen, ebenso nichts zu berichtigen.“[653] Haupts 18 Monate später getätigte Aussage, dass weit über die Hälfte des Protokolltextes nicht von ihm stamme, sei wenig glaubhaft. Der Angeschuldigte habe nur zu einer weiteren Schutzbehauptung gegriffen, als dieser erkennen musste, dass das Anzweifeln seiner Parteizugehörigkeit ihm keinen

649 BArch, OPG: 3403|0036|41, Beschluss Gaugericht Berlin vom 28. Januar 1938, S. 10.
650 BArch, OPG: 3403|0036|41, Beschluss Gaugericht Berlin vom 28. Januar 1938, S. 10.
651 BArch, OPG: 3403|0036|41, Beschluss Gaugericht Berlin vom 28. Januar 1938, S. 10.
652 BArch, OPG: 3403|0036|41, Beschluss Gaugericht Berlin vom 28. Januar 1938, S. 11.
653 BArch, OPG: 3403|0036|41, Beschluss Gaugericht Berlin vom 28. Januar 1938, S. 11.

Schutz vor der Durchführung eines Verfahrens mehr bot. Es sei ein weiterer Beweis dafür, dass Haupt jedes Mittel recht sei.[654]

Zu Haupts Aussagen stellte das Gaugericht fest, dass dieser in seinem Schriftsatz vom 11. Dezember 1937 eine wesentlich andere Sachdarstellung angab, als ihm im Eröffnungsbeschluss zur Last gelegt wurde. Die Kammer sah sich genötigt, die Einlassungen Haupts den Gestapo-Beamten vorzuhalten. Die gaben übereinstimmend an, dass Haupt die fragliche Aussage noch vor der eigentlichen Vernehmung gemacht habe, um damit zum Ausdruck zu bringen, dass er eine Aussage vor der Gestapo nicht machen wolle. Besagte Äußerung sei eine schwere Beleidigung der Behörde und ihrer Führer.[655] Auch wenn das Gericht dem Angeschuldigten einen gewissen Erregungszustand der Verhaftung wegen zugestand, hätte sich Haupt nicht zu einer derart abfälligen und unsachlichen Aussage hinreißen lassen dürfen. „Der Angeschuldigte [habe] hier den Bestrebungen der Partei zuwidergehandelt und [sei] insoweit eines weiteren Verstoßes gegen den § 4 Absatz 2 b der Satzung schuldig.“[656]

Für Haupt sei in der Partei kein Raum mehr. Eine Gewährung mildernder Umstände müsse für Verfehlungen, wie der Angeschuldigte sie begangen habe, grundsätzlich abgelehnt werden. Ferner würde eine Zubilligung mildernder Umstände im Falle Haupts ohnehin daran scheitern, dass solche überhaupt nicht vorlägen. Nennenswerte Verdienste seien weder der Obersten SA-Führung, der der Angeschuldigte noch immer angehöre, noch dem Gaugerichts bekannt.[657] Das Gericht erkannte zwar an, dass sich Haupt auch bereits während der Kampfzeit für den Nationalsozialismus engagiert hatte, hielt dazu jedoch fest, dass dieses Engagement nicht ausschlaggebend ins Gewicht fallen könne, sei Haupt doch lediglich zweimal, wegen von ihm veröffentlichter Zeitungsartikel, wegen Beleidigung zu geringen Geldstrafen verurteilt worden. Weiter führte die Kammer an, dass lediglich Haupts lange Parteizugehörigkeit positiv zu bewerten sei, „[w] ährend der er zum Teil seine Pflicht wie jeder andere […]“[658] getan habe. Auf diese Zugehörigkeit aber lege Haupt selbst, wie er durch seine Hauptverteidigung, das anfängliche Anzweifeln seiner ordentlichen Mitgliedschaft, bewiesen habe, keinen besonderen Wert, sodass diese nicht zu seinen Gunsten angeführt werden könne.

---

654 BArch, OPG: 3403|0036|41, Beschluss Gaugericht Berlin vom 28. Januar 1938, S. 11.
655 BArch, OPG: 3403|0036|41, Beschluss Gaugericht Berlin vom 28. Januar 1938, S. 11.
656 BArch, OPG: 3403|0036|41, Beschluss Gaugericht Berlin vom 28. Januar 1938, S. 11.
657 BArch, OPG: 3403|0036|41, Beschluss Gaugericht Berlin vom 28. Januar 1938, S. 11.
658 BArch, OPG: 3403|0036|41, Beschluss Gaugericht Berlin vom 28. Januar 1938, S. 11.

d) *Beschwerde gegen den Parteiausschluss*

Gegen den Beschluss bezüglich seines erstmaligen Parteiausschlusses vom 28. Januar 1938 legte Haupt am 15. Mai 1938 frist- und formgerecht Beschwerde ein.[659] Am 23. Mai 1938 schließlich gab das Gaugericht Berlin das Verfahren an die nächsthöhere Instanz, das Oberste Parteigericht der NSDAP in München, ab.[660] Mit Übergabe der Akten informierte das Gaugericht das Oberste Parteigericht ferner darüber, aus welchen Gründen es zu einem Strafverfahren nicht gekommen sei, es aber dennoch notwendig gewesen sei, ein Parteiausschlussverfahren in die Wege zu leiten. Hierzu führte das Gericht aus, dass sich bereits im Anfangsstadium der Untersuchungen habe erkennen lassen, dass dem Parteigenossen Haupt homosexuelles Verhalten nicht nachgewiesen werden konnte, andererseits hätten aber die von ihm geführten Schriftwechsel und die Einlassungen des Angeschuldigten vor der Gestapo eine derart auf die Jugend zersetzend wirkende homo-erotische Einstellung erkennen lassen, dass die Eröffnung eines Verfahren unumgänglich gewesen sei.[661]

Haupt muss sich dahingehend eingelassen haben, dass durch das Gaugericht nicht berücksichtigt worden war, dass etwa mit dem Zeugen Dietrich persönlicher Kontakt außerhalb der schriftlichen Korrespondenz nur für sehr kurze Zeit bestanden habe. Das Gaugericht erörterte dazu, dass es nicht darauf ankommen könne, wie lange der Angeschuldigte mit dem Zeugen persönlich in Berührung gekommen sei. Ausschlaggebend war nach Auffassung der Kammer vielmehr die in den Schriftsätzen zum Ausdruck gekommene Einstellung Haupts, welche geeignet gewesen sei, auf den Jugendlichen einen höchst verderblichen Einfluss auszuüben. Die in den Briefen offenbarte Anschauung Haupts sei bereits für das von ihm seinerzeit bekleidete Amt eines Ministerialrates des Kultusministeriums untragbar. Um ein vielfaches mehr müsse dies für die Frage der Parteizugehörigkeit Haupts gelten.[662] Ferner stellte die Kammer bezüglich des Verhaltens gegenüber den Brüdern Osterroht fest, dass die Einlassung Haupts, dass man aus dem bloßen Zusammenbaden männlicher Personen nicht bereits unmoralische

659 Die tatsächliche Beschwerde Haupts liegt den Akten des Bundesarchives bedauerlicherweise nicht bei. Wie viele andere Dokumente muss auch die Beschwerde, sollte sie den Akten je beigelegen haben, verlorengegangen sein. Den konkreten Inhalt zu rekonstruieren ist nur insoweit möglich, dass bestimmte Details aus dem Kontext, den das Abgabeschreiben des Gaugerichts Berlin bietet, erhalten sind.

660 BArch, OPG: 3403|0036|41, Schreiben Gaugericht vom 23. Mai 1938, S. 1.

661 BArch, OPG: 3403|0036|41, Schreiben Gaugericht vom 23. Mai 1938, S. 1.

662 BArch, OPG: 3403|0036|41, Schreiben Gaugericht vom 23. Mai 1938, S. 2.

Ableitungen treffen könne, grundsätzlich zutreffend sei. Im Kontext des festgestellten sonstigen Verhaltens des Angeschuldigten gewinne jedoch auch das den Osterrohts gegenüber gezeigte Verhalten eine erschwerende Bedeutung.[663] Anzumerken ist, dass das Gaugericht den Fokus in seinem Urteil nicht auf den Fall der Geschwister Osterroht legte und diesen ohnehin nicht besonders hervorgehoben hat. Haupts Beschwerde muss im Weiteren wegen der Versagung mildernder Umstände nochmals auf seine Verdienste für die Partei hingewiesen haben. Franke stellte dazu fest, dass es solche Verdienste seit der Machtübernahme nicht gebe und dass, sollte Haupt auf vorherige Verdienste anspielen, er diese durch die von ihm gezeigte Haltung selbst getilgt habe.[664] Insbesondere weil es sich bei Haupt um einen alten Parteigenossen handele und er lediglich durch das Vertrauen der Partei eine hohe Staatsstelle habe erreichen können, sei er umso schwerer zu verurteilen. Abschließend stellte Franke gegenüber dem Obersten Parteigericht fest, dass neben der Beschwerde Haupts seitens der Gauleitung sowie der Obersten SA-Führung eine Beschwerde nicht erhoben wurde.[665]

Am 6. Juli 1938 erging in der Sache des Parteiverfahrens Haupt der Beschluss der Ersten Kammer des Obersten Parteigerichtes in München. Unter dem Vorsitz des Parteirichters Knop wies die Kammer Haupts Beschwerde vom 15. Mai 1938 gegen den Beschluss des Gaugerichts Berlin vom 28. Januar 1938 als zwar zulässig, jedoch unbegründet zurück und bestätigte damit den Ausschluss Haupts aus der NSDAP.[666] Das Oberste Parteigericht schloss sich dabei in allen Punkten der Begründung des Gaugerichts Berlin an.

Die Kammer stellte darüber hinaus nochmals in aller Deutlichkeit und in einem scharfen Ton heraus, dass es von keiner Relevanz sei, dass dem Angeschuldigten im Einzelfalle strafrechtlich erhebliche homosexuelle Handlungen nicht nachgewiesen werden konnten. Haupt habe als Beamter der höchsten Schulbehörde des Reiches in unwürdigster Form mit Schülern in wie auch immer gearteten gleichgeschlechtlichen Verbindungen angeknüpft und sich damit schwerster Pflichtverletzungen schuldig gemacht.[667] Seine abnormale homosexuelle Veranlagung habe er durch das festgestellte Verhalten deutlich unter Beweis gestellt. Mildernde Umstände lehnte auch das Oberste Parteigericht entschieden

663 BArch, OPG: 3403|0036|41, Schreiben Gaugericht vom 23. Mai 1938, S. 2.
664 BArch, OPG: 3403|0036|41, Schreiben Gaugericht vom 23. Mai 1938, S. 3.
665 BArch, OPG: 3403|0036|41, Schreiben Gaugericht vom 23. Mai 1938, S. 3.
666 BArch, OPG: 3403|0036|41, Beschluss Oberstes Parteigericht München vom 6. Juli 1938, S. 1.
667 BArch, OPG: 3403|0036|41, Beschluss Oberstes Parteigericht München vom 6. Juli 1938, S. 4.

ab, unter Berücksichtigung der Gefährlichkeit sowie der Verwerflichkeit müssten diese grundsätzlich versagt bleiben.[668]

Mit der Zurückweisung der Beschwerde Haupts vom 6. Juli 1938 gewann der ursprüngliche Beschluss des Gaugerichts Berlin Rechtskraft, sodass er gemäß diesem am 28. Januar 1938 aus der NSDAP ausgeschlossen wurde. Bereits am 7. Juli 1938 veranlasste das SA-Gerichts- und Rechtsamt, noch vor Übersendung einer rechtskräftigen Beschlussabschrift, Haupt durch das SA-Amt für Personalien mit sofortiger Wirkung zu beurlauben und ihm das zwischenzeitliche Tragen des SA-Dienstanzuges zu untersagen.[669] Dieser Weisung kam das Amt für Personalien umgehend nach, sodass Haupt am 9. Juli 1938 vom SA-Dienst beurlaubt wurde.[670] Mit Eingang der Beschlussabschrift am 3. August 1938 wurde Joachim Haupt nach seinem Ausschluss aus der NSDAP unter Aberkennung seines Dienstgrades sowie seiner Dienststellung aus der SA ausgeschlossen.[671]

5.) Motive und Profiteure der Ausschaltung Haupts

Die Motive, die zum Sturz Haupts hätten führen können, sind vielfältig. Dass Haupts Karriere nicht tatsächlich bereits im Juni 1934 in der „Nacht der langen Messer“ endete, mag, wie das Gaugericht gegenüber der SA-Führung später zynisch feststellte, tatsächlich verwundern. Haupts Berufung zum SA-Sturmbannführer machte es von außen leicht, ihn dem engeren Kreis der Obersten SA-Führung und somit Ernst Röhm zuzuordnen. Dabei muss jedoch bedacht werden, dass die Beförderung Haupts lediglich ehrenhalber geschah und konkrete Verbindungen zwischen Haupt und Röhm kaum nachweisbar sind. Dass Haupt zwar ein Anhänger Röhms war, lässt sich durchaus aus der Tatsache schließen, dass er die erste der von ihm geleiteten NPEA nach ihm benennen ließ, dennoch gilt es auch hierbei zu beachten, dass die NPEA formell der SA unterstanden und eine solche Namensgebung in jedem Falle nahe lag. Im Zweifel erkannte man seitens der Akteure der Entmachtung der SA, dass Haupt letztlich für das Machtgefüge der SA nicht von großer Relevanz war und kaum gewichtige Verbindungen aufwies und es so seinerzeit seiner Ausschaltung nicht bedurfte. Haupt ist daher wohl eher nicht als ein

668 BArch, OPG: 3403|0036|41, Beschluss Oberstes Parteigericht München vom 6. Juli 1938, S. 5.

669 BArch, OPG: 3403|0036|41, Internes Schreiben SA vom 7. Juli 1938.

670 BArch, OPG: 3403|0036|41, Schreiben SA-Personalamt an Haupt vom 9. Juli 1938.

671 BArch, OPG: 3403|0036|41, Schreiben Oberste SA-Führung an SA-Personalamt vom 3. August 1938.

spätes Opfer der Nachwehen des „Röhm-Putsches“ anzusehen. Ob Haupt überhaupt bereits im Jahre 1934 in das Visier von SS und Gestapo geriet und warum man in einem solchen Fall von der Eliminierung Haupts abgesehen hat, ist nicht mehr nachzuvollziehen. Das Motiv für den Fall Haupts mag weniger in seiner Person, als vielmehr in seiner Funktion zu finden sein. In seinem Amt als Inspekteur der NPEA war es Haupt stets ein Anliegen, die Unabhängigkeit der Anstalten zu erhalten. Mit der Indienststellung der NPEA versuchten sowohl SA als auch SS und Wehrmacht ihren Einfluss auf die NPEA auszuweiten, um diese als Kaderschmieden zu gewinnen, diesem Druck stellte sich Haupt entgegen.[672] Insbesondere die SS hatte Interesse an den Anstalten. Himmler besichtigte die NPEA erstmals bei der ersten gemeinsamen Herbstübung der ersten neun Anstalten im Jahr 1934 und wandte sich nach der Besichtigung der Übung unmittelbar an Rust und bat diesen, ihm drei der Anstalten als „Vorschulen“ der SS zur Verfügung zu stellen, was Rust ablehnte.[673] Oberhand in diesem Ringen um Kontrolle sollte in den ersten Jahren die SA behalten, der die NPEA formell unterstanden und in deren Strukturen sie, wenn auch nur sehr lose, eingebunden waren. Mit der Ermordung Röhms und der systematischen Ausschaltung der Obersten SA-Führung durch die SS im Juni 1934 verschob sich das Machtgefüge der nationalsozialistischen Bewegung und die SA schied als Konkurrent um die Kontrolle über die Anstalten aus. Auch an der Beseitigung Haupts nahmen Angehörige der SS aktiv Anteil. So war es der Leiter des SS-Kulturamtes und spätere Abteilungsleiter im Sicherheitshauptamt Reinhard Höhn, dem es gelang, die in Schulpforta aufgefundenen Briefe Haupts ausfindig zu machen und mit diesem in Verbindung zu bringen.[674] Auch an der Verhaftung und dem Verhör Haupts waren Angehörige der SS beteiligt, so war der Vorgesetzte der Vernehmungsbeamten Gestapo-Kriminalrat Meisinger ebenfalls SS-Obersturmbannführer und Angehöriger des Sicherheitsdienstes des Reichsführers SS (SD), er leitete die Reichszentrale zur Bekämpfung der Homosexualität in der Hauptabteilung II der Gestapo.[675]

Vor diesem Hintergrund muss ebenfalls in Betracht gezogen werden, dass auch die Versetzung Karl August Eckhardts in das Amt des Hauptreferenten für die Fächer Recht, Staat, Politik, Wirtschaft und Geschichte der Hochschulabteilung des Ministerium Rusts im Oktober 1934 eine Rolle für den Sturz Haupts spielte.[676] Bei Eckhardt handelte es sich um eine wissenschaftliche Ausnahmeerscheinung und

672 *Paustian*, Die Nationalpolitische Erziehungsanstalt Plön, S. 16.

673 *Scholtz*, NS-Ausleseschulen, S. 87 f.

674 *Scholtz*, NS-Ausleseschulen, S. 89.

675 *Janßen/Tobias*, Der Sturz der Generäle, S. 93.

676 *Eckert*, „Hinter den Kulissen“, S. 9.

er gilt als eine der Schlüsselfiguren für die Entwicklung der „Kieler Schule".[677] Im Sommer 1933 wurde er auf den germanistischen Lehrstuhl der Kieler juristischen Fakultät berufen, den er, bevor er im Jahr 1930 einen Ruf an die Berliner Handelshochschule angenommen hatte, bereits von 1928 bis 1930 inne hatte.[678] Eckhardt trat am 18. Mai 1931 der Berliner SA bei und wurde am 18. Februar 1932 Mitglied der NSDAP.[679] Im Oktober 1933 trat er in die SS ein und avancierte innerhalb kürzester Zeit zum Schulungsleiter des SS-Sturmes.[680] Er unterhielt eine enge, auch über seine SS-Zugehörigkeit hinausgehende, Freundschaft zu Heinrich Himmler und wurde zum 01. Januar 1935 als SS-Untersturmführer zu dessen persönlichen Stab abkommandiert.[681] Im Presseorgan der SS „Das Schwarze Korps" forderte er im Jahr 1935 in dem Artikel „Widernatürliche Unzucht ist todeswürdig" die gänzliche „[...] Ausmerzung der Entarteten".[682] Noch im selben Jahr erfolgte seine Versetzung zum SD, wobei er angewiesen wurde, sich weiterhin als Mitglied des Stabes Himmlers zu bezeichnen und seine Zugehörigkeit zum SD nicht erkennen zu lassen.[683] Auch die Berufung Eckhardts in das REM muss dabei als Schritt eines Prozesses verstanden werden, in dessen Rahmen die SS Himmlers und der SD Heydrichs innerhalb der Wissenschaftspolitik massiv an Bedeutung gewannen. Rust, der generell als schwacher Mann galt, ließ den Angehörigen von SS und SD in seinem Ministerium, die wiederum direkt Höhn zur Berichterstattung verpflichtet waren, freie Hand, sodass sich das REM letztlich zu einer Domäne der SS entwickelte. Diese erlangte damit umfangreiche Steuerungsmöglichkeiten, was Struktur und Besetzung der deutschen Universitäten anbelangte.[684] Insbesondere der SD, der sich selbst im Hinblick auf die SS noch als Elite innerhalb der NS-Gesellschaft verstand,[685] strebte auch weiterhin danach seine Machtstellung weiter auszubauen. Aus diesem Selbstverständnis heraus dürfte auch die Erlangung der Kontrolle über die Ausleseanstalten Haupts von besonderem Interesse gewesen sein. So kann es kaum dem Zufall geschuldet sein, dass die Ermittlungen Höhns und die Kampagne zur Entfernung Haupts, der Eckhardt noch aus

---

677 *Eckert*, Was war die Kieler Schule S. 50.
678 *Eckert*, „Hinter den Kulissen", S. 7.
679 *Eckert*, Was war die Kieler Schule S. 50.
680 *Eckert*, Was war die Kieler Schule S. 51.
681 *Meyer-Pritzl*, Die „Kieler Schule" und das römische Recht, S. 570.
682 *Janßen/Tobias*, Der Sturz der Generäle, S. 93.
683 *Eckert*, Was war die Kieler Schule S. 52.
684 *Eckert*, „Hinter den Kulissen", S. 10.
685 *Eckert*, „Hinter den Kulissen", S. 9.

Kieler Zeiten bekannt gewesen sein dürfte, zeitlich mit Eckhardts Versetzung in das REM zusammentrafen.

Der Nachfolger Haupts als Inspekteur der NPEA wurde ebenfalls ein SS-Mann, der SS-Obergruppenführer und spätere General der Waffen-SS August Heißmeyer, der Haupt vermutlich bereits aus seiner Studienzeit in Frankfurt bekannt war.[686] Dieser wurde am 9. März 1936 mit der kommissarischen Übernahme der Amtsgeschäfte des Inspekteurs der NPEA beauftragt.[687] Heißmeyer trat dabei nie als Beamter in den Preußischen Landesdienst ein, sondern bestand darauf, das Amt des Inspekteurs auf Dauer „ehrenamtlich" zu übernehmen.[688]

> „Es entsprach dem Wunsche des Reichsführers SS, daß meine [...] mündliche Beauftragung zur Führung der Geschäfte als [...] Inspekteur der NPEA in eine Ernennung umgewandelt wurde. Weder der Reichsführer SS noch ich hatten damit gerechnet, daß eine solche Ernennung nur durch gleichzeitige Übernahme in das Beamtenverhältnis verwirklicht werden könnte. Ich bin dem Rufe des Ministers als meinem verehrten früheren Gauleiter mit Freude gefolgt [...]"[689]

Dieses Vorgehen erlaubte es Heißmeyer, weiterhin in der Hierarchie der SS zu verbleiben. Der Reichsführer-SS blieb damit der eigentliche Vorgesetzte Heißmeyers. Der SS gelang es auf diese Weise, die Kontrolle über die NPEA zu erlangen, ohne dass diese der SS formal unterstellt wurden. Der Einfluss Himmlers ging so weit, dass sich dieser später wie folgt äußerte: „Ich bitte, bei den nächsten Verhandlungen [...] klar zu machen, daß ich die Erziehungsrichtlinien in den Nationalpolitischen Erziehungsanstalten bestimme."[690]

Damit ging die SS klar als Profiteur der Absetzung Haupts als Inspekteur der NPEA und dessen Parteiausschluss hervor. Die novellierte Fassung des § 175 RStGB zeigte sich dabei als effektives Mittel, einen im Allgemeinen linientreuen und altgedienten Parteigenossen auszuschalten, der weder nach der NS-Rassenideologie noch wegen ideologischer Differenzen angreifbar war. Die Instrumentalisierung des § 175 RStGB, dessen Tatbestand am 1. September 1935 so radikal und unbestimmt ausgeweitet wurde, ermöglichte es der SS, mit Hilfe der Gestapo, ohne dass es auf eine tatsächliche Strafbarkeit Haupts ankam, diesen

686 *Birn*, Die höheren SS- und Polizeiführer, S. 335.

687 *Scholtz*, NS-Ausleseschulen, S. 89.

688 *Paustian*, Die Nationalpolitische Erziehungsanstalt Plön, S. 17; *Scholtz*, NS-Ausleseschulen, S. 89.

689 *Scholtz*, NS-Ausleseschulen, S. 90.

690 *Paustian*, Die Nationalpolitische Erziehungsanstalt Plön, S. 17.

aus dem Amt und letztlich aus der Partei zu drängen.[691] Wenngleich Haupt nicht als eines der letzten Opfers der Röhm-Affäre anzusehen ist, so stellt seine Ausschaltung dennoch gleichsam einen Akt verspäteter parteiinterner Gleichschaltung dar, der wenigstens den Methoden nach einige Parallelen zu dem Prozess aufweist, der mit der Ermordung Röhms in der „Nacht der langen Messer“ im Juni 1934 begann. Bereits kurz nach der Ausschaltung der SA wurde durch die Regierung die, wenn auch nicht offizielle, so doch faktisch offen ausgelebte und öffentlich weitgehend bekannte Homosexualität Röhms dazu genutzt, den Schlag gegen die SA-Führung zu rechtfertigen. Diese Instrumentalisierung sexueller Denunziation wurde auch im Falle Haupts angewandt und führte letztlich zu dessen Sturz.

Ob der Denunziation Haupts wahre Tatsachen zugrunde lagen, lässt sich heute nicht mehr nachvollziehen. Dass dies insbesondere bei Ermittlungen gegenüber ranghohen Verdächtigen nicht zwangsläufig zutraf, zeigt sich jedoch anschaulich am Fall des Oberbefehlshabers des Heeres Generaloberst Werner Freiherr von Fritsch aus dem Januar des Jahres 1938. Im Winter 1935 fiel der Berliner Kriminalpolizei der homosexuelle Berufsverbrecher Otto Schmidt in die Hände. Dieser war Kopf einer Bande, deren primäres Tätigkeitsfeld die Erpressung Angehöriger der Berliner Homosexuellenszene war.[692] Bereits bei seiner ersten Vernehmung gab er weit mehr als 100 Namen erpresster Homosexueller Preis. Als Schmidt im Mai 1936 einem Vernehmungsrichter vorgeführt wurde, benannte er erstmals auch Fritsch. Er gab dabei, ohne spezifische Angaben zu machen, zu Protokoll, Fritsch habe widernatürliche Unzucht betrieben. Die Kriminalpolizei sah sich angesichts der Vielzahl der Beteiligten nicht in der Lage die Ermittlungen weiter zu führen und gab das Verfahren an die Gestapo ab.[693] Die Untersuchungen wurden fortan durch die Abteilung Meisingers fortgeführt. Das erste Verhör Schmidts wurde durch den Gestapo-Beamten Häusserer, der auch an der Vernehmung Haupts teilgenommen hatte, durchgeführt, vor dem Schmidt seine Behauptungen aufrecht erhielt und weiter ausschmückte. Himmler hielt die Verdachtsmomente gegen Fritsch für ausreichend und legte die Ermittlungsakte noch im Sommer 1936 Hitler persönlich vor.[694] Dieser schenkte den belastenden Aussagen Schmidts jedoch keinen Glauben und wies Himmler an,

691 *Krebs* erinnert sich dahingehend, dass insbesondere Himmler bereits früh den Nutzen des erneuerten § 175 RStGB für sich entdeckt hatte. Siehe dazu: *Krebs*, Tendenzen und Gestalten der NSDAP, S. 208.

692 *Janßen/Tobias,* Der Sturz der Generäle, S. 92.

693 *Janßen/Tobias,* Der Sturz der Generäle, S. 93.

694 *Janßen/Tobias,* Der Sturz der Generäle, S. 95.

die Akten über Fritsch zu vernichten und die Ermittlungen einzustellen.[695] Im Januar 1938, nachdem Hitlers Vertrauen in die Generäle der Wehrmacht durch die Blomberg-Affäre[696] schwer beschädigt wurde, erinnerte er sich der Vorwürfe gegen Fritsch und befahl die Rekonstruktion der Untersuchungen.[697] Bereits am 5. Februar erhielt Fritsch ein Schreiben Hitlers, indem er ihn aus gesundheitlichen Gründen seines Dienstes enthob.[698] Im Rahmen eines gegen den Protest der Gestapo durchgeführten Prozesses vor dem Reichskriegsgericht unter dem Vorsitz Görings kam zu Tage, dass der Kronzeuge Schmidt einen Rittmeister a. D. von Frisch erpresst und diesen als Generaloberst von Fritsch ausgegeben hatte.[699] Gegenüber Hitler, der gedachte, das Verfahren nunmehr einzustellen zu lassen, bestand Himmler darauf, dass es sich um verschiedentliche Fälle handelte, zwischen denen keine Verbindung bestand und der Fall Fritsch weiter untersucht werden müsse.[700] Göring, der als Vorsitzender des Tribunals nunmehr gezwungen war, das Verfahren fortzuführen, war es letztlich zu verdanken, dass Schmidt seine Täuschung gestand. Göring organisierte ein Kreuzverhör, bei dem er den Belastungszeugen Schmidt jeweils Generaloberst von Fritsch auf der einen und Rittmeister von Frisch auf der anderen Seite gegenüberstellte und ihn solange traktierte, bis dieser sich einließ, Fritsch fälschlicher Weise bezichtigt zu haben.[701] „Jawoll, ick habe jelogen."[702] Auf die Frage Görings, was ihn veranlasst habe, seine Behauptungen auch in der Hauptverhandlung aufrecht zu erhalten, erwiderte Schmidt, dass Kriminalrat Meisinger ihm mit Leib und Leben gedroht

---

695 *Janßen/Tobias,* Der Sturz der Generäle, S. 87.

696 Generalfeldmarschall Werner von Blomberg heiratete am 12. Januar 1938 die 35 Jahre jüngere Margarethe Gruhn, wobei Hitler und Göring als Trauzeugen fungierten. Nur wenige Tage nach der Trauung kamen Gerüchte auf, nach denen es sich bei der Braut um eine registrierte Prostituierte handele. Die Gestapo nahm Ermittlungen auf und legte Göring am 21. Januar 1938 die Polizeiakte Margarethe Gruhns vor, die neben erkennungsdienstlichen Unterlagen auch mehrere pornografische Fotografien enthielt. Göring identifizierte die neue Gemahlin Blombergs und informierte Hitler am 24. Januar 1938. Blomberg, der von der Vergangenheit seiner Frau nichts gewusst haben wollte, lehnte den Vorschlag Görings, die Ehe sofort annullieren zu lassen, um einen öffentlichen Skandal zu verhindern, ab. Hitler entließ ihn am 27. Januar 1938. Siehe zur Blomberg-Affäre: *Janßen/Tobias,* Der Sturz der Generäle.

697 *Janßen/Tobias,* Der Sturz der Generäle, S. 87.

698 *Kielmansegg,* Der Fritschprozess 1938, S. 41.

699 *Janßen/Tobias,* Der Sturz der Generäle, S. 165.

700 *Janßen/Tobias,* Der Sturz der Generäle, S. 172.

701 *Janßen/Tobias,* Der Sturz der Generäle, S. 179.

702 *Kielmansegg,* Der Fritschprozess 1938, S. 94.

habe, sollte er nicht bei seiner Aussage bleiben.[703] Meisinger, der daraufhin in den Zeugenstand gerufen wurde, gab an, dass er den Zeugen lediglich ernstlich zur Wahrheit ermahnt habe.[704] Generaloberst von Fritsch konnte somit freigesprochen werden, wurde jedoch nur bedingt rehabilitiert, so erhielt er keinesfalls seine vormalige Stellung zurück, sondern wurde lediglich als Regimentschef seines alten Artillerieregiments eingesetzt. Von Fritsch fiel während des Polenfeldzuges am 22. September 1939 vor Warschau.[705] Der Fall Fritsch macht deutlich, dass SS, SD und Gestapo, die NS-Institutionen, die auch Haupt verfolgten, ihre Ermittlungen insbesondere hinsichtlich hochrangiger Personen auch wider entlastender Erkenntnisse und unter der Verwendung unlauterer Mittel vorantrieben.

In der Gesamtbetrachtung der Geschehnisse liegt es nahe, dass der Prozess der Ausschaltung Haupts durch die SS und den SD, deren Angehörige, insbesondere Höhn, aber auch Eckhardt, der sich im unmittelbaren Umfeld Haupts im REM befand, an jedem Schritt beteiligt waren, gesteuert, eventuell sogar durch Himmler selbst initiiert, wurde. Die Quellenläge lässt es indes nicht zu, diese Vermutung befriedigend zu be- oder zu widerlegen, sodass dieser Abschnitt im Leben Haupts nicht vollends geklärt werden kann.

Nach den Angaben des gegen Haupt erlassenen Parteiurteils hatte er seinen Wohnsitz nach Sternberg in Mecklenburg verlegt.[706] Haupt tritt ab diesem Zeitpunkt faktisch in der Öffentlichkeit nicht mehr in Erscheinung. Eine Mitteilung des ersten Mannes seiner Ehefrau legt nahe, dass Haupt in dieser Zeit als Landwirt seinen Lebensunterhalt verdiente.[707]

---

703 *Kielmansegg*, Der Fritschprozess 1938, S. 94.

704 *Janßen/Tobias*, Der Sturz der Generäle, S. 180.

705 *Kielmansegg*, Der Fritschprozess 1938, S. 9.

706 BArch, OPG: 3403|0036|41, Beschluss Gaugericht Berlin vom 28. Januar 1938, S. 1.

707 Schreiben von H. Duve an das NSDAP-Kreisgericht Lübeck vom 22. November 1935. Wie belastbar die Aussagen Duves letztlich sind, ist kaum noch nachvollziehen, da dieser selber berichtet, die Informationen nur gerüchteweise erfahren zu haben.

D) Haupts Kriegsjahre und Nachkriegszeit

I.) Kriegsdienst

Haupts Aktivitäten lassen sich auch in den Kriegsjahren nur schwer nachvollziehen. 1939 scheint er am Polenfeldzug teilgenommen zu haben. Ab 1943 muss er in Norwegen eingesetzt gewesen sein, wo er auch das Kriegsende erlebte.[708] In den ersten Jahren seines Kriegsdienstes schrieb Haupt die Novelle „Hochwasser", die im Jahre 1943 veröffentlicht wurde.[709]

In offiziellen Akten der NSDAP taucht Haupts Name lediglich noch einmal im Jahr 1940 auf. Die Vorgesetzten Haupts empfahlen diesen für die Übernahme in das Offizierskorps, sodass das Wehrbezirkskommando Abt. IIA seitens des für Haupt zuständigen Gaues Erkundigungen über ihn einholte.[710] Haupt war seinerzeit in Swinemünde[711] auf Usedom wohnhaft, sodass der Vorgang dem Gau Pommern Kreis Usedom-Wollin oblag. Dem Wehrbezirkskommando waren die Umstände von Haupts Parteiausschluss bekannt, dennoch bat man darum, zu verifizieren, ob die Angaben den Tatsachen entsprachen. Die Kreisleitung ersuchte das Oberste Parteigericht in München um Überlassung von Haupts Parteigerichtsakten. Weiter ist der Vorgang nicht dokumentiert, es ist jedoch davon auszugehen, dass das Wehrbezirkskommando eine Beförderung Haupts, der wegen seines Parteiausschlusses kaum als politisch zuverlässig gelten konnte, in einen Offiziersdienstgrad nicht positiv beschieden hat.

II.) Internierung und Entnazifizierung

Nach der Kapitulation wurde Haupt in das britische Civil Internment Camp No. 1, das Internierungslager Gadeland bei Neumünster, verbracht und dort bis zum Herbst 1946 interniert.[712] Untergebracht war das Lager in mehreren Werkhallen

---

708 *Herlemann*, Biographisches Lexikon niedersächsischer Parlamentarier, S. 143.

709 Vgl. *Haupt*, Hochwasser. Die Zeitangabe ist indes nicht ganz exakt, Haupt begann die Arbeit an dem Werk bereits 1938. Es handelt sich bei der Novelle um ein Stück Populärliteratur.

710 BArch, R 9361-I/15579, Schreiben Gau Pommern, Kreis Usedom-Wollin an das Oberste Parteigericht in München vom 24. Oktober 1940.

711 Das heute in Polen gelegene Świnoujście.

712 *Grüttner*, Biographisches Lexikon zur nationalsozialistischen Wissenschaftspolitik, S. 71; *Danker*, Internieren, entnazifizieren und umerziehen – Erste Vergangenheitsbewältigung nach 1945, S. 286.

einer dort vormals ansässigen Lederwarenfabrik. Mit Auflösung des Lagers wurden Haupt und die verbliebenen 6.000 Lagerinsassen in das Civil Internment Camp No. 7 verlegt. Das Internierungslager Eselsheide war auf dem Gelände eines ehemaligen deutschen Kriegsgefangenenlagers, dem Stammlager VI K (326) eingerichtet. Haupt wurde hier vermutlich bis 1947 interniert.[713]

Fraglich bleibt ebenfalls, ob Haupt sich einem Entnazifizierungsverfahren unterziehen musste. Akten lassen sich diesbezüglich nicht auffinden. Zum einen muss in Betracht gezogen werden, dass Haupt wegen seines Parteiausschlusses, ungeachtet seiner zurückliegenden Parteiarbeit, durch die Maschen des britischen Entnazifizierungssystems gefallen ist und nach seiner Internierung unsanktioniert blieb. Zum anderen ist denkbar, dass, sollte eine Entnazifizierung stattgefunden haben, eine etwaige Strafe wohl mit der Zeit seiner Internierung bereits abgegolten gewesen wäre. Letztlich lässt sich diese Frage mangels Nachweisen nicht beantworten.

III.) Wiedereintritt in den Schuldienst

Bemerkenswert ist, dass Haupt trotz seiner Parteikarriere in den 1950er Jahren wieder an staatlichen Schulen lehrte. So unterrichtete er zwischen dem 16. Oktober 1953 und dem 22. Dezember 1953 aushilfsweise die Oberstufe der Leibniz-Schule Hannover.[714] Weiter gibt es Hinweise, dass Haupt von 1955 bis 1963 an der „Privaten höheren Schule Kiel-Wik" als Lehrkraft tätig gewesen sein soll.[715] Diese wurde im Jahre 1954 von dem Haupt gut bekannten ehemaligen Ministerialrat im REM Ernst Bargheer gegründet.[716] Andere Quellen weisen darauf hin, dass Bargheer zwar versucht haben soll, seinen ehemaligen Mitstreiter für seine Privatschule zu gewinnen, dies jedoch an überzogenen Gehaltsvorstellungen Haupts gescheitert sein soll.[717] Im Jahre 1963 gab Bargheer seine Schule aus Altersgründen auf. Im selben Jahr übernahm Haupt eine Stelle als Vertretungslehrer an der höheren Handelsschule in Kiel/Ravensberg,

713 *Grüttner*, Biographisches Lexikon zur nationalsozialistischen Wissenschaftspolitik, S. 71.

714 Die Daten entstammen Auskünften der Schulleitung der Leibniz-Schule, eine Einsicht in die dort noch erhaltene Personalakte wurde aus datenschutzrechtlichen Bedenken leider nicht gewährt.

715 *Grüttner*, Biographisches Lexikon zur nationalsozialistischen Wissenschaftspolitik, S. 71.

716 *Weiß*, Pädagogik und Nationalsozialismus, S. 50.

717 *Weiß*, Pädagogik und Nationalsozialismus, S. 47.

die er jedoch nur bis zum ersten Halbjahr 1964 innehatte.[718] Ferner soll Haupt an der Marinefachschule und der Bundeswehrfachschule in Hannover unterrichtet haben.[719] Haupts Wiedereintritt in den Schuldienst wirft wiederum die Frage nach seiner Entnazifizierung auf. Die Anstellung Haupts, nach eigenen Worten ein brennender Nationalsozialist erster Stunde, wenn er auch früh in Ungnade gefallen war, an staatlichen Schulen und insbesondere an den Schulen der Bundeswehr verwundert doch sehr.[720] Seine Schüler aus den 1960er Jahren berichteten hingegen, dass Haupt und seinem Unterricht dessen komplexe NS-Vergangenheit nicht anzumerken gewesen sei und sie um diese nicht wussten. Sie charakterisierten Haupt als fähigen und engagierten Lehrer, der geduldig und mit wohldosierter Strenge durch seinen Unterricht führte. Haupt veröffentlichte in dieser Zeit noch einige kleinere volkswirtschaftliche Broschüren.[721]

Joachim Haupt verstarb am 13. Mai 1989 in Neustadt am Rübenberge in Niedersachsen. In Herzhorn bei Glückstadt liegt er begraben.[722]

---

718 Nach der Aussage zweier ehemaliger Schüler der höheren Handelsschule Kiel/Ravensberg.

719 *Grüttner*, Biographisches Lexikon zur nationalsozialistischen Wissenschaftspolitik, S. 71.
Eine eigene Recherche in den Archiven der Bundeswehrverwaltung konnte diese Tatsache nicht bestätigen.

720 Denkbar ist, dass eine etwaige Entnazifizierung Haupts kein Berufsverbot umfasste. Möglicherweise machte Haupt für sich geltend, selbst durch die Nationalsozialisten verfolgt worden zu sein.

721 *Haupt*, Wie ist das mit den Preisen (1961); ders., Reich werden, reich sein (1962); ders., Löhne und Preise (1964).

722 *Grüttner*, Biographisches Lexikon zur nationalsozialistischen Wissenschaftspolitik, S. 71.

E) Zusammenfassung der Ergebnisse

„Die Revolution hat ihre eigenen Gesetze. Mit dem Siege unserer Bewegung ist auch der Zeitpunkt ihrer inneren Reinigung gekommen.“[723]

Diese Betrachtungen von Leben und Wirken von Dr. Joachim Haupt vermögen naturgemäß nicht dessen Lebensweg in Gänze und in all seiner Komplexität auszuleuchten. Insbesondere die Quellenlage und der Mangel an auskunftswilligen Zeitzeugen erschwerten die Recherche in erheblichem Maße.[724] Dennoch zeichnet sich das Bild eines Mannes, dessen Leben nicht nur durch die vielfältigen politischen und gesellschaftlichen Entwicklungen des frühen 20. Jahrhunderts beeinflusst wurde, sondern der seinerseits auch selbst erheblichen Einfluss auf ebenjene Geschicke nahm.

Haupts Kindheit, durch den frühen Tod seines Vaters gezeichnet, ist vor allem durch seine Ausbildung an der renommierten Königlich Preußischen Hauptkadettenanstalt in Berlin-Lichterfelde geprägt. Als Mitglied des Preußischen Kadettenkorps wurde Haupt nachhaltig zu Härte, Disziplin und Treue erzogen. Er verließ die Anstalt kurz nach Ende des Ersten Weltkrieges als Teil einer Generation junger Männer, die noch im Kaiserreich aufgewachsen waren und die das Trauma und die Ohnmacht der Niederlage auf eine ganz eigene Weise erleben sollten. Seines Alters wegen blieb ihm die Teilnahme am Ersten Weltkrieg, der die letzten vier Jahre so präsent war und sein Leben tiefgreifend mitbestimmt hatte, erspart. Haupt wurde im Frühjahr 1919 mit dem Erwerb seines Reifezeugnisses und im Dienstgrad eines Fähnrichs in die unstete Nachkriegszeit entlassen. Auf der Suche nach den gewohnten Strukturen seiner strengen militärischen Ausbildung und einem Milieu, in dem die ihm in Lichterfelde vermittelten Werte noch von übergeordneter Bedeutung waren, schloss sich Haupt dem Freikorps Maercker und später dem Freikorps Dohna an.

Trotz seiner militärischen Sozialisierung strebte Haupt keine militärische Karriere an und begann stattdessen ein Studium der Philosophie in Kiel. In diesem ersten Kieler Semester, in der Region, mit der ihn später noch so vieles

723 *Haupt*, Freie Forschung im Dritten Reich?, S. 80. So ließ es Haupt noch 1933 verlauten, nicht ahnend, dass er nur wenige Jahre später ebenjener inneren Reinigung zum Opfer fallen sollte.

724 So begegnete die noch in der Kieler Region lebende Tochter Haupts bereits vorsichtigen Recherchebemühungen lediglich mit dem Ausspruch: „Die Toten soll man ruhen lassen“.

verbinden sollte, trat Haupt politisch noch nicht in Erscheinung. Der Beginn seines aktiven politischen Engagements geht mit seinem Wechsel an die Universität Frankfurt einher. Sein als Programmschrift, für die von ihm im Jahre 1921 gegründeten Nationalsozialistischen Arbeitsgemeinschaft gedachter Aufsatz „Vom Deutschen Nationalsozialismus“ zeichnet dabei ein sehr feines Bild, der sich noch entwickelnden im tiefen Kern völkisch gelagerten Ideologie Haupts, welche zwar bereits einige Parallelen zum 25-Punkte Programm der NSDAP aus dem Jahre 1920 aufweist, aber seinerzeit noch zu abstrakt bleibt, um aus dieser konkrete Forderungen und Handlungsweisen abzuleiten.

Von Frankfurt aus wechselte Haupt an die Universität Greifswald. Seine Schrift „Völkisch oder National“, in der er mit der seiner Ansicht nach volksfremden nationalen Oberschicht abrechnet, skizziert deutlich, wie elementar sich Haupts Weltbild in den letzten Semersten weiterentwickelt hat. Katalytisch für diesen Prozess wirkten insbesondere seine ersten Kontakte zur NSDAP sowie sein persönliches Zusammentreffen mit Hitler in München im Jahr 1923, von dem sich Haupt sehr beeindruckt zeigte. Erstmals flossen auch rassische Aspekte in sein Denken ein. Charakteristisch dafür ist, dass Haupt den Begriff des Volkes, den zentralen Grundstein seiner Ideologie, nunmehr nicht mehr als reine Seelen-, sondern vor allem auch als Blutgemeinschaft versteht. Mit den rassischen Aspekten der NS-Bewegung hielt auch ein fundamentaler Antisemitismus Einzug in das Weltbild Haupts. Dieser stellt sich als so tief verwurzelt dar, dass nur wenige Punkte seiner Demokratie- und Kapitalismuskritik von diesem zu trennen sind. Haupt erkennt nicht in einzelnen jüdischen Individuen, sondern vielmehr im gesamten Judentum den Hauptprofiteur der Unterdrückung des deutschen Volkes. Ihn exakt im politischen Spektrum der NS-Bewegung einzuordnen, fällt indes schwer. Zum einen, da sich seine Ideologie stetig weiterentwickelt, und zum anderen, da in den frühen 1920er Jahren abseits zentraler Punkte noch ausgeprägte Differenzen zwischen einzelnen Strömungen der NS-Bewegung bestanden. Vor diesem Hintergrund lässt sich jedoch feststellen, dass Haupt grob dem sich entwickelnden und noch sehr heterogenen linken Flügel innerhalb der NSDAP zuzuordnen ist, im Zentrum seines Weltbildes aber weiterhin seine völkischen Ideale stehen, er diese jedoch um einige zentrale Punkte des nur schwer abgrenzbaren nationalsozialistischen Ideologiegemenges erweitert hat.

Mit dem Wechsel an die Universität Greifswald fand darüber hinaus auch in einem anderen Aspekt von Haupts politischem Wirken eine Entwicklung statt. Vorfälle wie der „Franzosenmontag“ machen anschaulich, dass nicht nur die Ansichten Haupts, sondern auch seine Methoden einer Radikalisierung unterworfen waren. Haupt verstand sich immer mehr als Revolutionär und sein politisches Engagement führte ihn, neben seiner umfangreichen Autorenschaft für den „Pommerschen Beobachter", vermehrt, auch gewaltsam, auf die Straße. Die Semester in Greifswald markieren somit den Beginn seiner persönlichen „Kampfzeit" für den Nationalsozialismus. Haupt musste seinerzeit feststellen, wie fragil und wenig belastbar das innere Gefüge der NS-Bewegung in den frühen 1920er Jahren war. Das Machtvakuum, das durch die Verhaftung Hitlers entstanden war, bot Anlass für massive Machtkämpfe innerhalb der Partei. Die Konflikte, in die Haupt im Jahr 1924 in Pommern selbst verwickelt wurde, sind dabei für diesen Prozess als exemplarisch anzusehen. Haupt musste sich letztlich der Übermacht Ludendorffs und Lohses geschlagen geben und wechselte, aus Greifswald verdrängt, zurück an die Universität Kiel.

Kiel sollte sich als äußerst fruchtbarer Boden für die Anstrengungen Haupts erweisen. Gemeinsam mit seinem langjährigen Freund Sunkel gründete er die Kieler Hochschulgruppe des NSDStB und es gelang ihnen innerhalb weniger Wochen wichtige Ämter innerhalb der Kieler Studentenschaft an sich zu bringen. Weiter wurde Haupt Leiter des nördlichen Kreises der Deutschen Studentenschaft und somit der erste nationalsozialistische überregionale Studentenführer. Neben Haupts Tätigkeit als Vorsitzender der Kieler Studentenschaft kam auch Sunkels Amt als Schriftführer der SHHBl. eine gewichtige Bedeutung zu, gewährleistete es doch, dass Haupt und seinen Parteigenossen ein kostenloses und weitreichendes Propagandainstrument in die Hände fiel. Der Verfassungsstreit der deutschen Studentenschaft macht deutlich, in welchem Maß Haupt auch über Kiel hinaus, in diesem Falle sogar auf gesamtdeutscher Ebene, auf die Geschicke des studentischen Lebens Einfluss zu nehmen vermochte. Haupt wurde indes auch während seiner Studienzeit in Kiel wiederum mit internen Konflikten konfrontiert. Auch beim Sturz Tempels als Reichsleiter des NSDStB handelte es sich dem Grunde nach um einen ideologischen Flügelkampf. Dabei gilt es zu beachten, dass in der Gruppe, die für die Absetzung Tempels verantwortlich war und zu der auch Haupt gezählt werden muss, zwar NS-Größen wie Goebbels und Schirach vertreten waren, dass sie aber insgesamt als in höchstem Maße heterogen charakterisiert werden muss und dass es sich bei den Konspiranten eher um eine Zweckgemeinschaft handelte. Auch wenn das Amt des Reichsleiters des NSDStB Schirach zufiel, ging auch Haupt letztlich siegreich aus dem Konflikt hervor und setzte sein Engagement im NSDStB fort.

Zwischen Haupts anfänglicher Agitation in Greifswald und seiner politischen Arbeit in Kiel existieren zwar gewisse Parallelen, wie seine Autorenschaft für den „Pommerschen Beobachter" und die SHHBl., insgesamt muss aber festgestellt werden, dass doch wesentliche Unterschiede bestehen. In Greifswald hatte Haupt zwar mit Vahlen zusammen und im Rahmen der dortigen SA gearbeitet, insgesamt aber doch losgelöst von NS-Institutionen agiert. In Kiel legte Haupt seinen Fokus ausdrücklich auf die Arbeit im NSDStB, bestimmte er als Hochschulgruppenführer doch maßgeblich die Ausrichtung und Aktionen der Kieler Hochschulgruppe. Weiter fällt auf, dass Haupt in Kiel zwar nicht weniger aggressiv, wohl aber weniger gewaltbereit auftrat. Diese Tatsache mag dem Umstand geschuldet sein, dass Haupt in Kiel, anders als noch in Greifswald unter Universitätsrektor Vahlen, fürchten musste, der Universität verwiesen zu werden, sollte seine Agitation Überhand nehmen. Erst nach dem Abschluss seines Studiums riskierte Haupt es, wie der Vorfall im Varieté Valencia, der auch zu einem Verfahren führte, beweist, offensiver aufzutreten. Mit Verlassen der Universität gab Haupt alle offiziellen Ämter innerhalb der Studentenschaft und des Studentenbundes auf, was für sein Engagement jedoch keine Zäsur darstellen sollte. Vielmehr intensivierte Haupt seine Autoren- und Referententätigkeit noch. Haupt gilt heute zu Recht als einer der bedeutendsten NS-Studentenfunktionäre Norddeutschlands.

Eine der Thesen der Arbeit war es, dass der NSDStB in Kiel und insbesondere Haupt gezielt an der Vertreibung unerwünschter Professoren und anderem Hochschulpersonal und somit an einer wesentlichen Vorstufe des Prozesses zur Bildung der Kieler Schule beteiligt waren. Die gewonnenen Erkenntnisse bestätigen diese These letztlich nicht. Richtig ist, dass ein erheblicher Druck zur „Säuberung" der Universität von den Studenten und von der Kieler Hochschulgruppe des NSDStB ausging. Die Attacke auf Baumgarten und mehr noch der Anschlag auf Schücking beweisen, dass sich die nationalsozialistischen Studenten nicht auf bloße Forderungen beschränkten, sondern aktiven Anteil an der Vertreibung der aus ihrer Sicht politisch unzuverlässigen Hochschulpersonals hatten. Hinweise auf einen gezielten und über die Hochschulgruppe des NSDStB hinaus koordinierten Prozess bestehen letztlich jedoch nicht. Eine Beteiligung Haupts an den Vorfällen scheint seines großen Einflusses auf die nationalsozialistischen Studierenden der Kieler Universität wegen zwar durchaus plausibel – sollte er doch noch lange nach Verlassen der Universität im Hintergrund der Kieler Hochschulgruppe agieren und als Ideengeber und inoffizieller Wortführer fungieren – lässt sich aber letzten Endes nicht belegen.

Nach dem Studium begann Haupts schulischer Vorbereitungsdienst. Auch diese Episode in seiner Biographie ist vor allem durch Konflikte geprägt. Haupts andauerndes Engagement für den NSDStB führte fortwährend zu Reibungen mit dem Provinzial-Schulkollegium. Er wurde mehrfach ermahnt, sich in Zurückhaltung zu üben, und in einem nur wenig erfolgreichen Versuch, ihm die Agitation in Kiel zu erschweren, an die Stabila in Plön versetzt. Auch wenn Haupts politische Betätigung seine Übernahme in den regulären Schuldienst ernsthaft gefährdete, bestand er im Jahr 1929 sein Referendarexamen und wurde Lehrer und Erzieher am Schlossgymnasium in Plön. Auch in seiner Zeit als Lehrkraft in Plön kam es weiterhin kontinuierlich zur Kollision zwischen Haupts nationalsozialistischer Agitation und seiner dienstlichen Stellung. Im Januar 1931 wurde er schließlich aus dem Dienst entfernt. Haupt verstieß mit seiner Tätigkeit als Referent für den NSDStB und die NSDAP gegen einen nur wenige Monate zuvor im Juni 1930 vom Staatsministerium erlassenen Beschluss, der den Preußischen Beamten eine derartige politische Betätigung verbot. Bis zum Zeitpunkt seiner Suspendierung hatte Haupt ein bemerkenswertes Talent dafür bewiesen, die ihm gesetzten Grenzen weitgehend auszureizen, ohne sich selbst einer Strafverfolgung auszusetzen. Dass Haupt nun gerade über diesen offensichtlichen Fallstrick stürzte, mag daher verwundern. Denkbar und doch kaum zu belegen ist, dass Haupt seine Entlassung in Kauf nahm oder im Zweifel sogar provozierte, um innerhalb der NS-Bewegung eine Art Märtyrerstatus zu erlangen. Der Abschied, den die Schülerschaft des Schlossgymnasiums Haupt bereitete, losgelöst von der propagandistischen durch die Nationalsozialisten betriebenen Ausschlachtung des Vorfalles betrachtet, macht indes deutlich, dass der Schule mit Haupt ein zwar ideologisch höchst belasteter, aber zugleich auch höchst kompetenter Pädagoge verloren ging, der es in der Kürze der Zeit vermochte, einen großen Teil der Schülerschaft für sich einzunehmen.

Nach seiner Entlassung aus dem Schuldienst fokussierte Haupt sein gesamtes Engagement auf die Arbeit für die NSDAP. Er übernahm die Schriftleitung der „Niedersächsischen Tageszeitung". Für die Leitung des NS-Propagandablattes, das von Bernhard Rust, seinerzeit Gauleiter des Gaues Hannover-Süd/Braunschweig, in Hannover verlegt wurde, war Haupt dank seiner langjährigen Autorenerfahrung bestens geeignet. Unter Haupt wurde die Zeitung mehrmalig für einige Wochen verboten. Ausgang dafür waren in der Regel radikale Artikel Haupts, aber auch anderer Autoren, im Rahmen derer hohe Würdenträger der Weimarer Republik oder die Republik selbst attackiert wurden. In diesem Zusammenhang wurde verschiedentlich versucht, auch direkt gegen Haupt und Rust, die als Schriftleiter und Verleger presserechtlich verantwortlich waren, Verfahren wegen Reichspräsidentenbeleidigung und Vergehen gegen das Gesetz zum Schutze der Republik anzustrengen. Letzten Endes sollten sich diese Versuche wiederholt als fruchtlos erweisen. Man erkannte seitens der Ordnungsbehörden, dass man sich mit einem Verfahren letztlich einen Bärendienst erweisen würde. Durch einen Prozess hätte man Haupt und seinen Genossen lediglich mediale Aufmerksamkeit sowie eine weitere Bühne für ihre Agitation geboten. Ferner wollte man vermeiden, einen ungünstigen Präzedenzfall zu schaffen, da eine reelle Chance bestand, dass Roland Freisler als Verteidiger Haupts einen

Freispruch hätte erwirken können.[725] Neben seiner Tätigkeit für die Zeitung Rusts trat Haupt unzählige Male als Wahlkampfredner der NSDAP im gesamten norddeutschen Raum auf und zog im Mai 1932 als Abgeordneter des Kreises Hannover-Süd in den Preußischen Landtag ein.

Im Jahre 1933 folgte Haupt Rust, der nunmehr als Erziehungsminister eingesetzt worden war, ins Preußische Erziehungsministerium. Eine weitere Arbeitsthese dieser Arbeit war es, dass Haupt in seiner Funktion als Leiter der Universitätsabteilung maßgeblich Einfluss auf die institutionelle Vertreibung von Professoren und anderem Hochschulpersonal nahm. Insbesondere sollte überprüft werden, inwiefern Haupt an den Verfahren nach dem BBG an der Universität Kiel beteiligt war und ob er so Anteil an der Säuberung der Kieler Rechts- und Staatswissenschaftlichen Fakultät hatte. Es zeigt sich jedoch, dass Haupt das Amt des Leiters der Universitätsabteilung nur für wenige Monate, von November 1933 bis April 1934, und lediglich kommissarisch innehatte. Anhand bislang kaum betrachteter Quellen konnte belegt werden, dass Haupt in dieser Zeit grundsätzlich an Verfahren nach dem BBG an der Kieler Universität, etwa im Fall des Philosophieprofessors Kroner, beteiligt war. Ein Mitwirken Haupts an der Umgestaltung der Kieler Rechts- und Staatswissenschaftlichen Fakultät scheidet jedoch insoweit aus, als diese bereits vor November 1933 unter seinem Amtsvorgänger Georg Gerullis durchgeführt wurde und größtenteils abgeschlossen war. Lediglich die Verfahren der Professoren Hentig und Hoeniger fallen in die Amtszeit Haupts, wobei ein Beleg für eine über eine Kenntnisnahme hinausgehende Beteiligung ausbleiben muss. Wenngleich die Kieler Rechts- und Staatswissenschaftlichen Fakultät schwer durch die Maßnahmen nach dem BBG getroffen wurde, spielte Haupt für diese eine, wenn überhaupt, untergeordnete Rolle.

Nach der kommissarischen Leitung der Universitätsabteilung wurde Haupt zum Inspekteur der Nationalpolitischen Erziehungsanstalten ernannt. Ihm oblag damit nicht nur die Führung der Anstalten, auch die Konzeptionierung dieser NS-Kaderschmieden ist letztlich, auch wenn noch weitere Mitglieder innerhalb des REM wie Sunkel und Rust beteiligt waren, auf Haupt zurückzuführen. Die NPEA standen dabei in der Tradition der als Folge des Versailler Vertrages aufgelösten Kadettenanstalten. Der Fokus der Anstalten lag auf einer harten körperlichen und wehrsportlichen Ausbildung der Schüler. Die wissenschaftliche Ausbildung rückte dabei in den Hintergrund, blieb aber gerade auch hinsichtlich

725 Eine engere Bekanntschaft zwischen Haupt und Freisler bestand nicht, vertrat dieser doch vielfach straffällig gewordene NSDAP-Angehörige. Für Haupt stellt es sich vielmehr als glücklicher Umstand dar, dass sich ihre Wege lediglich zu diesem Zeitpunkt kreuzten und er später nicht nochmals Objekt von Freislers juristischer Tätigkeit wurde.

der Mehrbelastung durch die übergeordnete körperliche Ausbildung durchaus anspruchsvoll. Das erhöhte Niveau der Anstalten wurde durch eine rigide Auslese der Schülerschaft gewährleistet. Das Konzept der Anstalten sah dabei nicht vor, Schwächen und andere Defizite der Jungmannen durch gesonderte Förderung zu kompensieren. Wer dem gesetzten Maß nicht auf Dauer entsprach, hatte die Anstalten wieder zu verlassen. Die Anstalten Haupts wurden damit zu einem Milieu, in dem die Schüler permanent einem erheblichen Druck ausgesetzt waren und konstant gezwungen waren, überdurchschnittliche Leistung erbringen zu müssen. Die Anstalten folgten damit streng Haupts Ansicht, dass im Nationalsozialismus nur der Starke zum Führer gedeihen könnte. Genau diesen Prozess gedachte Haupt durch die Ausgestaltung der NPEA zu forcieren und so im Dienste für Führer und Reich eine Generation junger Männer zu erziehen, die geeignet waren, jegliche politische, militärische, aber auch zivile Führerposition zu bekleiden.

Das Amt des Inspekteurs der NPEA mag letztlich auch zum Sturz Haupts geführt haben. Haupts Anliegen war es, die Unabhängigkeit der NPEA, selbst noch nach den Umwälzungen des „Röhm-Putsches“ und der Ausschaltung der SA im Machtgefüge der NSDAP, die nur als Akt später Gleichschaltung angesehen werden können, zu erhalten. Damit stellte Haupt ein elementares Hindernis für die Ambitionen einiger hochrangiger NS-Funktionäre, wie dem Reichsführer-SS Himmler, die Kontrolle über die NPEA zu erlangen, dar. Haupt, dessen Karriere insgesamt auch von innerparteilichen Rivalitäten geprägt war, wurde in einen Konflikt verwickelt, aus dem er unbeschadet hervorzugehen nicht hoffen konnte. Die Instrumentalisierung des seinerzeit erst novellierten § 175 RStGB stellte sich dabei als äußerst effektives Mittel dar, mit dem es möglich war, weder rassisch noch politisch angreifbare Parteigenossen, zu denen auch Haupt gezählt werden muss, auszuschalten.

Haupt wurde durch die Gestapo verhaftet und verhört, inwiefern er dabei, wie von ihm im Nachgang behauptet, zu einer Aussage genötigt wurde, lässt sich heute nicht mehr feststellen. Gewiss ist, dass allein die Zellen und Verhörzimmer der berüchtigten Gestapo-Zentrale in der Prinz-Albrecht-Straße in Berlin eine durchaus bedrohliche Kulisse zu bieten vermochten. Auch wenn Haupt trotz dieser Maßnahmen kein strafrechtlich relevantes Verhalten nachgewiesen werden konnte, bleiben seine zahlreiche Beziehungen zu jugendlichen Schülern im Kern fragwürdig. Wie genau Haupts romantisch verklärte Vorstellung von den Beziehungen zu den Jungen ausgestaltet war und inwiefern sich diese verwirklichte, lässt sich letzten Endes nicht mehr klären. Für Haupt mag sprechen, dass etwa der Vater der Gebrüder Osterroht mehrfach versuchte, ihn bezüglich der gegen ihn erhobenen Vorwürfe zu entlasten. Dieses Verhalten zeugt davon, dass er in Haupt keine Gefahr für seine Jungen gesehen haben kann. Auch von den Jugendlichen selbst gingen niemals Vorwürfe gegen Haupt aus. Eine strafrechtliche Verfolgung Haupts blieb zwar aus, seine Karriere sollte dennoch mit dem Zeitpunkt seiner Verhaftung beendet sein. Mit dem Stigma des homosexuellen SA-Mannes belegt, wurde Haupt nach einem sich mehrere Jahre ziehenden Parteiprozess, den er wiederholt sehr effektiv zu verzögern wusste, aller Ämter und Bezüge beraubt und aus der NSDAP und der SA ausgeschlossen.

Von Haupt bleibt das Bild eines brennenden und radikalen Nationalsozialisten der ersten Stunde, der einerseits führertreu und andererseits doch in höchstem Maße Individualist war. Er gilt zu Recht als führender und einflussreichster NS-Studentenfunktionär im norddeutschen Raum der 1920er Jahre. Haupt ist einer der zentralen Akteure in Rusts Reichserziehungsministerium und das auf ihn zurückgehende Konzept der Nationalpolitischen Erziehungsanstalten sollte tausende junger Männer einer gesamten Generation nachhaltig prägen. Bestimmend für seine Karriere innerhalb der NS-Bewegung waren die vielfachen innerparteilichen Machtkämpfe, in denen er sowohl als Opfer, aber auch als Täter auftrat. Im Alter von 21 Jahren bezeichnete Haupt sich als Revolutionär, unwissend, dass er mit 35 Jahren eben jener Revolution zum Opfer fallen sollte, deren Verwirklichung er in voller Überzeugung den Großteil seines Lebens gewidmet hatte.

Quellen- und Literaturverzeichnis

Ungedruckte Quellen

Bundesarchiv [BArch]	Pk/Parteikorrespondenz [PK] Mikrofiche: Do102.
Bundesarchiv [BArch]	Oberstes Parteigericht [OPG]: 3403|0036|41.
Bundesarchiv [BArch]	Oberstes Parteigericht [OPG]: 3403|0036|42.
Bundesarchiv [BArch]	NS 22/421.
Bundesarchiv [BArch]	R 43II/1153b.
Bundesarchiv [BArch]	R 43II/1154.
Bundesarchiv [BArch]	R 4901/14526.
Bundesarchiv [BArch]	R 4901/25523.
Bundesarchiv [BArch]	R 9361I/15579.
Geheimes Staatsarchiv Preußischer Kulturbesitz [GStA PK]	I. HA Rep. 77 Nr. 5469.
Geheimes Staatsarchiv Preußischer Kulturbesitz [GStA PK]	I. HA Rep. 84 a Justizministerium Nr. 54522.
Geheimes Staatsarchiv Preußischer Kulturbesitz [GStA PK]	I. HA Rep. 84 a Justizministerium Nr. 54523.
Landesarchiv Schleswig-Holstein [LASH]	Abt. 301, Nr. 4559.
Landesarchiv Schleswig-Holstein [LASH]	Abt. 301, Nr. 4560.
Landesarchiv Schleswig-Holstein [LASH]	Abt. 399.65, Nr. 10.
Archiv Gymnasium Schloss Plön [AGSP]	Korrespondenz Provinzialschulkollegium [PSK] [nachgewiesen: Gymnasium Schloss Plön, Handakte: J. Haupt].

Archiv Gymnasium Schloss Plön [AGSP]	Polizeibericht vom 26.2.1931 [nachgewiesen: Gymnasium Schloss Plön, Handakte: J. Haupt].
Archiv Gymnasium Schloss Plön [AGSP]	Auszug Promotionsordnung der Philosophischen Fakultät der Universität Leipzig [nachgewiesen: Gymnasium Schloss Plön, Handakte: J. Haupt].
Universitätsarchiv Leipzig [UAL]	Promotionsakte J. Haupt UAL, Phil.Fak.Prom. 3134.

Gedruckte Quellen

Haupt, Joachim: Freie Forschung im Dritten Reich? In: Volk im Werden, Berlin 1933, S. 75–80.

Haupt, Joachim: Hochwasser, Erzählung, Bielefeld 1943.

Haupt, Joachim: Logische und historische Wertung in der Geschichte, Diss. Leipzig 1929.

Haupt, Joachim: Nationalerziehung, Langensalza 1933.

Haupt, Joachim: Neuordnung im Schulwesen und Hochschulwesen. In: Das Recht der Revolution Heft 5, Berlin 1933, S. 124.

Haupt, Joachim [Winfried]: Sinnwandel der formalen Bildung, Leipzig 1935.

Haupt, Joachim: Vom deutschen Nationalsozialismus, Frankfurt 1921 [Nachgewiesen: UB Darmstadt 54/4329].

Haupt, Joachim: Völkisch oder national? Eine grundlegende Auseinandersetzung mit der deutsch-„nationalen" Oberschicht, München 1924.

Krebs, Albert: Tendenzen und Gestalten der NSDAP. Erinnerungen an die Frühzeit der Partei von Albert Krebs, Stuttgart 1959.

Olshausen, Justus von: Kommentar zum Strafgesetzbuch, 12. Auflage, Berlin 1942.

Wehrmann, Martin: Die pommerschen Zeitungen und Zeitschriften in alter und neuer Zeit, Pyritz 1936.

Literatur

Alwast, Jendris: Geschichte der Christian-Albrechts-Universität Kiel 1665–1965, Band 2, Teil 2, Geschichte der Theologischen Fakultät, Vom Beginn der preußischen Zeit bis zur Gegenwart, Neumünster 1988.

Asmus, Walter: Richard Kroner: (1884–1974); ein Philosoph und Pädagoge unter dem Schatten Hitlers, Frankfurt am Main 1990.

Birn, Ruth Bettina: Die höheren SS- und Polizeiführer. Himmlers Vertreter im Reich und in den besetzten Gebieten, Düsseldorf 1986.

Blazek, Matthias: Zur Biographie Roland Freislers (1893–1945). In: JoJZG Band 4, 01/2010, S. 35–37.

Bräuninger, Werner: Strahlungsfelder des Nationalsozialismus. Die Flosse des Leviathan, Schnellbach 1999.

Burgi, Martin: Rehabilitierung der nach § 175 StGB verurteilten, Männer: Auftrag, Optionen und verfassungsrechtlicher Rahmen, Baden-Baden 2016.

Corneließen, Christoph: Das Kieler Historische Seminar in den NS-Jahren. In: Wissenschaft an der Grenze, Die Universität Kiel im Nationalsozialismus. Hrsg. v. C. Cornelißen, C. Mish, Essen 2009, S. 229–252.

Danker, Uwe: Internieren, entnazifizieren und umerziehen – Erste, Vergangenheitsbewältigung nach 1945. In: Geschichtsumschlungen: sozial- und kulturgeschichtliches Lesebuch: Schleswig Holstein, 1848–1948. Hrsg. v. G. Paul, U. Danker, P. Wulf, Bonn 1996.

Danker, Uwe; Schwabe, Astrid: Schleswig-Holstein und der Nationalsozialismus, Neumünster 2005.

Eckert, Jörn: Die Juristische Fakultät im Nationalsozialismus. In: Uniformierung des Geistes, Universität Kiel im Nationalsozialismus, Band 1. Hrsg. v. H. Prahl, Kiel 1995, S. 51–86.

Eckert, Jörn: „Hinter den Kulissen“. Die Kieler Rechtswissenschaftliche Fakultät im Nationalsozialismus. In: Christiana Albertina Heft 58, 2004, S. 18–32.

Eckert, Jörn: Was war die Kieler Schule? In: Recht und Rechtslehre im Nationalsozialismus. Hrsg. v. F. Säcker, Baden-Baden 1992.

Faust, Anselm: Der Nationalsozialistische Deutsche Studentenbund. Studenten und Nationalsozialismus in der Weimarer Republik, Düsseldorf 1973.

Freyer, Hans: Wilhelm Ahlmann. In: Schleswig-Holsteinisches Biographisches Lexikon, Neumünster 1970, S. 26f.

Göllnitz, Martin: Der Student als Führer? Handlungsmöglichkeiten eines jungakademischen Funktionärskorps am Beispiel der Universität Kiel. Diss. masch., Kiel 2017 [erscheint 2018].

Göllnitz, Martin: Städtisches Leben zwischen Wirtschaftskrise und Heimatfront: Nortorf im Dritten Reich (1933–1945). In: Nortorf im Mittelpunkt. 100 Jahre Stadtgeschichte. Hrsg. von O. Auge, Kiel 2015, S. 79–144.

Göllnitz, Martin: Wissenschaftspolitik im Spannungsfeld von akademischer Tradition und Ideologie. Die nationalsozialistische Dozentenakademie der

Universität Kiel (1934–1936). In: Zeitschrift für Geschichtswissenschaft 64, 2016, S. 50–72.

Grüttner, Michael: Biographisches Lexikon zur nationalsozialistischen Wissenschaftspolitik, Heidelberg 2004.

Heggen, Alfred: Joachim Haupt (1900–1989). Ein früher NSDAP-Aktivist in Schleswig-Holstein. In: ZSHG 134, 2009, S. 193–203.

Heggen, Alfred: Die offizielle Einweihung der Nationalpolitischen Erziehungsanstalt „Ernst Röhm“ in Plön am 28. Oktober 1933. In: Jahrbuch für Heimatkunde im Kreis Plön, 37, 2007, S. 46–62.

Heiber, Helmut: Aus den Akten des Gauleiters Kube. In: Vierteljahreshefte für Zeitgeschichte, Stuttgart, Jg. 1956, Heft 1, S. 67–92.

Herlemann, Beatrix: Biographisches Lexikon niedersächsischer Parlamentarier 1919–1945, Hannover 2004.

Hofer, Dirk Henning: Karl Konrad Werner Wedemeyer (1870–1934). Ein Juristen- und Gelehrtenleben in drei Reichen, Frankfurt am Main 2010.

Hofmann, Erich; Jaeger, Rudolf; Schmidt-Künsemüller, Friedrich Adolf: Geschichte der Christian-Albrechts-Universität Kiel 1665–1965, Band 1, Teil 2, Allgemeine Entwicklung der Universität Neumünster 1965.

Inachin, Kira T.: „Märtyrer mit einem kleinen Häuflein Getreuer“. Der erste Gauleiter der NSDAP in Pommern Karl Theodor Vahlen. In: Vierteljahrshefte für Zeitgeschichte, Band 49 (2001), S. 31–51.

Janßen, Karl-Heinz; Tobias, Fritz: Der Sturz der Generäle. Hitler und die Blomberg-Fritsch-Krise 1938, München 1994.

Jasch, Hans Christian: Das preußische Kultusministerium und die „Ausschaltung“ von „nichtarischen“ und politisch mißliebigen Professoren an der Berliner Universität in den Jahren 1933 bis 1934 aufgrund des Gesetzes zur Wiederherstellung des Berufsbeamtentums vom 7. April 1933. In: forum historiae juris, 25.08.2005, S. 29 f. Online unter http://www.forhistiur.de/zitat/0508jasch.htm.

Jeserich, Kurt; Neuhaus, Helmut: Persönlichkeiten der Verwaltung. Biographien zur deutschen Verwaltungsgeschichte, 1648–1945, Stuttgart 1991.

Jessen-Klingenberg, Manfred: Die Schleswig-Holsteinische Universitäts-Gesellschaft 1933–1945. Intrigen, Krisen, Kriegseinsatz. In: Uniformierung des Geistes, Universität Kiel im Nationalsozialismus, Band 2. Hrsg. v. H. Prahl, H. Petersen und S. Zankel, Kiel 2007, S. 61–98.

Kater, Michael: Der NS-Studentenbund von 1926–1928. Randgruppe zwischen Hitler und Strasser. In: Vierteljahreshefte für Zeitgeschichte 22, 1974, S. 148–190.

Kater, Michael: Studentenschaft und Rechtsradikalismus in Deutschland 1918–1933, Hamburg 1975.

Kielmansegg, Johann Adolf: Der Fritschprozess 1938, Hamburg 1949.

Klee, Ernst: Das Personenlexikon zum Dritten Reich. Wer war was vor und nach 1945?, Frankfurt am Main 2003.

Kühnl, Reinhard: Zur Programmatik der Nationalsozialistischen Linken: Das Strasser-Programm von 1925/26. In: Vierteljahrshefte für Zeitgeschichte 14, 1966, S. 317–333.

Maser, Werner: Hermann Göring. Hitlers janusköpfiger Paladin, Berlin 2000.

Meyer-Pritzl, Rudolf: Die Kieler Rechts- und Staatswissenschaften. Eine „Stoßtruppfakultät". In: Wissenschaft an der Grenze, Die Universität Kiel im Nationalsozialismus. Hrsg. v. C. Cornelißen, C. Mish, Essen 2009, S. 151–174.

Meyer-Pritzl, Rudolf: Die „Kieler Schule" und das Römische Recht. In: Gedächtnisschrift für Jörn Eckert. Hrsg. v. A. Hoyer, H. Hattenhauer, R. Meyer-Pritzl, W. Schubert, Baden-Baden 2008, S. 555–584.

Mittenzwei, Jan: „Dem Führer entgegenarbeiten". NSD-Studentenbund und NSD-Dozentenbund in Greifswald. In: „… die letzten Schranken fallen lassen" Studien zur Universität Greifswald im Nationalsozialismus. Hrsg. v. D. Alvermann, Köln 2015, S. 90–128.

Mittenzwei, Jan: Karpenstein, Wilhelm (1903–1968). In: Biographisches Lexikon für Pommern, Band 2. Hrsg. v. D. Alvermann, N. Jörn, Köln 2015, S. 138–142.

Molzow, Hartwig: Jens Peter Jessen. In: Schleswig-Holsteinische Landesbibliothek (Hrsg.), Biographisches Lexikon für Schleswig-Holstein und Lübeck, Band 12, Neumünster 2006, S. 235–243.

Muller, Jerry Z.: The Other God that failed. Hans Freyer and the Deradicalization of German Conservatism, Princeton 1987.

Müller, Horst: Henri Barbusse 1873–1935. Bio-Bibliographie: Die Werke von und über Barbusse mit besonderer Berücksichtigung der Rezeption in Deutschland, Weimar 2003.

Müller, Ingo: Furchtbare Juristen. Die unbewältigte Vergangenheit unserer Justiz, München 1987.

Niemeyer, Joachim: Maercker, Georg. In: Neue Deutsche Biographie (NDB) Band 15, Berlin 1987, S. 638 f.

Ostendorf, Heribert: Roland Freisler – Mörder im Dienste Hitlers. In: ZRP 1994, S. 169–170.

Paustian, Matthias: Die Nationalpolitische Erziehungsanstalt Plön. In: ISHZ 1994, S. 3–100.

Roche, Helen: Sparta's German Children. The ideal of ancient Sparta in the Royal Prussian Cated Corps, 1818–1920, and in National Socialist elite schools (the Napolas), 1933–1945, Swansea 2013.

Roche, Helen: Surviving „Stunde Null“: Narrating the Fate of Nazi Elite-Schools Pupils during the Collapse of the Third Reich. In: German History 33 (4); 2015, S. 570–587.

Rüthers, Bernd: Entartetes Recht. Rechtslehren und Kronjuristen im Dritten Reich, München 1988.

Schäfer, Christian: „Widernatürliche Unzucht“, (§§ 175, 175a, 175b, 182 a.F. StGB), Berlin 2006.

Scholz, Harald: NS-Ausleseschulen, Göttingen 1973.

Schlüter-Ahrens, Regina: Der Volkswirt Jens Jessen. Leben und Werk, Marburg 2001.

Sontheimer, Kurt: Antidemokratisches Denken in der Weimarer Republik, München 1968.

Stein, Marcel: Generalfeldmarschall Erich von Manstein. Kritische Betrachtung des Soldaten und Menschen, Mainz 2000.

Stockhorst, Erich: 5000 Köpfe. Wer war was im 3. Reich, Wiesbaden 1985.

Strenge, Irene: Kurt von Schleicher, Politik im Reichswehrministerium am Ende der Weimarer Republik, Berlin 2006.

Thoß, Bruno: Ludendorff, Erich. In: Neue Deutsche Biographie (NDB). Band 15, Berlin 1987, S. 285–290.

Uhlig, Ralph; Schmatzler, Uta Cornelia; Wieben, Matthias (Hrsg.): Vertriebene Wissenschaftler der Christian-Albrechts Universität zu Kiel (CAU) nach 1933. In: Kieler Werkstücke Reihe A: Beiträge zur schleswig-holsteinischen und skandinavischen Geschichte, Frankfurt am Main 1991.

Üner, Elfriede: Soziologie als “geistige Bewegung”. Hans Freyers System der Soziologie und die “Leipziger Schule”, Weinheim 1992.

Weiß, Edgar; Weiß, Elvira: Pädagogik und Nationalsozialismus. Das Beispiel Kiel, Kiel 1997.

Wieben, Matthias: Studenten der Christian-Albrechts-Universität im Dritten Reich. Zum Verhaltensmuster der Studenten in den ersten, Herrschaftsjahren des Nationalsozialismus, Frankfurt am Main 1994.

Wiener, Christina: Kieler Fakultät und „Kieler Schule“. Die Rechtslehrer an der Rechts- und Staatswissenschaftlichen Fakultät zu Kiel in der Zeit des Nationalsozialismus und ihre Entnazifizierung, Baden-Baden 2013.

Wulf, Peter: Ökonom – Nationalsozialist – Widerständler. Jens Jessen und das „Institut für Weltwirtschaft und Seeverkehr“ 1933/1934. In: Mitteilungen der Gesellschaft für Kieler Stadtgeschichte Band 89, Heft 1, Kiel 2016, S. 45–55.

Wulf, Peter: Vom Konservativen zum Widerständler. Wilhelm Ahlmann (1895–1944). Eine biographische Skizze. In: ZfG 2011, S. 5–26.

RECHTSHISTORISCHE REIHE

Die nachfolgende Liste führt die Titel der "Rechtshistorischen Reihe" ab Band 400 auf. Eine vollständige Übersicht aller bisher in der Reihe erschienenen Bücher finden Sie auf www.peterlang.com

Band 400 Thomas Simon (Hrsg.): Hundert Jahre allgemeines und gleiches Wahlrecht in Österreich. Modernes Wahlrecht unter den Bedingungen eines Vielvölkerstaates. 2010.

Band 401 Dörte Mentz: Die Beweislastumkehr in der Rechtsprechung des Reichsgerichts. 2010.

Band 402 Werner Schubert (Hrsg.): Oberster Gerichtshof für die Britische Zone (1948-1950). Nachschlagewerk Strafsachen – Nachschlagewerk Zivilsachen. Präjudizienbuch der Zivilsenate. Eingeleitet und herausgegeben von Werner Schubert. 2010.

Band 403 Yong Lei: Auf der Suche nach dem modernen Staat. Die Einflüsse der allgemeinen Staatslehre Johann Caspar Bluntschlis auf das Staatsdenken Liang Qichaos. 2010.

Band 404 Andreas Schwenk: Die Formbestimmung des § 313 BGB a. F. (§ 311 b Abs. 1 BGB n. F.) bei Verträgen über Grundstücke in der Rechtsprechung des Reichsgerichts. 2010

Band 405 René Schorsch: Eberhard Georg Otto Freiherr von Künßberg (1881-1941). Vom Wirken eines Rechtshistorikers. 2010.

Band 406 Ulrike Köbler: Werden, Wandel und Wesen des deutschen Privatrechtswortschatzes. 2010.

Band 407 Björn Florian Faulenbach: Rolle und Bedeutung der Lehre in der Rechtsprechung der Internationalen Gerichtshöfe im zwanzigsten Jahrhundert. 2010.

Band 408 Guangyu Fu: Das Causaproblem im deutschen Bereicherungsrecht. Eine rechtshistorische Untersuchung. 2010.

Band 409 Andreas Kimmelmann: Die Folter im Beweisverfahren der Leges Visigothorum. Chindasvinths Gesetzgebung im Spiegel der westgotischen Rechtsentwicklung. 2010.

Band 410 Jacqueline Schmaltz: Die Entwicklung der Industrie- und Handelskammern. Zwischen Pflicht und Kür. 2010.

Band 411 Hermann Nehlsen: Bayerische Rechtsgeschichte vom frühen Mittelalter bis zum 20. Jahrhundert. 2011.

Band 412 Kathrin Spoerr: Recht und Revolution. Deutsche Ökonomen und ihr Einfluss auf das Recht der Weimarer Republik – eine Zeitschriftenschau 1917-1920. 2011.

Band 413 Moritz von Köckritz: Die deutschen Oberlandesgerichtspräsidenten im Nationalsozialismus (1933-1945). 2011.

Band 414 Annika Lillemor Lara Rabaa: Die Ehe als Rechtsinstitut im Badischen Landrecht von 1810. Unter besonderer Berücksichtigung der gesellschaftlichen Entwicklungen im 19. Jahrhundert. 2011.

Band 415 Christian Hattenhauer / Klaus-Peter Schroeder (Hrsg.): 200 Jahre Badisches Landrecht von 1809/1810. Jubiläumssymposium des Instituts für geschichtliche Rechtswissenschaft der Ruprechts-Karls-Universität Heidelberg und der Heidelberger Rechtshistorischen Gesellschaft vom 23. bis 26. September 2009. 2011.

Band 416 Tobias Alexander Krammerbauer: Die Ministerverantwortlichkeit und die Vorformen sonstiger Verfassungsgerichtsbarkeit in Württemberg zwischen 1815 und 1918. 2011.

Band 417 Werner Schubert (Hrsg.): Quellen zur GmbH-Reform von 1958 bis zum GmbH-Änderungsgesetz von 1980. Eingeleitet und herausgegeben von Werner Schubert. 2011.

Band 418 Gisela Emling: Johannes Heckel. Leben und Wirken (1889-1963). 2011.

Band 419 Jochen Kirschbaum: Die Etablierung der Historischen Rechtsschule an der Ludoviciana (1814-1824). 2011.

Band 420 Sören Koch: Unaufgeforderte Hilfeleistung in Notsituationen. Eine rechtshistorische und rechtsvergleichende Studie zu den zivilrechtlichen Aspekten der Nothilfe mit besonderer Berücksichtigung des Rechts der Geschäftsführung ohne Auftrag. 2011.

Band 421 Friedrich Carl von Savigny: Die Prinzipienfragen in Beziehung auf eine neue Strafprozeß-Ordnung. Ausgearbeitet im Justizministerium für die Gesetzrevision. Eingeleitet und herausgeben von Werner Schubert. 2011.

Band 422 Stephan Faulwetter: Von der Zunft zur Handelskammer. Zur Entwicklung des Gewerberechts in thüringischen Staaten. 2011.

Band 423 Moritz Eisenhardt: Sanierung statt Liquidation. Die Geschichte des Vergleichs zur Abwendung des Konkurses unter besonderer Berücksichtigung der Vergleichsordnung von 1927 und 1935. 2011.

Band 424 Gerd Kleinheyer: Beiträge zur Strafrechtsgeschichte. Herausgeben von Franz Dorn, Mathias Schmoeckel und Jan Schröder. 2011.

Band 425 Ralf Maertens: Das Landgericht Altona (1879-1937) und die Anfänge des Landgerichts Itzehoe (1937-1945). Unter besonderer Berücksichtigung ihrer Tätigkeitsberichte und rechtspolitischen Stellungnahmen. 2011.

Band 426 Mark Friedrich: Ferdinand von Martitz (1839-1921). Rechtshistoriker, Staatsrechtler und Völkerrechtler zwischen dem Ende des Deutschen Bundes und dem Beginn der Weimarer Republik. 2012.

Band 427 Sebastian Krusche: Die Bundesrechtsanwaltsordnung vom 1. August 1959. Vorgeschichte und Entstehung. 2012.

Band 428 Marju Luts-Sootak / Sanita Osipova / Frank L. Schäfer (Hrsg./eds.): Einheit und Vielfalt in der Rechtsgeschichte im Ostseeraum. Unity and Plurality in the Legal History of the Baltic Sea Area. Sechster Rechtshistorikertag im Ostseeraum, 3.-5. Juni 2010 in Tartu (Estland) / Riga (Lettland). 6th Conference in Legal History in the Baltic Sea Area, 3rd-5rd June 2010 Tartu (Estonia) / Riga (Latvia). 2012.

Band 429 Margret R. I. Bootz: Die Hamburger Rechtsprechung zum Arbeitsrecht im Nationalsozialismus bis zum Beginn des 2. Weltkriegs. 2012.

Band 430 Heiko Zech: Die soziale Frage im Konkursrecht 1879-1900. 2012.

Band 431 Jan C. Lorenzen: Das Bundesnaturschutzgesetz vom 20. Dezember 1976. Die Entwicklung des Naturschutzrechtes in Deutschland von den Anfängen bis zur Neukodifikation des Bundesnaturschutzgesetzes von 1976. 2012.

Band 432 Ulrike Ingrid Bernhardt: Geschichte des Weinrechts im Deutschen Kaiserreich (1871-1918). Mit einem Überblick zur Vorgeschichte und Weiterentwicklung bis zur Gegenwart. 2012.

Band 433 Elisabeth Otto: Das Verwaltungsrecht in der SBZ / DDR bis zur Verwaltungsneugliederung im Jahr 1952. 2012.

Band 434 Werner Schubert: Zur Geschichte der Justizverfassung in Schleswig-Holstein im 19. und 20. Jahrhundert. Quellen und Studien. 2012.

Band 435 Stefan Ellenberg: Herrschaft und Reform. Zur Diskussion um die Aktienrechtsreform und den Konzern in der Weimarer Zeit. 2012.

Band 436 Jasmin Sonntag: Gesetzgebung und Verwaltung im Dalbergstaat 1802-1810. 2012.

Band 437 Martin Komusiewicz: Die Diskussion um das Verhältnis von Rechtsanwaltschaft und Notariat seit dem Ende des 18. Jahrhunderts bis zum Erlass der Bundesnotarordnung. 2012.

Band 438 Henriette von Breitenbuch: Karl Neumeyer – Leben und Werk (1869-1941). 2013.

Band 439 Günter Baranowski: Russische Rechtsgeschichte: Texte und Erläuterungen. Teil 1: Von den Anfängen bis 1612/13. 2013.

Band 440 Werner Schubert (Hrsg.): Staatsanwaltschaftsrecht (1934-1982). Quellen zu den Reformprojekten (Organisation – Innerer Dienstbetrieb – Ermittlungsverfahren – Verhältnis der Staatsanwaltschaft zur Polizei) und zur Anordnung über Organisation und Dienstbetrieb der Staatsanwaltschaft (OrgStA). Eingeleitet und herausgegeben von Werner Schubert. 2013.

Band 441 York Zieren: Das Schiedsverfahrensrecht der ZPO (1877-1933) unter Berücksichtigung der Genfer Übereinkommen von 1923 und 1927 sowie der Rechtsprechung des Reichsgerichts. 2013.

Band 442 Stefan Wolf: Das Jenaer Studium der Rechte im Dritten Reich. Zwischen Tradition und nationalsozialistischer Ideologie. 2013.

Band 443 Bernhard Klose: Das Verblassen eines Makels. Das Nichtehelichenrecht der DDR als Teil der gesamtdeutschen Entwicklung. 2013.

Band 444 Peter Opitz-von Bardeleben: Das Generalgouvernement Niederrhein. 2013.

Band 445 Nadine Göppner: Vorgeschichte und Entstehung des Atomgesetzes vom 23.12.1959. 2013.

Band 446 Frank L. Schäfer / Werner Schubert (Hrsg./eds.): Justiz und Justizverfassung / Judiciary and Judical System. Siebter Rechtshistorikertag im Ostseeraum, 3.-5. Mai 2012 Schleswig-Holstein / 7th Conference in Legal History in the Baltic Sea Area, 3rd-5th May 2012 Schleswig-Holstein. 2013.

Band 447 Sandy Schenker: Gegen Täuschungen und Gesundheitsgefährdungen durch schlechte Nahrung. Zur Entwicklung des Nahrungsmittelrechts durch Rechtsprechung und Gesetzgebung zwischen 1871 und 1927. 2013.

Band 448 Youn Seok Choi: Der Besitzerwerb des Erben. Historische Entwicklungen, die Lösung des § 857 BGB und ihre Anwendungsprobleme. 2013.

Band 449 Johannes Kalb: Die innerstädtische Auseinandersetzung in Regensburg am Ende der Reichsunmittelbarkeit. Eine historische und rechtliche Untersuchung. 2014.

Band 450 Thomas Habbe: Lastenausgleich. Die rechtliche Behandlung von Kriegsschäden in Deutschland seit dem 30jährigen Krieg. 2014.

Band 451 Günter Baranowski: Russische Rechtsgeschichte: Texte und Erläuterungen. Teil 2: Von 1613 bis 1682. 2015.

Band 452 Wilhelm Brauneder (Hrsg): Landrechtsentwurf für Österreich unter der Enns 1526. 2015.

Band 453 Maximilian Elsner von der Malsburg: „Arisierung“ von Privatbanken am Beispiel des Bankhauses E. J. Meyer in Berlin. 2015.

Band 454 Tanja Claussen: Johann Julius Wilhelm Planck (1817-1900). Leben und Werk. 2015.

Band 455 Werner Schubert (Hrsg.): Das Reichsjustizministerium und die höheren Justizbehörden in der NS-Zeit (1935-1944). Protokolle und Mitschriften der Arbeitstagungen der Reichs-justizminister mit den Präsidenten der Oberlandesgerichte, des Volksgerichtshofs, des Reichsgerichts sowie mit den Generalstaatsanwälten. Eingeleitet und herausgeben von Werner Schubert. 2015.

Band 456 Christian Vahl: Die gesetzliche Regelung des Seefrachtvertrags im deutschen Recht. Eine rechtshistorische Betrachtung unter besonderer Berücksichtigung der Beratungen des Seerechtsausschusses der Akademie für Deutsches Recht (1934-1942). 2015.

Band 457 Ruomeng Yang: Die Rezeption der europäischen Privatrechte in China und die konfuzianische Tradition. Das Beispiel des Deliktsrechts im frühen 20. Jahrhundert. 2015.

Band 458 Piotr Wittmann: „Der da sein Practic auß Teutschen Tractaten will lernen“. Rechtspraktiker in deutschsprachiger Praktikerliteratur des 16. Jahrhunderts. 2015.

Band 459 Georg Rasche: Richter, Sachverständige, Handelskammern. Preußische Justizverwaltung und kaufmännische Interessen zwischen 1879 und 1907. 2015.

Band 460 Daniel Hupe: Von der Hierarchie zur Egalität in den Zivilrechtskodifikationen des 19. Jahrhunderts vor dem BGB. 2015.

Band 461 Wilhelm Brauneder (Hrsg.): Landrechtsentwurf für Österreich unter der Enns 1573. 2015.

Band 462 Tunay Sürek: Die Verfassungsbestrebungen der Tanzimât-Periode. Das *Kanun-i Esasî* – Die osmanische Verfassung von 1876. 2016.

Band 463 Takashi Izumo: Die Gesetzgebungslehre im Bereich des Privatrechts bei Christian Thomasius. 2016.

Band 464 Werner Schubert (Hrsg.): Quellen zum Bau- und Enteignungsrecht (1940-1958). Entwürfe zu einem Reichsbaugesetz (1940/41) – Vorentwurf zu einem Deutschen Baugesetzbuch von 1942 – Entwürfe zu einem Baugesetzbuch (1949/50) – Baulandbeschaffungsgesetz vom 3.8.1953 – Entwurf zu einem Bundesenteignungsgesetz von 1958. Eingeleitet und herausgegeben von Werner Schubert. 2016.

Band 465 Daniel Bischof: Geschichte der Wald- und Forstgesetzgebung im Bundesland Schleswig-Holstein. Unter Einbeziehung der Entwürfe zu einem

Reichsforstgesetz von 1940/42 und der Entstehung des Bundeswaldgesetzes von 1975. 2016.

Band 466 Lena Darabeygi: Die Causa „Blinkfüer“ und die Grundrechtsdogmatik zur Pressefreiheit in Weimar und Bonn. 2017.

Band 467 Werner Schubert (Hrsg.): Quellen zum Aktiengesetz vom 18. Juli 1884. 2017.

Band 468 Manfred Josef Thaler: Die Domkapitel der Reichskirche vom Wiener Konkordat bis zur Säkularisation (1448-1803). Grundzüge ihrer Verfassung im Vergleich. 2017.

Band 469 Philipp Eckert: Entstehung und Bedeutung des Landesverwaltungsgesetzes Schleswig-Holstein. 2017.

Band 470 Julia Christine Klix: Privatrechtstheorie und Wirtschaft von 1967 bis 1982. Unter besonderer Berücksichtigung der Kartellrechtsgeschichte. 2017.

Band 471 Thorsten Thielen: Friede und Recht. Studien zur Genese des frühmittelalterlichen Herrscher- und Tugendideals in der lateinischen Literatur der römischen Antike und des frühen Mittelalters. 2017.

Band 472 Werner Schubert (Hrsg.): Das Reichsjustizministerium unter Otto Thierack (1942-1945). Teil 1: Amt für Neuordnung der deutschen Gerichtsverfassung (Berichte von 1943/44 über den Besuch von 13 Oberlandesgerichten). Amt für Nachwuchsfragen (Juni/Juli 1944). 2017.

Band 473 Werner Schubert (Hrsg.): Das Reichsjustizministerium unter Otto Thierack (1942-1945). Teil 2: Die Arbeitstagungen auf der „Reichsburg Kochem“ von April bis August 1944 (Protokolle und Berichte). 2017.

Band 474 Ruprecht Freiherr von Maltzahn: Das Versammlungsgesetz vom 24. Juli 1953. Vorgeschichte, Gesetzgebungsverfahren sowie spätere Änderungen. 2017.

Band 475 Johannes Jenß: Die „Volksgemeinschaft“ als Rechtsbegriff. Die Staatsrechtslehre Reinhard Höhns (1904-2000) im Nationalsozialismus. 2017.

Band 476 Stefan Xenakis: Untertanenprozesse an Reichsgerichten. Ein systematisch-bibliographischer Überblick. 2018.

Band 477 Gero von Alvensleben: Die «res extra commercium» im römischen Recht. 2018.

Band 478 Christoph Sperling: Joachim Haupt (1900-1989). Vom Aufstieg eines NS-Studentenfunktionärs und Sturz des Inspekteurs der Nationalpolitischen Erziehungsanstalten. Eine biographische Studie. 2018.

www.peterlang.com

www.ingramcontent.com/pod-product-compliance
Ingram Content Group UK Ltd.
Pitfield, Milton Keynes, MK11 3LW, UK
UKHW021854290926
8980IPUK00005B/835

9 783631 771136